『十一五』國家重點出版規劃項目

主編　陳智超

第八册

敦煌劫餘録（上）

CHEN YUAN QUANJI

陳垣全集

北京师范大学出版集团
BEIJING NORMAL UNIVERSITY PUBLISHING GROUP
安徽大学出版社

圖書在版編目(CIP)數據

陳垣全集. 第8册,敦煌劫餘録. 上/陳垣著. 一合肥:安徽大學出版社,2009. 8(2021. 3 重印)

ISBN 978-7-81110-388-5

Ⅰ. ①陳… Ⅱ. ①陳… Ⅲ. ①陳垣(1880～1971)—全集 ②敦煌學—專題目録 Ⅳ. ①C52 ②Z88:K870. 6

中國版本圖書館 CIP 數據核字(2009)第155336號

陳垣全集 第八册

敦煌劫餘録(上)

陳　垣 著　陳智超 主編

安徽大學出版社出版發行

(合肥市肥西路3號 郵編 230039 電話 0551-65107716

網址 www. ahupress. com. cn)

合肥遠東印務有限責任公司印製

責任總編輯 楊應芹　彭君華

本册編輯 鍾　蕾　　封面設計 孟獻輝

開本 880×1230　1/32　　印張 21. 375　　字數 415 千

2009年12月第1版　2021年3月第3次印刷

ISBN 978-7-81110-388-5

定價 2480. 00 圓(全二十三册)

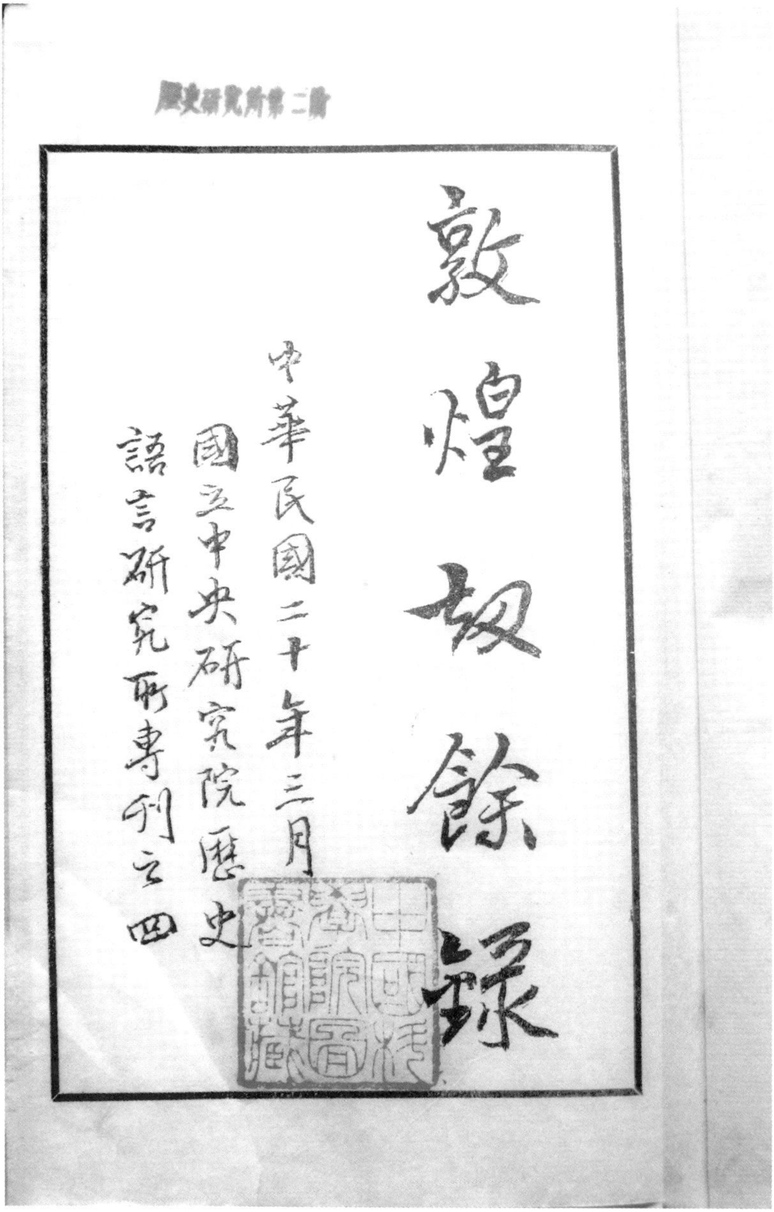

敦煌劫餘録

中華民國二十年三月

國立中央研究院歷史語言研究所專刊之四

《敦煌劫餘録》書影

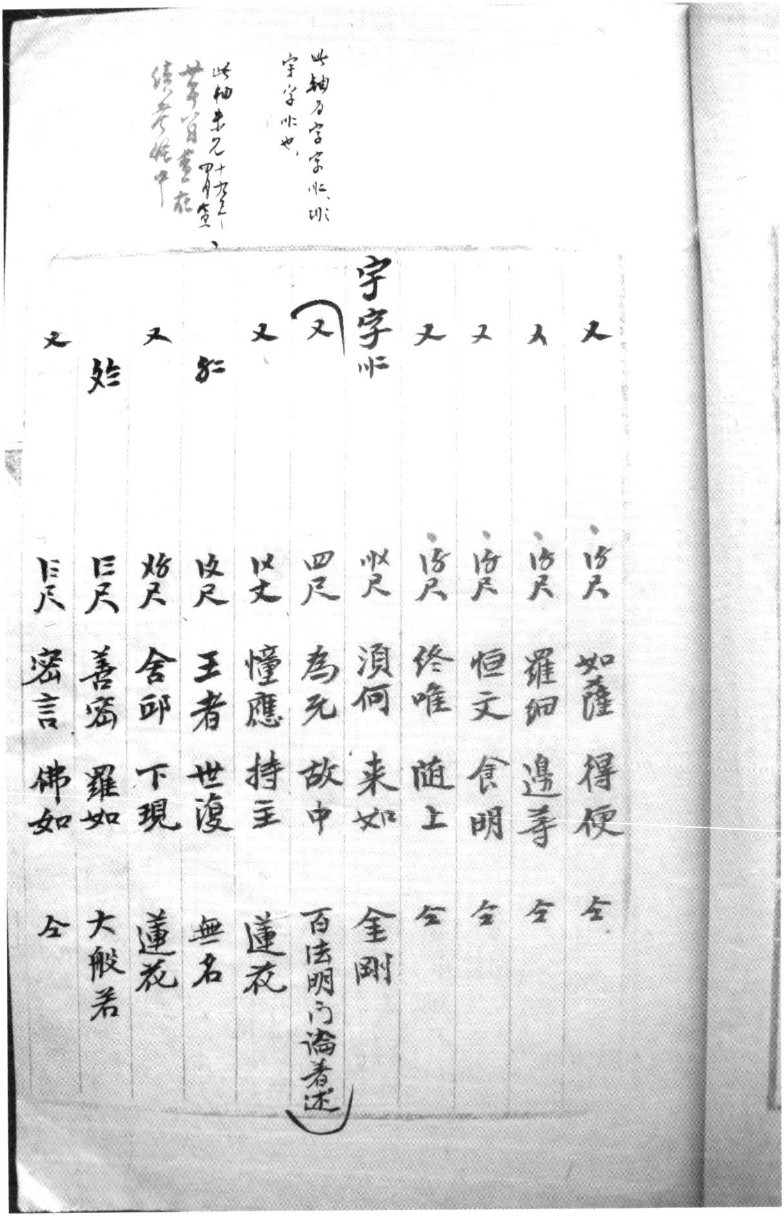
此轴乃字字帙、非宇字帙也、

此轴未见十九年四月查、

華首查在續考條中

又 [illegible]尺 如薩得便 全

又 [illegible]尺 羅細邊等 全

又 [illegible]尺 恒文食明 全

又 [illegible]尺 終唯隨上 全

宇字帙 [illegible]尺 須何来如 金剛

又 四尺 為无故中 百法明门論著述

又 [illegible]丈 幢應持主 蓮花

又 [illegible] [illegible]尺 王者世渡 無名

又 [illegible]尺 舍取下現 蓮花

[illegible] [illegible]尺 善密羅如 大般若

又 [illegible]尺 密言佛如 全

《敦煌劫餘録》稿

陈垣全集之十七

敦煌劫餘錄（上）

安徽大学出版社

敦煌刼餘錄序

敦煌刼餘錄十四帙著錄寫經八千六百七十九號（中有缺號有一號裂為二三軸者均於檢目注明之）今藏北平圖書館原出敦煌縣南四十里之千佛洞敦煌自漢至唐為中西交通孔道人文極盛外來宗教如佛如祆如景如摩尼皆先後集其間是時雕版尚未大興書皆繕寫周隋而後造象之風寖殺信佛者又以寫經為功德故佛經寫本之傳布特多宋王明清揮麈錄載雍熙初王延德使高昌見佛寺五十餘區皆唐所賜額寺有大藏經唐韻玉篇經音等又有勅書樓藏唐太宗御札詔勑緘鎖甚謹復有摩尼寺波斯僧各持其法知高昌沙州諸地宋初韞藏文物尚富且不止釋典一門通考載大中祥符末沙州歸義軍節度曹賢順猶表乞金字藏經景祐至皇祐中朝貢不絕知此等經洞之

封閉大約在皇祐以後淸光緒二十六年四月洞中佛龕坍塌故書遺畫暴露稍稍流布時人不甚措意三十三年匈人斯坦因法人伯希和相繼至敦煌載遺書遺器而西國人始大駭悟宣統二年學部咨甘肅有司將洞中殘卷悉數運京移藏部立京師圖書館即今所著錄者是也顧何以十之九九爲佛經則以國人研究古物祇能於有文字處求之其無文字而爲圖象器物之屬初不屑也有文字矣其文非漢文而爲中亞古代語言亦不貴也國人所貴者漢文古寫本然漢文古寫本爲人所同貴故佛經以外之寫本多已爲捷足者所先得其留遺者又沿途爲黠者所巧取故今所存者祇此也民國初元予至北平頗震驚八千軸之數冀於此得佛教以外之宗教史料嘗就方家胡同圖書館檢其目錄惜當時所寫定者僅二千餘號以未窺全

豹爲憾得字字五十六號摩尼教經以爲瑰寶矣十一年春予兼長館事時
掌寫經者爲德清俞君澤箴乃與俞君約盡閱館中所藏日以百軸爲度凡
三越月而八千軸畢知其中遺文異義足資考證者甚多即卷頭紙背所書
之日常帳目交易契約鄙俚歌詞之屬在昔視爲無足重輕在今矜爲有關
掌故者亦不少特目未刊布外間無由窺其蘊耳十三年夏都人士有敦煌
經籍輯存會之設假午門歷史博物館爲會所予被推爲採訪部長僉擬徵
集公私所藏彙爲一目登報匝月應者寥寥予遂先就館中錄其副目按部
排比略倣趙明誠金石錄前十卷體式每軸著其原號起止紙數行數及內
容原號者由甘肅解部時所編之號起止者每軸首二行之首二字及末二
行之末二字也稿成名曰敦煌刦餘錄未及刊行會又停頓十八年春中央

研究院歷史語言研究所屬編北平圖書館敦煌寫經目錄予乃重理舊稿刪其複出補其漏載正其誤考又越年餘今始寫定夫寫定之難厥爲首尾不具之殘軸軸首尾無經名而軸中有品名尚易定也雖無品名而其文爲吾人所常習如金剛法華之類亦易定也惟久佚及罕習之經論往往一殘軸比勘多時咨詢多人仍不能考定經入館二十年而目迄未刊布者此其一因也今第十四帙中俟考諸經即此類第十四帙中並有續考諸經爲近日秋浦周君叔迦所考定並依編入予於此錄始終碌碌因人成事而已回憶壬戌之春佐予檢閱至勤者爲俞君今斯錄成而俞君墓有宿草矣可勝慨哉中華民國十九年春分日圓菴居士陳垣序於北平豐盛胡同之勵耘書屋

敦煌劫餘錄總目

第一帙

經名	譯者	卷數	軸數	葉次
大方廣佛華嚴經	東晉佛陀跋陀羅譯	六十卷	36	1
大方廣佛華嚴經	唐實叉難陀譯	八十卷	33	3
普賢行願王經	唐譯佚本	一卷	6	5
大方廣華嚴十惡品經	佚本	一卷	4	6
華嚴略疏			1	
大寶積經	唐菩提流志譯集	一百二十卷	20	7
佛說無量壽經	曹魏康僧鎧譯	二卷	5	8
佛說無量壽經	蕃文		1	9

文殊師利問佛土嚴淨經	西晉竺法護譯	二卷	1	
菩薩見實三昧經	北齊那連提耶舍譯	十六卷	1	
聖善住意天子所問經	元魏毘目智仙共般若流支譯	三卷	1	
勝鬘師子吼一乘大方便方廣經	劉宋求那跋陀羅譯	一卷	3	10
勝鬘經疏			2	
佛說阿彌陀經	後秦鳩摩羅什譯	一卷	82	11
稱讚淨土佛攝受經	唐玄奘譯	一卷	1	15
佛說觀無量壽佛經	劉宋畺良耶舍譯	一卷	18	16
觀無量壽佛經疏			2	17
大方等大集經	北涼曇無讖譯	二十九卷	7	

寶女所問經　西晉竺法護譯　四卷　1　18

佛說大方廣十輪經　失譯人名附北涼錄　八卷　6

地藏菩薩本願經　唐寶叉難陀譯　三卷　1　19

大方等大集經菩薩念佛三昧分　隋達磨笈多譯　十卷　2

大方等大集經賢護分　隋闍那崛多譯　五卷　3

賢護經疏　3　20

僧伽吒經　元魏月婆首那譯　四卷　1

占察善惡業報經　隋菩提登譯　二卷　1

佛說月燈三昧經　劉宋先公譯　一卷　1

佛說觀佛三昧海經　東晉佛陀跋陀羅譯　十卷　3　21

佛說長者女菴提遮師子吼了義經	一卷	失譯人名附梁錄	4	
大莊嚴法門經	二卷	隋那連提耶舍譯	1	37
佛說出生菩提心經	一卷	隋闍那崛多譯	1	
大方便佛報恩經	七卷	失譯人名附漢錄	12	
悲華經	十卷	北涼曇無讖譯	2	38
佛說太子慕魄經	一卷	後漢安世高譯	1	
佛說罪業應報教化地獄經	一卷	後漢安世高譯	1	
佛說盂蘭盆經	一卷	西晉竺法護譯	1	39
阿闍世王授決經	一卷	西晉法炬譯	1	
佛說大乘稻芉經	一卷	唐譯佚本	27	

		軸數	葉次
佛說大乘稻芉經隨聽手鏡記		12	41
第二帙			
佛說佛名經	元魏菩提流支譯十二卷	13	43
佛說佛名經	帙本十六卷	38	44
佛說佛名經	帙本二十卷	49	46
佛說佛名經	帙本三十卷	228	49
佛名經懺悔文	節錄三十卷本	4	61
諸經佛名	卷上	1	62
十方千五百佛名經	帙本二卷	10	
五千五百佛名神咒除障滅罪經	隋闍那崛多譯八卷	1	63

經名	卷數・譯者	軸數	葉次
賢刧千佛名經	一卷 失譯人名附梁錄	8	
賢刧經	八卷 西晉竺法護譯	3	64
第三帙		軸數	葉次
維摩詰所說經	三卷 後秦鳩摩羅什譯	449	65
維摩經義記		2	89
維摩經雜釋		5	
維摩經疏		8	90
維摩經義疏		1	91
維摩經解		2	
維摩經鈔		1	92

維摩詰經頌		1	
淨名經集解關中疏		26	
淨名經關中釋鈔	唐道液撰	7	94
淨名經科要		2	96
第四帙		軸數	葉次
金光明經	北涼曇無讖譯 四卷	67	97
合部金光明經	隋釋寶貴合北涼曇無讖譯 八卷	10	101
金光明最勝王經	唐義淨譯 十卷	569	102
第五帙		軸數	葉次
大般若波羅蜜多經	唐玄奘譯 六百卷	1412	133

經名	譯者	卷數	軸數	葉次
大般若經釋			3	206

第六帙

經名	譯者	卷數	軸數	葉次
放光般若經	西晉無羅叉譯	二十卷	2	207
光讚般若經	西晉竺法護譯	十卷	1	
摩訶般若波羅蜜經	後秦鳩摩羅什譯	二十七卷	52	
小品摩訶般若波羅蜜經	後秦鳩摩羅什譯	十卷	5	214
佛說仁王般若波羅蜜經	後秦鳩摩羅什譯	二卷	3	
勝天王般若波羅蜜經	陳月婆首那譯	七卷	8	215
文殊師利所說摩訶般若波羅蜜經	梁曼陀羅仙譯	二卷	2	
文殊師利所說般若波羅蜜經	梁僧伽婆羅譯	一卷	6	

			總目
金剛般若波羅蜜經	一卷 後秦鳩摩羅什譯	928	216
金剛般若波羅蜜經	一卷 元魏菩提流支譯	8	263
金剛般若波羅蜜經	一卷 陳眞諦譯	2	264
金剛般若論	二卷 隋達磨笈多譯 錄誤作一卷	1	
金剛般若波羅蜜經論	三卷 元魏菩提流支譯	2	265
金剛經註		3	
金剛經疏		4	
金剛經解		1	266
般若波羅蜜多心經	一卷 唐玄奘譯	38	
別譯般若波羅蜜多心經		3	269

經名	軸數	葉次
般若波羅蜜多心經疏	3	
第七帙	軸數	葉次
妙法蓮華經 後秦鳩摩羅什譯 七卷	1698	270
妙法蓮華經度量天地品	4	358
正法華經 西晉竺法護譯 十卷	3	
法華經疏	6	359
法華經解	3	
法華經玄讚	3	360
觀世音經	71	
觀音經註釋	1	364

經名	軸數	葉次
大薩遮尼乾子所說經 元魏菩提留支譯 十卷	1	
金剛三昧經 失譯人名附北涼錄 一卷 錄誤作二卷	2	365
第八帙	軸數	葉次
大般涅槃經 北涼曇無讖譯 四十卷	253	366
大般涅槃經 劉宋慧嚴等再治 三十六卷	30	380
大般涅槃經 涼宋兩譯互同	30	382
大般涅槃經後分 唐若那跋陀羅譯 二卷	4	383
涅槃經節鈔	12	384
涅槃經疏	8	385
涅槃經義記	2	

摩訶摩耶經	蕭齊曇景譯	二卷	1	386
大般涅槃經佛母品			5	
大般涅槃經佛爲摩耶夫人說偈品經			2	387
中阿含經	東晉僧伽提婆譯	六十卷	2	388
長阿含經	後秦佛陀耶舍共竺佛念譯	二十二卷	1	
雜阿含經	劉宋求那跋陀羅譯	五十卷	2	
樓炭經略			1	
佛說尸迦羅越六方禮經	後漢安世高譯	一卷	1	389
佛本行集經	隋闍那崛多譯	六十卷	3	
佛說太子瑞應本起經	吳支謙譯	二卷	2	

佛垂般涅槃略說教誡經	後秦鳩摩羅什譯	一卷	6	390
佛臨涅槃記法住經	唐玄奘譯	一卷	1	
正法念處經	元魏般若流支譯	七十卷	10	391
業報差別經	隋法智譯	一卷	1	
天請問經	唐玄奘譯	一卷	1	392
天請問經疏			1	
長爪梵志請問經	唐義淨譯	一卷	1	
佛說無常經	唐義淨譯	一卷	15	393
五无反復經	劉宋沮渠京聲譯	一卷	1	394
佛說除恐災患經	西秦聖堅譯	一卷	1	

總目

		軸數	葉次
雜寶藏經	十卷 元魏吉迦夜共曇曜譯	2	
第九帙			
梵網經盧舍那佛說菩薩心地法門戒品	二卷 後秦鳩摩羅什譯	92	395
梵網經菩薩戒義		1	400
佛藏經	三卷 後秦鳩摩羅什譯	5	
優婆塞戒經	七卷 北涼曇無讖譯	2	401
佛說文殊悔過經	一卷 西晉竺法護譯	1	
菩薩戒羯磨文	一卷 唐玄奘譯	1	
菩薩羯磨戒文	一卷 後秦鳩摩羅什誦法慧融集	1	
菩薩布薩法		1	402

佛說善信菩薩二十四戒經		2	
菩薩戒		2	
菩薩戒義		1	
菩薩戒大科		1	403
四分律	六十卷　後秦佛陀耶舍共竺佛念等譯	22	
四分律比丘戒本	一卷　後秦佛陀耶舍譯	78	405
四分比丘尼戒本	一卷　後秦佛陀耶舍譯	90	409
雜羯磨	一卷　曹魏康僧鎧譯	1	414
四分比丘尼羯磨法	一卷　劉宋求那跋摩譯	2	
四分律刪補隨機羯磨	二卷　唐道宣集	4	

Title	Count	No.
尼僧差人求授羯磨文	1	415
大比丘尼羯磨	2	
大比丘尼雜羯磨	1	
大戒尼羯磨文	1	
四分比丘尼含註戒本 唐道宣定	16	416
四分律刪繁補缺行事抄 唐道宣撰 十二卷	18	417
四分律開宗記 唐懷素撰 二十卷	2	418
四分律疏	1	
四分律戒本疏	37	419
四大戒略疏	5	421

經名	附注	數	號
摩訶僧祇律	東晉佛陀跋陀羅共法顯譯 四十卷	4	422
摩訶僧祇律雜抄	錄誤作訶摩	2	
大比丘尼戒經		1	423
十誦律	後秦弗若多羅共鳩摩羅什譯 六十一卷	6	
十誦律比丘尼戒本	劉宋法穎集	2	424
根本說一切有部毘奈耶	唐義淨譯 五十卷	1	
四部要略小抄		1	
戒律名數節抄		15	425
毗尼心經		8	426
八婆羅夷經	佚本	12	

薩婆多毗尼毗婆沙經	失譯人名附秦錄 九卷	2	427
毗尼母經	失譯人名附秦錄 八卷	1	
優婆離問佛經	後漢安世高譯 一卷	1	
佛說犯戒罪報輕重經	劉宋求那跋摩譯 一卷	2	428
沙彌十戒法幷威儀	失譯人名附東晉錄 一卷	1	
受沙彌十戒文及威儀		1	
沙彌戒文		1	
沙彌十戒文		3	429
式叉尼六法文幷沙彌十戒及八敬等法		1	
式叉尼六法文		1	

沙彌威儀 劉宋求那跋摩譯 一卷	1	430
沙彌尼威儀	1	
沙彌戒	1	
受八關戒文	1	
受八戒文	1	431
八戒文	1	
佛說提謂五戒經并威儀	1	
戒律	33	432
戒義 戒疏	3	434
戒等雜寫	1	

第十帙

	軸數	葉次
瑜伽師地論 唐玄奘譯 百卷	33	435
瑜伽師地論釋	1	437
辯中邊論 唐玄奘譯 三卷	5	
大乘五蘊論 唐玄奘譯 三卷	1	438
大乘百法明門論開宗義記	9	
大乘百法明門論開宗義記疏	3	439
百法明門論疏 唐普光撰 二卷	2	
百法述	1	
百法明門論疏	9	440

起信論義述		6	441
圓明論		1	
因緣心論頌		1	
因緣心釋論		3	442
大丈夫經		1	
中論經		1	
十地經論	元魏菩提流支等譯 十二卷	5	443
十地經論釋		1	
大智度論	後秦鳩摩羅什譯 百卷	41	444
摩訶衍經		2	446

金剛仙論 元魏菩提流支譯 十卷	3	447
大乘四法經論廣釋開決記	2	
阿毘達磨俱舍論 唐玄奘譯 三十卷	2	
毗婆沙論第一一秩第三卷	1	448
諸論雜抄	1	
出曜經 後秦竺佛念譯 三十卷	1	
第十一帙	軸數	葉次
大毗盧遮那成佛神變加持經 唐輪波迦羅譯 七卷	1	449
佛說迴向輪經 唐尸羅達摩譯 一卷	1	
大陀羅尼末法中一字心咒經 唐寶思惟譯 一卷	1	

佛頂尊勝陀羅尼經 唐佛陀波利譯 一卷 48 450

佛頂尊勝陀羅尼 唐不空譯 一卷 1 452

金剛頂經五字心陀羅尼經 1

大吉祥天女十二契一百八名無垢大乘經 唐不空譯 一卷 1 453

佛說救拔焰口餓鬼陀羅尼經 唐不空譯 一卷 1

十一面神咒心經 唐智通譯 一卷 1

千眼千臂觀世音菩薩陀羅尼神咒經 唐智通譯 二卷 3 454

无垢淨光大陀羅尼經 唐彌陀山譯 一卷 7

大佛頂如來密因修證了義諸菩薩萬行首楞嚴經 唐般剌密帝譯 十卷 47 455

大佛頂如來密因修證了義諸菩薩萬行首楞嚴咒			10	457
佛說隨求即得大自在陀羅尼神咒經	唐寶思惟譯	一卷	5	458
大方等陀羅尼經	北涼法衆譯	四卷	4	
大乘方等陀羅尼經幷諸經內四衆比丘比丘尼優婆塞優婆夷				
懺悔發願文			1	459
七佛八菩薩所說大陀羅尼神咒經	失譯人名附東晉錄	四卷	4	
拔濟苦難陀羅尼經	唐玄奘譯	一卷	1	460
六門陀羅尼經	唐玄奘譯	一卷	2	
佛說千手千眼觀世音菩薩廣大圓滿無礙大悲心陀羅尼經	唐伽梵達磨譯	一卷	7	

觀世音菩薩祕密藏如意輪陀羅尼神咒經	唐實叉難陀譯 一卷	1	461
如意輪王摩尼別行法印		1	
佛說灌頂經		3	
佛說普廣菩薩所問十方淨土隨願往生經		2	462
灌頂章句拔除過罪生死得度經	舊題藥師經	54	
大法炬陀羅尼經	隋闍那崛多譯 二十卷	2	465
佛金剛壇陀羅尼經		2	
諸星母陀羅尼經	沙門法成譯	30	466
金有陀羅尼經		48	468
佛說解百怨家陁羅尼經		1	470

52 佛說八陽神咒經 西晉竺法護譯 一卷 471

2 普賢菩薩說咒經 474

1 佛說大佛頂如來放光悉怛他般多羅大神力都攝一切咒王帝殊羅尸金剛大道場三昧陀羅尼

金剛頂經一切如來深密金剛界大三昧耶修習瑜伽迎請儀

1 金剛頂經一切如來眞實攝大乘現證大教王經深妙祕密金剛界大三昧耶修習瑜伽迎請儀 唐不空譯

1 金剛峻經金剛頂一切如來深妙祕密金剛界大三昧耶修行四十九種壇法作用威儀法則 475

大毗盧遮那金剛心地法門法界軌法則 唐不空譯

		總目
金剛蓮花大摧碎眞言	1	
東方金剛大集想	1	
大佛頂如來頂髻白蓋陀羅尼神咒	1	
大佛頂神咒	1	476
釋迦牟尼請佛眞言	1	
本師釋迦牟尼佛眞言	1	
施餓鬼食幷水眞言印法	1	
般若眞言	1	477
眞言	2	
眞言雜抄	8	478

	軸數	葉次
六波羅蜜咒	1	480
秘密義抄	1	
供養心法	1	
準提咒經	1	
第十二帙	軸數	葉次
佛說無量壽宗要經	513	481
第十三帙	軸數	葉次
佛說父母恩重經	10	507
大通方廣經	9	508
大通方廣懺悔滅罪莊嚴成佛經	1	

佛說要行捨身經	3	
佛說大辯邪正經	1	
佛說救護身命經	1	520
相好經	1	
佛說孝順子修行成佛經	1	
佛說法句經	1	
佛說七階禮佛名經	42	521
佛說觀藥王藥上二菩薩經等略禮七階佛懺悔法	1	524
西方淨土讚文	1	
歸西方讚	1	

大唐中興三藏聖教序	2	536
義淨三藏法師碑文	1	
釋氏雜文稿	5	
佛說諸經雜緣喻因由記	1	537
寫經欠數	1	
姓氏錄	1	
經目	1	
雜類	4	538
抄經	3	
雜寫	8	539

經名	軸數	葉次
太玄眞一本際經	1	
元始无量人上品妙經	1	
无上祕要	1	
道經	15	543
道懺	2	544
摩尼教經	1	
第十四帙	軸數	葉次
續考諸經		
大方廣佛華嚴經 東晉佛陁跋陁羅譯 六十卷	4	545
大方廣佛華嚴經 唐實叉難陀譯 八十卷	5	

大寶積經	唐菩提流志譯集 一百二十卷	20	546
勝鬘師子吼一乘大方便方廣經	劉宋求那跋陀羅譯 一卷	1	547
阿彌陀經義述		2	
龍樹菩薩禮阿彌陀佛文		1	
大方等大集經	北涼曇無讖譯 二十九卷	3	548
大方等大集月藏經	高齊那連提耶舍譯 十卷	1	
寶星陀羅尼經	唐波羅頗密多羅譯 十卷	2	
佛說大方廣十輪經	失譯人名附北涼錄 八卷	2	
藥師瑠璃光如來本願功德經疏	失撰人名	1	549
解深密經	唐玄奘譯 五卷	1	

思益梵天所問經 後秦鳩摩羅什譯 四卷 3

持心梵天所問經 西晉竺法護譯 四卷 1

諸法無行經 後秦鳩摩羅什譯 二卷 2 [550]

佛說華手經 後秦鳩摩羅什譯 十卷 1

佛說寶雨經 唐達摩流支譯 十卷 2

寶雲經 梁曼陀羅仙譯 七卷 3

觀察諸法行經 隋闍那崛多譯 四卷 1 [551]

大方便佛報恩經 失譯人名附漢錄 七卷 3

佛說菩薩本行經 失譯人名附東晉錄 三卷 1

太子須大拏經 西秦聖堅譯 一卷 1

佛說佛名經	元魏菩提流支譯　十二卷	1	552
佛說佛名經	佚本　二十卷	1	
五千五百佛名神咒除障滅罪經	隋闍那崛多譯　八卷	1	
佛說八部佛名經	元魏瞿曇般若流支譯　一卷	1	
維摩詰所說經	後秦鳩摩羅什譯　三卷	1	553
維摩經疏	失撰人名	2	
淨名經關中釋鈔	唐道液撰	1	
金光明最勝王經	唐義淨譯　十卷	13	
大般若波羅蜜多經	唐玄奘譯　六百卷	5	554
光讚般若經	西晉竺法護譯　十卷	1	555

摩訶般若波羅蜜經	後秦鳩摩羅什譯 二十七卷	2	
般若波羅蜜多心經注		1	
妙法蓮華經度量天地品		1	556
法華經玄讚	唐窺基撰	1	
法華經雜釋		1	557
大般涅槃經	北涼曇無讖譯 四十卷	6	
大般涅槃經	劉宋慧嚴等再治 三十六卷	1	
涅槃經解		1	558
中阿含經	東晉僧伽提婆譯 十卷	2	
雜阿含經	失譯人名附吳魏二錄 一卷	1	

雜阿含經　劉宋求那跋陀羅譯　五十卷　1

別譯雜阿含經　失譯人名附秦錄　十六卷　1　559

佛本行集經　隋闍那崛多譯　六十卷　2

正法念處經　元魏般若流支譯　七十卷　13

佛說未曾有因緣經　蕭齊曇景譯　二卷　1　560

賢愚因緣經　元魏慧覺譯　十三卷　7

優婆塞戒經　北涼曇無讖譯　七卷　1　561

四分律　後秦佛陀耶舍共竺佛念譯　六十卷　4

四分律比丘戒本　後秦佛陀耶舍譯　一卷　1

四分比丘尼羯磨法式叉摩那受六法文　劉宋求那跋摩譯

		1	562
如來八戒		1	
瑜伽師地論	唐玄奘譯 百卷	5	
菩薩地持經	北涼曇無讖譯 十卷	2	563
大乘百法明門論開宗義記疏	失撰人名	3	
大乘百法明門論疏	唐普光撰	1	
大乘起信論義記	唐法藏撰	1	
大莊嚴經論	後秦鳩摩羅什譯 十五卷	2	564
大智度論	後秦鳩摩羅什譯 百卷	5	
成唯識論	唐玄奘譯 十卷	1	

阿毘曇毘婆沙論	六十卷 北涼浮陀跋摩共道泰等譯	1	565
阿毘達磨大毘婆沙論	二百卷 唐玄奘譯	1	
阿毘達磨俱舍論	三十卷 唐玄奘譯	1	
成實論	十六卷 後秦鳩摩羅什譯	2	
法句譬喻經	四卷 晉法炬共法立譯	3	566
佛頂尊勝陀羅尼經	一卷 唐佛陀波利譯	1	
大佛頂經		1	
千眼千臂觀世音菩薩陀羅尼神咒	失譯人名	1	
靑頸觀音大悲心咒	失譯人名	1	567
佛說隨求即得大自在陀羅尼神咒經	一卷 唐寶思惟譯	1	

大方等陀羅尼經	北涼法衆譯 四卷	3
六門陀羅尼經論廣釋		1
佛說灌頂經	東晉帛尸梨蜜多羅譯 十二卷	1 568
佛金剛壇陀羅尼經	失譯人名	2
大通方廣經		2
淨度三昧經		2
佛說救疾經		1 569
佛說善惡因果經		4
首羅比丘見月光童子經		1
法王經		1

敦煌劫餘錄檢目

從千字文地字至位字　每字百號　玄火二字空

地23號61號71號77號各二軸

43號三軸同葉　75號三軸

地

上行原號　　下行葉次

1	2	3	4	5	6	7	8	9	10
158	57	332	164	163	145	295	362	77	70
11	12	13	14	15	16	17	18	19	20
154	60	342	409	176	22	543	81	355	384
21	22	23	24	25	26	27	28	29	30
251	315	167 256	255	494	344	362	326	274	246
31	32	33	34	35	36	37	38	39	40
310	462	463	221	24	419	494	430	156	125
41	42	43	44	45	46	47	48	49	50
527	221	137	36	224	317	50	280	229	114
51	52	53	54	55	56	57	58	59	60
337	76	283	447	430	208	84	320	452	296
61	62	63	64	65	66	67	68	69	70
80 504	407	300	333	358	400	20	116	109	224
71	72	73	74	75	76	77	78	79	80
5 105	143	236	336	152 173 201	574	289 312	34	223	320
81	82	83	84	85	86	87	88	89	90
65	308	77	62	309	300	163	334	380	109
91	92	93	94	95	96		98	99	100
408	354	385	145	227	494	352	481	494	65

黄62號二軸同葉
64號九段內有七段同葉

黄

上行原號　　下行葉次

1	2	3	4	5	6	7	8	9	10
57	84	481	342	274	226	332	395	296	220
11	12	13	14	15	16	17	18	19	20
471	360	279	410	270	361	326	272	392	259
21	22	23	24	25	26	27	28	29	30
164	331	102	327	399	352	1	282	125	22
31	32	33	34	35	36	37	38	39	40
81	141	341	408	217	270	85	235	217	377
41	42	43	44	45	46	47	48	49	50
285	81	332	87	48	320	283	404	391	39
51	52	53	54	55	56	57	58	59	60
34	321	242	200	86	272	71	65	275	372
61	62	63	64	65	66	67	68	69	70
208	329	61	3 4 574	174	281	308	530	481	260
71	72	73	74	75	76	77	78	79	80
317	46	336	270	123	131	141	240	574	76
81	82	83	84	85	86	87	88	89	90
77	222	328	307	164	105	543	388	78	254
91	92	93	94	95	96	97	98	99	100
52	324	302	481	261	101	284	424	249	203

宇32號52號各二軸

98號二軸同葉

宇39號民國十年二月提存歷史博物館

宇

上行原號　下行葉次

1	2	3	4	5	6	7	8	9	10
303	35	321	533	305	316	284	428	304	471
11	12	13	14	15	16	17	18	19	20
305	494	319	254	30	524	171	163	215	354
21	22	23	24	25	26	27	28	29	30
60	458	321	11	114	213	9	300	34	120
31	32	33	34	35	36	37	38	39	40
57	246 313	103	117	75	215	199	301	481	296
41	42	43	44	45	46	47	48	49	50
309	494	143	56	374	373	312	494	56	80
51	52	53	54	55	56	57	58	59	60
150	353 545	164	296	450	544	188	330	203	385
61	62	63	64	65	66	67	68	69	70
80	309	297	241	315	512	123	512	407	521
71	72	73	74	75	76	77	78	79	80
395	327	18	310	82	253	30	396	49	318
81	82	83	84	85	86	87	88	89	90
205	5	329	315	381	135	450	102	285	206
91	92	93	94	95	96	97	98	99	100
435	238	231	294	127	81	327	174	50	495

宙 9 號18號88號99號各二軸　23號三軸

宙22號錄誤爲宿22

宙44號68號民國十年提存歷史博物館

宙

上行原號　　下行葉次

1	2	3	4	5	6	7	8	9	10
304	3	367	371	318	229	256	394	156 161	295
11	12	13	14	15	16	17	18	19	20
451	153	43	312	511	116	463	305 312	341	176
21	22	23	24	25	26	27	28	29	30
249	18	39 388 389	203	217	67	382	106	481	369
31	32	33	34	35	36	37	38	39	40
197	106	549	17	262	231	78	108	295	322
41	42	43	44	45	46	47	48	49	50
227	388	54	29	160	144	333	246	4	330
51	52	53	54	55	56	57	58	59	60
456	298	261	274	481	286	454	163	330	335
61	62	63	64	65	66	67	68	69	70
317	199	112	282	193	435	327	272	66	568
71	72	73	74	75	76	77	78	79	80
436	162	335	66	237	34	336	158	84	2
81	82	83	84	85	86	87	88	89	90
470	140	20	117	465	82	230	255 323	481	228
91	92	93	94	95	96	97	98	99	100
463	302	26	104	565	495	71	243	3 232	56

洪17號45號50號各二軸

洪30號民國十年提存歷史博物館

洪

上行原號　　下行葉次

1	2	3	4	5	6	7	8	9	10
314	350	425	405	164	182	240	360	224	352
11	12	13	14	15	16	17	18	19	20
96	134	312	94	228	329	103 297	291	300	243
21	22	23	24	25	26	27	28	29	30
83	313	309	406	50	253	281	444	384	11
31	32	33	34	35	36	37	38	39	40
296	104	372	92	310	304	336	141	507	2
41	42	43	44	45	46	47	48	49	50
472	79	175	324	198 267	76	6	316	320	495 521
51	52	53	54	55	56	57	58	59	60
340	136	533	405	377	144	364	62	43	495
61	62	63	64	65	66	67	68	69	70
50	570	65	420	408	331	481	223	420	80
71	72	73	74	75	76	77	78	79	80
330	204	384	76	204	204	33	428	84	255
81	82	83	84	85	86	87	88	89	90
106	84	127	315	345	247	106	354	100	563
91	92	93	94	95	96	97	98	99	100
4	99	291	84	435	139	299	217	137	420

荒54號三段
57號三段同葉

荒　　上行原號　　下行葉次

1	2	3	4	5	6	7	8	9	10
420	397	341	328	84	240	138	125	13	74
11	12	13	14	15	16	17	18	19	20
352	99	73	74	73	302	350	381	120	546
21	22	23	24	25	26	27	28	29	30
187	304	82	456	124	396	31	138	39	349
31	32	33	34	35	36	37	38	39	40
133	281	201	184	393	68	455	68	278	324
41	42	43	44	45	46	47	48	49	50
192	79	219	366	128	145	354	420	182	68
51	52	53	54	55	56	57	58	59	60
183	82	182	156 199 204	307	74	391	481	292	49
61	62	63	64	65	66	67	68	69	70
297	352	137	67	230	420	288	82	420	320
71	72	73	74	75	76	77	78	79	80
76	290	420	454	420	334	495	440	318	251
81	82	83	84	85	86	87	88	89	90
495	456	144	258	74	413	481	504	226	420
91	92	93	94	95	96	97	98	99	100
279	137	365	227	288	294	515	320	420	137

日13號17號19號20號原缺
日58號66號各二軸

日

上行原號　　下行葉次

1	2	3	4	5	6	7	8	9	10
67	463	107	70	296	479	242	170	99	137
11	12	13	14	15	16	17	18	19	20
97	127	0	182	31	158	0	170	0	0
21	22	23	24	25	26	27	28	29	30
294	204	521	319	83	223	82	481	282	517
31	32	33	34	35	36	37	38	39	40
468	223	47	65	196	75	281	297	373	287
41	42	43	44	45	46	47	48	49	50
7	98	251	330	309	520	418	103	481	535
51	52	53	54	55	56	57	58	59	60
184	71	252	98	169	271	120	167 205	420	22
61	62	63	64	65	66	67	68	69	70
99	517	380	222	151	163 226	201	299	209	22
71	72	73	74	75	76	77	78	79	80
180	408	521	301	182	32	378	428	182	481
81	82	83	84	85	86	87	88	89	90
39	324	64	445	520	366	516	204	284	204
91	92	93	94	95	96	97	98	99	100
210	319	512	347	49	390	416	32	179	211

月14號四軸同葉　22號二軸

月

上行原號　　下行葉次

1	**2**	**3**	**4**	**5**	**6**	**7**	**8**	**9**	**10**
36	124	182	139	405	117	119	169	29	71
11	**12**	**13**	**14**	**15**	**16**	**17**	**18**	**19**	**20**
410	275	188	391	123	229	104	475	351	154
21	**22**	**23**	**24**	**25**	**26**	**27**	**28**	**29**	**30**
242	175 504	254	378	280	145	420	167	326	182
31	**32**	**33**	**34**	**35**	**36**	**37**	**38**	**39**	**40**
80	324	78	143	112	144	464	323	54	245
41	**42**	**43**	**44**	**45**	**46**	**47**	**48**	**49**	**50**
420	79	386	298	293	143	330	288	369	481
51	**52**	**53**	**54**	**55**	**56**	**57**	**58**	**59**	**60**
80	205	251	240	210	285	240	123	454	83
61	**62**	**63**	**64**	**65**	**66**	**67**	**68**	**69**	**70**
76	201	381	380	80	99	285	84	420	321
71	**72**	**73**	**74**	**75**	**76**	**77**	**78**	**79**	**80**
117	426	344	432	351	115	420	232	316	515
81	**82**	**83**	**84**	**85**	**86**	**87**	**88**	**89**	**90**
99	50	113	292	181	126	270	296	110	70
91	**92**	**93**	**94**	**95**	**96**	**97**	**98**	**99**	**100**
426	551	432	191	181	280	275	54	16	568

盈11號16號96號各二軸
盈86號原缺

盈

上行原號　　下行葉次

1	2	3	4	5	6	7	8	9	10
417	250	110	336	321	148	98	325	29	574
11	**12**	**13**	**14**	**15**	**16**	**17**	**18**	**19**	**20**
160 189	283	239	66	115	100 350	324	53	508	283
21	**22**	**23**	**24**	**25**	**26**	**27**	**28**	**29**	**30**
71	119	117	508	251	139	447	105	279	204
31	**32**	**33**	**34**	**35**	**36**	**37**	**38**	**39**	**40**
482	326	27	426	87	197	495	477	76	345
41	**42**	**43**	**44**	**45**	**46**	**47**	**48**	**49**	**50**
53	380	36	30	366	17	320	463	254	302
51	**52**	**53**	**54**	**55**	**56**	**57**	**58**	**59**	**60**
405	360	171	135	271	83	188	16	118	179
61	**62**	**63**	**64**	**65**	**66**	**67**	**68**	**69**	**70**
421	244	482	311	272	444	325	241	279	144
71	**72**	**73**	**74**	**75**	**76**	**77**	**78**	**79**	**80**
482	184	379	137	312	482	233	227	374	162
81	**82**	**83**	**84**	**85**	**86**	**87**	**88**	**89**	**90**
416	282	399	325	106	0	147	303	162	409
91	**92**	**93**	**94**	**95**	**96**	**97**	**98**	**99**	**100**
215	300	175	24	423	222 268	171	211	307	123

昃62號民國十年二月提存歷史博物館

昃　　上行原號　　下行葉次

1	2	3	4	5	6	7	8	9	10
21	509	438	457	475	554	457	396	475	66
11	12	13	14	15	16	17	18	19	20
351	135	168	34	12	137	419	129	346	264
21	22	23	24	25	26	27	28	29	30
328	350	90	90	354	90	406	24	405	547
31	32	33	34	35	36	37	38	39	40
332	111	511	239	389	33	333	74	313	553
41	42	43	44	45	46	47	48	49	50
541	106	510	423	423	69	423	423	230	91
51	52	53	54	55	56	57	58	59	60
210	246	63	371	273	213	330	249	300	215
61	62	63	64	65	66	67	68	69	70
97	221	239	282	223	23	26	360	319	515
71	72	73	74	75	76	77	78	79	80
283	338	111	352	482	53	233	361	201	23
81	82	83	84	85	86	87	88	89	90
104	366	252	117	2	262	143	176	271	17
91	92	93	94	95	96	97	98	99	100
482	512	450	142	142	284	142	143	199	377

辰45號原缺

辰

上行原號　　下行葉次

1	**2**	**3**	**4**	**5**	**6**	**7**	**8**	**9**	**10**
229	68	248	250	495	211	131	305	545	8
11	**12**	**13**	**14**	**15**	**16**	**17**	**18**	**19**	**20**
417	341	397	203	293	147	543	260	378	34
21	**22**	**23**	**24**	**25**	**26**	**27**	**28**	**29**	**30**
194	193	550	4	398	176	134	397	231	393
31	**32**	**33**	**34**	**35**	**36**	**37**	**38**	**39**	**40**
117	89	283	574	480	507	346	368	139	209
41	**42**	**43**	**44**	**45**	**46**	**47**	**48**	**49**	**50**
86	55	272	66	0	414	410	402	379	313
51	**52**	**53**	**54**	**55**	**56**	**57**	**58**	**59**	**60**
234	69	6	482	557	287	193	51	233	516
61	**62**	**63**	**64**	**65**	**66**	**67**	**68**	**69**	**70**
420	420	229	482	211	18	375	456	48	202
71	**72**	**73**	**74**	**75**	**76**	**77**	**78**	**79**	**80**
165	495	439	56	142	84	352	222	300	376
81	**82**	**83**	**84**	**85**	**86**	**87**	**88**	**89**	**90**
87	415	169	344	323	352	436	118	177	434
91	**92**	**93**	**94**	**95**	**96**	**97**	**98**	**99**	**100**
204	319	377	160	406	158	163	120	233	413

宿24號二軸

宿　　上行原號　　下行葉次

1	2	3	4	5	6	7	8	9	10
561	258	76	252	363	408	411	237	321	334
11	12	13	14	15	16	17	18	19	20
410	352	410	410	111	272	410	333	396	410
21	22	23	24	25	26	27	28	29	30
443	57	372	411 412	410	287	223	409	165	432
31	32	33	34	35	36	37	38	39	40
368	77	410	482	388	482	412	308	425	411
41	42	43	44	45	46	47	48	49	50
495	159	17	460	444	318	247	55	284	536
51	52	53	54	55	56	57	58	59	60
371	43	495	115	148	123	543	141	281	285
61	62	63	64	65	66	67	68	69	70
412	482	177	466	172	68	451	325	465	256
71	72	73	74	75	76	77	78	79	80
281	70	332	482	135	71	242	464	217	353
81	82	83	84	85	86	87	88	89	90
303	305	187	321	473	150	279	375	80	123
91	92	93	94	95	96	97	98	99	100
535	327	107	56	297	184	482	445	528	70

列

上行原號　　下行葉次

1	2	3	4	5	6	7	8	9	10
360	459	176	112	508	81	363	344	369	315
11	12	13	14	15	16	17	18	19	20
357	233	20	317	366	236	320	541	543	245
21	22	23	24	25	26	27	28	29	30
76	455	168	432	246	514	444	17	226	172
31	32	33	34	35	36	37	38	39	40
68	440	123	482	467	341	410	471	246	114
41	42	43	44	45	46	47	48	49	50
132	84	125	232	211	345	21	144	301	495
51	52	53	54	55	56	57	58	59	60
84	72	419	495	97	296	114	190	190	508
61	62	63	64	65	66	67	68	69	70
377	333	295	332	168	468	319	177	199	492
71	72	73	74	75	76	77	78	79	80
285	229	111	270	106	16	296	207	329	292
81	82	83	84	85	86	87	88	89	90
482	107	399	112	492	271	300	495	209	482
91	92	93	94	95	96	97	98	99	100
495	155	305	28	163	252	134	313	308	195

張 7 號二軸同葉

張　上行原號　下行葉次

1	2	3	4	5	6	7	8	9	10
315	157	195	104	195	302	195	195	195	195
11	12	13	14	15	16	17	18	19	20
538	2	308	127	80	215	103	482	112	319
21	22	23	24	25	26	27	28	29	30
259	354	482	435	341	191	5	287	316	57
31	32	33	34	35	36	37	38	39	40
545	406	107	205	317	282	217	107	101	521
41	42	43	44	45	46	47	48	49	50
108	288	468	214	308	134	238	363	136	450
51	52	53	54	55	56	57	58	59	60
290	160	85	152	241	99	245	368	290	482
61	62	63	64	65	66	67	68	69	70
259	180	436	446	288	233	393	99	519	84
71	72	73	74	75	76	77	78	79	80
292	134	171	139	174	483	483	495	69	52
81	82	83	84	85	86	87	88	89	90
190	244	303	80	310	182	128	256	495	274
91	92	93	94	95	96	97	98	99	100
24	110	249	305	127	51	463	108	225	319

寒

上行原號　　下行葉次

1	2	3	4	5	6	7	8	9	10
307	198	451	217	48	399	550	195	183	319
11	12	13	14	15	16	17	18	19	20
128	51	87	461	416	220	126	550	285	312
21	22	23	24	25	26	27	28	29	30
23	343	107	369	288	115	352	100	333	105
31	32	33	34	35	36	37	38	39	40
234	296	325	160	245	337	196	354	410	287
41	42	43	44	45	46	47	48	49	50
326	70	279	197	293	534	405	228	136	196
51	52	53	54	55	56	57	58	59	60
47	345	119	43	161	258	47	138	50	163
61	62	63	64	65	66	67	68	69	70
294	321	195	227	342	242	451	283	139	368
71	72	73	74	75	76	77	78	79	80
51	483	46	51	308	302	101	14	181	290
81	82	83	84	85	86	87	88	89	90
529	536	323	5	374	34	373	351	278	202
91	92	93	94	95	96	97	98	99	100
25	348	234	126	463	258	256	272	182	410

來　　上行原號　　下行葉次

1	**2**	**3**	**4**	**5**	**6**	**7**	**8**	**9**	**10**
241	303	34	301	126	148	312	260	148	483
11	**12**	**13**	**14**	**15**	**16**	**17**	**18**	**19**	**20**
127	228	148	197	173	54	111	34	367	258
21	**22**	**23**	**24**	**25**	**26**	**27**	**28**	**29**	**30**
292	138	311	235	157	82	251	127	238	261
31	**32**	**33**	**34**	**35**	**36**	**37**	**38**	**39**	**40**
328	227	314	37	318	34	256	121	246	248
41	**42**	**43**	**44**	**45**	**46**	**47**	**48**	**49**	**50**
560	246	280	312	148	221	495	129	138	136
51	**52**	**53**	**54**	**55**	**56**	**57**	**58**	**59**	**60**
232	125	356	405	243	504	174	79	24	354
61	**62**	**63**	**64**	**65**	**66**	**67**	**68**	**69**	**70**
66	349	234	474	374	71	280	83	215	87
71	**72**	**73**	**74**	**75**	**76**	**77**	**78**	**79**	**80**
138	301	472	504	372	46	246	374	79	249
81	**82**	**83**	**84**	**85**	**86**	**87**	**88**	**89**	**90**
192	374	105	259	134	87	363	66	362	221
91	**92**	**93**	**94**	**95**	**96**	**97**	**98**	**99**	**100**
73	87	202	311	259	84	52	512	34	73

暑　　上行原號　下行葉次

1	**2**	**3**	**4**	**5**	**6**	**7**	**8**	**9**	**10**
276	52	161	80	403	310	131	273	225	37
11	**12**	**13**	**14**	**15**	**16**	**17**	**18**	**19**	**20**
217	10	19	45	252	318	148	129	303	244
21	**22**	**23**	**24**	**25**	**26**	**27**	**28**	**29**	**30**
163	253	259	262	306	300	495	128	172	548
31	**32**	**33**	**34**	**35**	**36**	**37**	**38**	**39**	**40**
217	315	483	252	69	252	88	73	86	73
41	**42**	**43**	**44**	**45**	**46**	**47**	**48**	**49**	**50**
51	289	355	150	374	280	139	377	313	349
51	**52**	**53**	**54**	**55**	**56**	**57**	**58**	**59**	**60**
24	234	111	298	85	148	15	139	15	474
61	**62**	**63**	**64**	**65**	**66**	**67**	**68**	**69**	**70**
33	303	197	197	194	168	274	247	106	359
71	**72**	**73**	**74**	**75**	**76**	**77**	**78**	**79**	**80**
553	47	373	72	11	470	141	232	381	282
81	**82**	**83**	**84**	**85**	**86**	**87**	**88**	**89**	**90**
345	330	139	88	332	335	46	167	244	220
91	**92**	**93**	**94**	**95**	**96**	**97**	**98**	**99**	**100**
318	250	264	247	258	451	256	304	47	311

往

上行原號　　下行葉次

1	2	3	4	5	6	7	8	9	10
277	82	233	239	374	374	47	363	345	76
11	12	13	14	15	16	17	18	19	20
47	261	380	130	156	318	47	215	46	374
21	22	23	24	25	26	27	28	29	30
419	34	168	294	416	47	245	196	78	352
31	32	33	34	35	36	37	38	39	40
298	260	57	374	152	333	374	261	87	73
41	42	43	44	45	46	47	48	49	50
275	167	356	348	277	334	278	196	125	306
51	52	53	54	55	56	57	58	59	60
78	102	319	282	345	355	354	374	255	317
61	62	63	64	65	66	67	68	69	70
203	82	152	47	374	152	138	177	47	229
71	72	73	74	75	76	77	78	79	80
342	241	47	469	310	542	130	314	314	136
81	82	83	84	85	86	87	88	89	90
293	220	229	73	382	325	315	347	115	483
91	92	93	94	95	96	97	98	99	100
93	247	240	72	130	427	250	313	273	145

秋

上行原號　　下行葉次

1	2	3	4	5	6	7	8	9	10
310	374	291	193	235	4	316	152	88	152
11	12	13	14	15	16	17	18	19	20
374	251	219	186	470	315	247	398	114	66
21	22	23	24	25	26	27	28	29	30
483	62	217	336	228	103	377	78	330	360
31	32	33	34	35	36	37	38	39	40
78	403	16	27	483	52	308	395	257	85
41	42	43	44	45	46	47	48	49	50
335	467	462	98	328	327	114	309	181	116
51	52	53	54	55	56	57	58	59	60
114	263	289	233	30	351	436	339	175	53
61	62	63	64	65	66	67	68	69	70
438	328	337	226	177	512	43	337	131	65
71	72	73	74	75	76	77	78	79	80
75	92	281	416	335	105	52	174	483	280
81	82	83	84	85	86	87	88	89	90
87	283	286	22	495	52	496	33	445	158
91	92	93	94	95	96	97	98	99	100
328	72	436	29	285	281	14	11	199	68

收98號二軸

收　上行原號　下行葉次

1	2	3	4	5	6	7	8	9	10
265	400	409	400	286	476	271	234	158	525
11	12	13	14	15	16	17	18	19	20
375	311	308	305	51	335	70	171	120	483
21	22	23	24	25	26	27	28	29	30
361	277	150	187	239	280	416	322	239	330
31	32	33	34	35	36	37	38	39	40
336	66	66	289	300	303	284	483	554	468
41	42	43	44	45	46	47	48	49	50
377	325	303	391	133	367	319	149	282	521
51	52	53	54	55	56	57	58	59	60
85	66	285	119	472	202	466	242	148	105
61	62	63	64	65	66	67	68	69	70
336	142	183	397	231	454	67	308	131	295
71	72	73	74	75	76	77	78	79	80
483	395	132	138	444	158	341	300	471	309
81	82	83	84	85	86	87	88	89	90
295	366	368	23	31	211	131	496	483	131
91	92	93	94	95	96	97	68	99	100
324	377	175	537	181	364	366	436 483	496	400

收

冬15號二軸

冬　上行原號　下行集次

1	2	3	4	5	6	7	8	9	10
321	508	453	154	87	22	559	123	404	48
11	12	13	14	15	16	17	18	19	20
572	552	247	23	161 164	456	435	235	7	283
21	22	23	24	25	26	27	28	29	30
323	379	319	521	439	16	180	229	59	59
31	32	33	34	35	36	37	38	39	40
291	560	84	282	101	248	560	247	339	72
41	42	43	44	45	46	47	48	49	50
301	324	87	483	19	49	105	29	80	334
51	52	53	54	55	56	57	58	59	60
51	158	216	342	50	46	275	496	138	244
61	62	63	64	65	66	67	68	69	70
472	82	332	416	419	317	104	215	65	465
71	72	73	74	75	76	77	78	79	80
273	436	63	475	275	273	225	483	516	2
81	82	83	84	85	86	87	88	89	90
236	313	483	483	276	275	61	171	287	36
91	92	93	94	95	96	97	98	99	100
56	425	411	194	61	176	483	496	121	205

藏25號二軸

藏　　上行原號　　下行葉次

1	2	3	4	5	6	7	8	9	10
239	95	464	173	174	236	174	172	41	175
11	12	13	14	15	16	17	18	19	20
508	419	483	172	111	129	238	128	254	272
21	22	23	24	25	26	27	28	29	30
217	56	377	270	338 339	428	484	171	227	463
31	32	33	34	35	36	37	38	39	40
157	300	273	484	72	369	3	131	70	189
41	42	43	44	45	46	47	48	49	50
141	184	416	224	504	220	413	132	562	122
51	52	53	54	55	56	57	58	59	60
353	11	306	252	460	185	222	572	66	70
61	62	63	64	65	66	67	68	69	70
219	97	55	116	45	468	66	226	234	261
71	72	73	74	75	76	77	78	79	80
115	342	300	403	289	290	104	134	420	251
81	82	83	84	85	86	87	88	89	90
320	420	394	278	304	302	258	345	37	78
91	92	93	94	95	96	97	98	99	100
130	47	381	169	270	13	103	209	278	496

藏

闉

上行原號　　下行葉次

1	2	3	4	5	6	7	8	9	10
165	165	307	200	484	61	261	145	27	81
11	12	13	14	15	16	17	18	19	20
455	279	180	334	56	251	54	358	35	181
21	22	23	24	25	26	27	28	29	30
265	233	331	385	335	306	37	265	212	331
31	32	33	34	35	36	37	38	39	40
172	462	5	395	194	326	212	192	404	217
41	42	43	44	45	46	47	48	49	50
34	266	521	101	201	551	209	115	125	209
51	52	53	54	55	56	57	58	59	60
444	468	221	61	21	57	61	397	75	295
61	62	63	64	65	66	67	68	69	70
176	107	49	177	216	447	496	39	238	450
71	72	73	74	75	76	77	78	79	80
12	153	321	166	62	385	166	114	205	355
81	82	83	84	85	86	87	88	89	90
281	456	248	531	165	155	172	157	153	148
91	92	93	94	95	96	97	98	99	100
385	157	190	165	23	95	293	436	411	96

餘92號三軸

餘　　上行原號　　下行葉次

1	2	3	4	5	6	7	8	9	10
99	136	74	106	271	432	389	29	228	221
11	12	13	14	15	16	17	18	19	20
425	216	162	116	467	558	526	143	474	163
21	22	23	24	25	26	27	28	29	30
496	366	484	188	484	249	200	455	344	259
31	32	33	34	35	36	37	38	39	40
173	412	136	473	452	380	458	162	152	173
41	42	43	44	45	46	47	48	49	50
152	473	484	116	437	385	455	171	69	366
51	52	53	54	55	56	57	58	59	60
557	353	63	322	305	288	484	425	492	11
61	62	63	64	65	66	67	68	69	70
572	256	12	59	249	310	88	416	473	367
71	72	73	74	75	76	77	78	79	80
378	11	306	292	295	287	484	115	317	517
81	82	83	84	85	86	87	88	89	90
504	242	104	297	461	103	288	291	351	228
91	92	93	94	95	96	97	98	99	100
332	267 347 393	373	2	290	292	484	293	331	130

成

上行原號　　下行葉次

1	2	3	4	5	6	7	8	9	10
7	293	436	161	341	13	406	496	257	415
11	12	13	14	15	16	17	18	19	20
273	56	97	294	248	526	407	361	263	249
21	22	23	24	25	26	27	28	29	30
412	27	275	258	484	88	254	294	366	291
31	32	33	34	35	36	37	38	39	40
226	238	232	290	464	186	220	250	496	496
41	42	43	44	45	46	47	48	49	50
179	496	142	158	496	455	256	180	46	117
51	52	53	54	55	56	57	58	59	60
118	197	313	297	44	484	316	163	186	56
61	62	63	64	65	66	67	68	69	70
160	318	556	222	263	135	496	484	166	557
71	72	73	74	75	76	77	78	79	80
75	52	349	84	496	12	484	107	284	253
81	82	83	84	85	86	87	88	89	90
422	48	379	337	126	255	328	15	378	127
91	92	93	94	95	96	97	98	99	100
545	375	484	39	369	541	306	536	185	73

歲40號錄重出

歲59號錄誤爲藏59

歲

上行原號　　下行葉次

1	**2**	**3**	**4**	**5**	**6**	**7**	**8**	**9**	**10**
178	227	215	146	156	105	559	230	451	232
11	**12**	**13**	**14**	**15**	**16**	**17**	**18**	**19**	**20**
387	552	496	317	12	120	93	292	496	321
21	**22**	**23**	**24**	**25**	**26**	**27**	**28**	**29**	**30**
240	73	53	331	504	336	294	161	224	131
31	**32**	**33**	**34**	**35**	**36**	**37**	**38**	**39**	**40**
484	284	165	58	125	187	224	25	183	402 432
41	**42**	**43**	**44**	**45**	**46**	**47**	**48**	**49**	**50**
253	406	308	554	237	286	271	361	347	100
51	**52**	**53**	**54**	**55**	**56**	**57**	**58**	**59**	**60**
189	470	72	277	248	243	362	371	70	411
61	**62**	**63**	**64**	**65**	**66**	**67**	**68**	**69**	**70**
240	504	130	62	451	298	484	23	155	289
71	**72**	**73**	**74**	**75**	**76**	**77**	**78**	**79**	**80**
11	233	301	484	257	335	24	277	572	570
81	**82**	**83**	**84**	**85**	**86**	**87**	**88**	**89**	**90**
355	451	166	253	457	328	73	304	492	255
91	**92**	**93**	**94**	**95**	**96**	**97**	**98**	**99**	**100**
44	492	69	14	366	139	292	75	245	121

律

上行原號　下行葉次

1	**2**	**3**	**4**	**5**	**6**	**7**	**8**	**9**	**10**
225	261	87	484	72	271	272	239	129	216
11	**12**	**13**	**14**	**15**	**16**	**17**	**18**	**19**	**20**
200	8	53	230	39	552	162	217	70	239
21	**22**	**23**	**24**	**25**	**26**	**27**	**28**	**29**	**30**
519	221	242	187	484	162	364	162	313	306
31	**32**	**33**	**34**	**35**	**36**	**37**	**38**	**39**	**40**
160	101	149	274	127	492	315	72	144	294
41	**42**	**43**	**44**	**45**	**46**	**47**	**48**	**49**	**50**
83	173	406	13	235	200	23	24	242	355
51	**52**	**53**	**54**	**55**	**56**	**57**	**58**	**59**	**60**
99	285	158	102	256	463	274	264	191	68
61	**62**	**63**	**64**	**65**	**66**	**67**	**68**	**69**	**70**
132	204	218	231	178	327	227	53	168	144
71	**72**	**73**	**74**	**75**	**76**	**77**	**78**	**79**	**80**
144	171	179	308	315	367	144	243	379	177
81	**82**	**83**	**84**	**85**	**86**	**87**	**88**	**89**	**90**
99	125	24	472	370	369	573	105	421	117
91	**92**	**93**	**94**	**95**	**96**	**97**	**98**	**99**	**100**
464	234	56	484	564	227	471	260	485	492

呂63號二軸

呂　　上行原號　　下行葉次

1	**2**	**3**	**4**	**5**	**6**	**7**	**8**	**9**	**10**
390	293	293	273	466	173	485	504	504	10
11	**12**	**13**	**14**	**15**	**16**	**17**	**18**	**19**	**20**
473	323	307	239	327	134	4[illegible]5	347	197	234
21	**22**	**23**	**24**	**25**	**26**	**27**	**28**	**29**	**30**
168	485	383	451	286	367	485	118	396	111
31	**32**	**33**	**34**	**35**	**36**	**37**	**38**	**39**	**40**
111	104	99	288	314	369	440	485	43	200
41	**42**	**43**	**44**	**45**	**46**	**47**	**48**	**49**	**50**
12	260	201	332	485	332	236	250	396	466
51	**52**	**53**	**54**	**55**	**56**	**57**	**58**	**59**	**60**
88	496	349	72	465	464	199	73	153	368
61	**62**	**63**	**64**	**65**	**66**	**67**	**68**	**69**	**70**
355	238	218 223	485	411	238	546	241	225	242
71	**72**	**73**	**74**	**75**	**76**	**77**	**78**	**79**	**80**
345	294	372	75	33	485	127	496	276	196
81	**82**	**83**	**84**	**85**	**86**	**87**	**88**	**89**	**90**
554	493	291	87	60	292	432	128	344	28
91	**92**	**93**	**94**	**95**	**96**	**97**	**98**	**99**	**100**
463	284	51	512	249	91	271	405	485	22

調

上行原號　　下行葉次

1	2	3	4	5	6	7	8	9	10
37	57	85	155	142	226	485	426	155	243
11	12	13	14	15	16	17	18	19	20
217	262	326	305	14	412	245	512	155	496
21	22	23	24	25	26	27	28	29	30
416	398	396	12	23	456	372	413	22	132
31	32	33	34	35	36	37	38	39	40
485	356	444	136	472	351	326	384	504	485
41	42	43	44	45	46	47	48	49	50
331	485	414	521	176	198	272	352	248	41
51	52	53	54	55	56	57	58	59	60
344	398	485	150	231	282	327	471	215	81
61	62	63	64	65	66	67	68	69	70
397	44	275	221	31	376	112	268	396	554
71	72	73	74	75	76	77	78	79	80
136	472	340	406	131	30	149	400	119	149
81	82	83	84	85	86	87	88	89	90
521	125	149	552	219	382	82	559	533	399
91	92	93	94	95	96	97	98	99	100
485	140	311	7	198	205	211	415	236	76

陽22號二軸

陽 上行原號 下行葉次

1	2	3	4	5	6	7	8	9	10
444	23	340	28	497	255	303	573	463	50
11	12	13	14	15	16	17	18	19	20
126	225	337	307	245	220	328	408	231	574
21	22	23	24	25	26	27	28	29	30
519	344 356	399	292	399	297	485	290	273	304
31	32	33	34	35	36	37	38	39	40
311	220	116	41	454	469	223	146	497	76
41	42	43	44	45	46	47	48	49	50
312	256	440	260	157	292	272	281	291	74
51	52	53	54	55	56	57	58	59	60
282	551	66	258	30	87	328	443	425	404
61	62	63	64	65	66	67	68	69	70
100	374	131	193	409	322	107	234	156	178
71	72	73	74	75	76	77	78	79	80
411	473	86	54	297	272	344	65	341	455
81	82	83	84	85	86	87	88	89	90
230	211	543	351	234	156	224	53	438	419
91	92	93	94	95	96	97	98	99	100
76	419	190	1	308	156	147	169	192	574

雲38號二段

雲　　上行原號　　下行葉次

1	2	3	4	5	6	7	8	9	10
122	557	455	39	413	2	289	304	297	56
11	12	13	14	15	16	17	18	19	20
104	44	122	378	79	283	372	41	521	120
21	22	23	24	25	26	27	28	29	30
457	336	392	540	376	445	377	225	299	120
31	32	33	34	35	36	37	38	39	40
121	145	125	497	347	258	317	553 554	63	298
41	42	43	44	45	46	47	48	49	50
24	462	224	308	286	369	282	120	455	455
51	52	53	54	55	56	57	58	59	60
72	77	307	378	521	245	147	567	174	485
61	62	63	64	65	66	67	68	69	70
128	485	234	485	81	241	252	422	252	486
71	72	73	74	75	76	77	78	79	80
338	331	301	122	219	100	122	313	108	43
81	82	83	84	85	86	87	88	89	90
123	341	14	79	327	4	4	173	497	504
91	92	93	94	95	96	97	98	99	100
257	45	110	37	274	126	399	74	478	376

騰　上行原號　下行葉次

1	2	3	4	5	6	7	8	9	10
86	486	497	60	165	529	231	315	573	327
11	12	13	14	15	16	17	18	19	20
165	345	117	390	105	65	117	398	379	521
21	22	23	24	25	26	27	28	29	30
460	190	570	294	451	13	310	273	537	133
31	32	33	34	35	36	37	38	39	40
497	51	296	419	47	30	486	103	497	362
41	42	43	44	45	46	47	48	49	50
486	30	463	376	220	379	96	497	119	411
51	52	53	54	55	56	57	58	59	60
175	313	397	356	185	280	133	411	572	116
61	62	63	64	65	66	67	68	69	70
127	97	45	70	52	227	132	291	187	103
71	72	73	74	75	76	77	78	79	80
85	156	368	285	270	113	486	250	122	236
81	82	83	84	85	86	87	88	89	90
170	113	281	74	115	497	177	363	329	323
91	92	93	94	95	96	97	98	99	100
504	262	167	78	178	85	244	24	181	79

致

上行原號　　下行葉次

1	**2**	**3**	**4**	**5**	**6**	**7**	**8**	**9**	**10**
398	181	49	297	176	72	244	228	247	298
11	**12**	**13**	**14**	**15**	**16**	**17**	**18**	**19**	**20**
486	81	456	319	359	122	122	120	558	295
21	**22**	**23**	**24**	**25**	**26**	**27**	**28**	**29**	**30**
407	425	250	75	45	237	371	112	398	30
31	**32**	**33**	**34**	**35**	**36**	**37**	**38**	**39**	**40**
101	398	451	109	300	104	147	471	299	288
41	**42**	**43**	**44**	**45**	**46**	**47**	**48**	**49**	**50**
298	129	99	455	230	272	223	181	63	397
51	**52**	**53**	**54**	**55**	**56**	**57**	**58**	**59**	**60**
146	72	133	432	282	285	276	134	121	49
61	**62**	**63**	**64**	**65**	**66**	**67**	**68**	**69**	**70**
272	96	23	539	260	373	356	105	368	385
71	**72**	**73**	**74**	**75**	**76**	**77**	**78**	**79**	**80**
93	93	283	534	126	497	546	220	173	504
81	**82**	**83**	**84**	**85**	**86**	**87**	**88**	**89**	**90**
457	454	221	150	150	529	417	312	48	227
91	**92**	**93**	**94**	**95**	**96**	**97**	**98**	**99**	**100**
203	267	259	179	351	425	230	573	456	55

雨28號兩面著錄

雨　　上行原號　　下行葉次

1	**2**	**3**	**4**	**5**	**6**	**7**	**8**	**9**	**10**
219	153	240	255	340	465	356	338	274	373
11	**12**	**13**	**14**	**15**	**16**	**17**	**18**	**19**	**20**
86	336	54	296	54	345	45	308	321	61
21	**22**	**23**	**24**	**25**	**26**	**27**	**28**	**29**	**30**
129	314	129	76	455	202	170	4[illegible]2 448	83	49
31	**32**	**33**	**34**	**35**	**36**	**37**	**38**	**39**	**40**
370	465	134	486	22	126	310	338	119	104
41	**42**	**43**	**44**	**45**	**46**	**47**	**48**	**49**	**50**
504	331	450	303	486	11	419	351	493	160
51	**52**	**53**	**54**	**55**	**56**	**57**	**58**	**59**	**60**
364	326	297	16	40	7	497	301	262	16
61	**62**	**63**	**64**	**65**	**66**	**67**	**68**	**69**	**70**
301	172	130	258	203	512	129	43	561	208
71	**72**	**73**	**74**	**75**	**76**	**77**	**78**	**79**	**80**
170	522	115	176	423	318	201	270	227	229
81	**82**	**83**	**84**	**85**	**86**	**87**	**88**	**89**	**90**
361	323	436	270	270	384	455	16	253	385
91	**92**	**93**	**94**	**95**	**96**	**97**	**98**	**99**	**100**
282	130	486	486	101	66	372	486	356	315

露50號原缺

露

上行原號　　下行葉次

1	2	3	4	5	6	7	8	9	10
30	371	319	315	368	439	463	397	315	396
11	12	13	14	15	16	17	18	19	20
346	66	335	223	224	168	520	246	230	262
21	22	23	24	25	26	27	28	29	30
570	522	332	570	178	229	558	172	565	368
31	32	33	34	35	36	37	38	39	40
296	172	314	235	172	172	497	172	85	2
41	42	43	44	45	46	47	48	49	50
127	497	529	263	319	439	311	60	137	0
51	52	53	54	55	56	57	58	59	60
30	287	329	338	166	319	340	159	30	222
61	62	63	64	65	66	67	68	69	70
216	223	384	233	397	508	497	219	320	324
71	72	73	74	75	76	77	78	79	80
379	83	325	337	138	309	34	51	59	169
81	82	83	84	85	86	87	88	89	90
209	435	135	320	284	377	356	139	186	367
91	92	93	94	95	96	97	98	99	100
177	334	486	260	509	33	372	486	137	141

結61號兩面著錄

結73號原缺

結

上行原號　　下行葉次

1	2	3	4	5	6	7	8	9	10
417	278	417	417	417	171	417	227	418	417
11	12	13	14	15	16	17	18	19	20
223	307	418	382	380	178	354	165	254	181
21	22	23	24	25	26	27	28	29	30
283	166	248	465	183	317	373	22	325	447
31	32	33	34	35	36	37	38	39	40
246	26	445	44	66	85	361	417	22	486
41	42	43	44	45	46	47	48	49	50
417	417	359	417	242	417	417	556	417	418
51	52	53	54	55	56	57	58	59	60
227	373	338	393	330	218	117	280	41	295
61	62	63	64	65	66	67	68	69	70
563 567	486	568	564	509	21	461	21	293	413
71	72	73	74	75	76	77	78	79	80
31	153	0	346	383	236	549	573	367	230
81	82	83	84	85	86	87	88	89	90
371	566	143	457	164	309	48	55	348	176
91	92	93	94	95	96	97	98	99	100
383	320	530	486	72	188	250	11	320	337

爲27號原缺

爲

上行原號　　下行葉次

1	2	3	4	5	6	7	8	9	10
145	170	121	33	69	169	343	393	351	555
11	12	13	14	15	16	17	18	19	20
191	297	333	402	194	284	298	23	462	283
21	22	23	24	25	26	27	28	29	30
382	442	345	486	223	118	0	23	56	305
31	32	33	34	35	36	37	38	39	40
350	319	284	306	85	219	7	354	7	303
41	42	43	44	45	46	47	48	49	50
174	351	322	234	570	570	352	308	347	308
51	52	53	54	55	56	57	58	59	60
398	269	368	200	51	307	381	34	486	183
61	62	63	64	65	66	67	68	69	70
158	546	76	103	379	85	403	34	97	40
71	72	73	74	75	76	77	78	79	80
5	423	300	332	561	309	561	18	52	55
81	82	83	84	85	86	87	88	89	90
295	67	72	44	378	91	50	51	320	334
91	92	93	94	95	96	97	98	99	100
76	123	486	545	231	307	5	4	129	130

霜　　上行原號　　下行葉次

1	2	3	4	5	6	7	8	9	10
322	226	326	236	122	140	38	354	429	85
11	12	13	14	15	16	17	18	19	20
219	36	450	380	431	93	432	196	251	239
21	22	23	24	25	26	27	28	29	30
247	32	51	298	344	434	172	8	444	75
31	32	33	34	35	36	37	38	39	40
510	253	326	408	450	450	416	147	361	173
41	42	43	44	45	46	47	48	49	50
444	87	378	159	159	159	291	159	222	563
51	52	53	54	55	56	57	58	59	60
568	81	230	426	81	426	426	86	426	270
61	62	63	64	65	66	67	68	69	70
372	235	162	342	197	334	426	142	129	336
71	72	73	74	75	76	77	78	79	80
283	313	127	63	271	106	248	128	143	569
81	82	83	84	85	86	87	88	89	90
507	386	271	147	181	197	298	304	541	240
91	92	93	94	95	96	97	98	99	100
240	121	410	241	411	183	339	464	259	486

金74號二軸

金 上行原號 下行葉次

1	**2**	**3**	**4**	**5**	**6**	**7**	**8**	**9**	**10**
247	259	219	258	376	210	214	160	412	379
11	**12**	**13**	**14**	**15**	**16**	**17**	**18**	**19**	**20**
218	370	40	376	412	257	54	440	250	358
21	**22**	**23**	**24**	**25**	**26**	**27**	**28**	**29**	**30**
302	235	330	244	168	116	58	47	169	248
31	**32**	**33**	**34**	**35**	**36**	**37**	**38**	**39**	**40**
180	143	534	293	312	108	157	133	160	409
41	**42**	**43**	**44**	**45**	**46**	**47**	**48**	**49**	**50**
199	314	373	376	318	183	249	290	29	139
51	**52**	**53**	**54**	**55**	**56**	**57**	**58**	**59**	**60**
369	103	331	339	373	237	306	224	250	286
61	**62**	**63**	**64**	**65**	**66**	**67**	**68**	**69**	**70**
336	517	104	473	226	229	40	120	170	218
71	**72**	**73**	**74**	**75**	**76**	**77**	**78**	**79**	**80**
413	228	239	268 393	253	12	241	466	313	352
81	**82**	**83**	**84**	**85**	**86**	**87**	**88**	**89**	**90**
354	171	98	58	572	493	373	361	164	241
91	**92**	**93**	**94**	**95**	**96**	**97**	**98**	**99**	**100**
262	250	68	130	399	128	452	80	322	401

生32號57號各二軸

生

上行原號　　下行葉次

1	2	3	4	5	6	7	8	9	10
227	180	372	254	108	353	452	341	89	513
11	12	13	14	15	16	17	18	19	20
487	141	152	320	59	180	358	493	28	28
21	22	23	24	25	26	27	28	29	30
55	411	324	94	524	186	159	272	152	238
31	32	33	34	35	36	37	38	39	40
338	268 363	235	259	114	342	158	307	180	515
41	42	43	44	45	46	47	48	49	50
487	32	338	493	52	405	296	450	450	225
51	52	53	54	55	56	57	58	59	60
133	26	450	74	487	563	268 360	394	30	235
61	62	63	64	65	66	67	68	69	70
180	232	504	58	58	207	86	27	324	396
71	72	73	74	75	76	77	78	79	80
220	278	287	224	368	225	341	199	180	166
81	82	83	84	85	86	87	88	89	90
246	257	236	116	318	222	369	127	180	257
91	92	93	94	95	96	97	98	99	100
54	180	106	205	312	349	180	352	97	226

麗67號民國十六年註失後尋獲

麗 上行原號 下行葉次

1	**2**	**3**	**4**	**5**	**6**	**7**	**8**	**9**	**10**
451	280	38	452	170	144	549	504	29	519
11	**12**	**13**	**14**	**15**	**16**	**17**	**18**	**19**	**20**
214	332	263	252	203	207	457	55	108	76
21	**22**	**23**	**24**	**25**	**26**	**27**	**28**	**29**	**30**
186	298	183	233	358	397	556	343	436	222
31	**32**	**33**	**34**	**35**	**36**	**37**	**38**	**39**	**40**
1	116	161	123	186	382	40	53	464	571
41	**42**	**43**	**44**	**45**	**46**	**47**	**48**	**49**	**50**
411	314	235	280	249	231	544	75	25	104
51	**52**	**53**	**54**	**55**	**56**	**57**	**58**	**59**	**60**
190	431	340	190	55	309	177	253	13	383
61	**62**	**63**	**64**	**65**	**66**	**67**	**68**	**69**	**70**
107	45	55	104	287	372	276	411	377	328
71	**72**	**73**	**74**	**75**	**76**	**77**	**78**	**79**	**80**
381	124	323	449	286	190	311	147	310	413
81	**82**	**83**	**84**	**85**	**86**	**87**	**88**	**89**	**90**
143	241	442	143	541	164	411	143	340	100
91	**92**	**93**	**94**	**95**	**96**	**97**	**98**	**99**	**100**
144	57	523	276	53	245	35	373	542	154

水19號二軸

水　　上行原號　　下行葉次

1	2	3	4	5	6	7	8	9	10
369	210	30	315	443	439	86	574	487	111
11	12	13	14	15	16	17	18	19	20
154	203	159	181	280	114	300	182	165 194	243
21	22	23	24	25	26	27	28	29	30
164	232	334	314	182	116	153	181	148	259
31	32	33	34	35	36	37	38	39	40
339	34	57	115	84	398	190	32	98	372
41	42	43	44	45	46	47	48	49	50
277	217	383	188	77	59	186	356	353	255
51	52	53	54	55	56	57	58	59	60
221	263	111	70	487	384	401	186	111	298
61	62	63	64	65	66	67	68	69	70
25	37	121	187	246	244	237	399	53	127
71	72	73	74	75	76	77	78	79	80
297	187	160	181	380	226	273	361	372	255
81	82	83	84	85	86	87	88	89	90
451	169	399	298	218	139	152	52	273	361
91	92	93	94	95	96	97	98	99	100
347	298	75	312	140	276	198	318	100	337

玉17號原缺　50號二軸同葉

玉　　上行原號　　下行葉次

1	2	3	4	5	6	7	8	9	10
291	316	231	14	118	546	144	102	113	32
11	12	13	14	15	16	17	18	19	20
315	131	412	279	33	259	0	313	252	463
21	22	23	24	25	26	27	28	29	30
253	336	398	10	202	359	121	160	157	198
31	32	33	34	35	36	37	38	39	40
228	75	58	175	546	275	554	516	497	188
41	42	43	44	45	46	47	48	49	50
100	356	380	145	63	376	339	54	258	110
51	52	53	54	55	56	57	58	59	60
353	172	145	4	101	440	251	156	157	315
61	62	63	64	65	66	67	68	69	70
77	122	464	520	377	143	158	122	381	340
71	72	73	74	75	76	77	78	79	80
314	138	312	497	379	257	330	416	250	132
81	82	83	84	85	86	87	88	89	90
365	371	320	108	59	157	305	568	412	356
91	92	93	94	95	96	97	98	99	100
522	536	74	242	363	121	58	44	279	64

出　上行原號　下行葉次

1	2	3	4	5	6	7	8	9	10
199	356	476	518	505	339	346	487	138	54
11	12	13	14	15	16	17	18	19	20
487	45	497	271	105	487	398	77	13	235
21	22	23	24	25	26	27	28	29	30
370	48	47	497	487	487	200	140	216	487
31	32	33	34	35	36	37	38	39	40
406	2	370	16	497	370	345	344	380	140
41	42	43	44	45	46	47	48	49	50
167	301	487	381	260	459	140	487	140	208
51	52	53	54	55	56	57	58	59	60
396	141	331	335	367	222	227	162	226	353
61	62	63	64	65	66	67	68	69	70
401	261	316	249	239	156	14	53	234	304
71	72	73	74	75	76	77	78	79	80
493	409	344	451	497	143	76	478	69	208
81	82	83	84	85	86	87	88	89	90
103	487	355	143	471	408	30	306	69	88
91	92	93	94	95	96	97	98	99	100
370	288	218	146	160	252	74	457	162	438

崑

上行原號　下行葉次

1	2	3	4	5	6	7	8	9	10
154	456	160	343	109	439	463	139	176	139
11	12	13	14	15	16	17	18	19	20
71	269	371	66	60	139	135	323	242	342
21	22	23	24	25	26	27	28	29	30
68	50	66	32	142	370	473	370	405	59
31	32	33	34	35	36	37	38	39	40
98	108	376	244	53	140	29	139	371	101
41	42	43	44	45	46	47	48	49	50
32	370	202	382	136	136	157	196	260	122
51	52	53	54	55	56	57	58	59	60
13	32	253	196	140	426	305	505	59	125
61	62	63	64	65	66	67	68	69	70
256	374	59	238	59	358	354	328	253	351
71	72	73	74	75	76	77	78	79	80
32	196	396	140	211	304	82	52	194	109
81	82	83	84	85	86	87	88	89	90
52	276	574	53	115	60	338	106	30	277
91	92	93	94	95	96	97	98	99	100
45	487	173	45	445	522	202	32	96	83

罔37號已裝裱民國六年被竊僅存空匣

罔　　上行原號　　下行葉次

1	2	3	4	5	6	7	8	9	10
74	242	140	224	462	32	464	119	337	464
11	12	13	14	15	16	17	18	19	20
189	60	140	140	378	221	189	45	412	113
21	22	23	24	25	26	27	28	29	30
140	237	412	83	556	78	370	230	59	122
31	32	33	34	35	36	37	38	39	40
233	334	196	185	128	31	0	498	487	340
41	42	43	44	45	46	47	48	49	50
247	245	257	514	118	107	327	498	276	208
51	52	53	54	55	56	57	58	59	60
248	410	310	46	435	314	72	225	218	32
61	62	63	64	65	66	67	68	69	70
487	93	370	487	558	58	188	337	405	458
71	72	73	74	75	76	77	78	79	80
110	182	353	243	340	238	44	102	202	487
81	82	83	84	85	86	87	88	89	90
409	130	114	363	115	176	341	58	82	55
91	92	93	94	95	96	97	98	99	100
456	239	259	339	321	249	205	231	232	336

劍75號原缺

劍　上行原號　下行葉次

1	2	3	4	5	6	7	8	9	10
182	146	407	382	327	165	109	161	231	340
11	12	13	14	15	16	17	18	19	20
445	32	58	395	82	226	87	59	71	383
21	22	23	24	25	26	27	28	29	30
498	72	314	196	58	202	463	119	202	311
31	32	33	34	35	36	37	38	39	40
281	240	119	108	487	432	58	146	245	108
41	42	43	44	45	46	47	48	49	50
74	498	370	59	232	80	74	82	379	45
51	52	53	54	55	56	57	58	59	60
409	83	200	233	356	83	201	339	488	257
61	62	63	64	65	66	67	68	69	70
395	370	515	322	49	106	103	325	196	170
71	72	73	74	75	76	77	78	79	80
182	410	59	337	0	370	143	107	193	58
81	82	83	84	85	86	87	88	89	90
83	77	67	181	117	106	574	342	193	346
91	92	93	94	95	96	97	98	99	100
44	274	326	325	351	321	210	283	179	338

號31號二軸同葉

號　　上行原號　　下行葉次

1	2	3	4	5	6	7	8	9	10
193	251	204	498	488	155	166	466	457	202
11	12	13	14	15	16	17	18	19	20
55	236	522	507	59	264	53	17	23	261
21	22	23	24	25	26	27	28	29	30
60	119	248	8	166	511	247	264	324	334
31	32	33	34	35	36	37	38	39	40
290	208	498	237	182	220	261	109	246	438
41	42	43	44	45	46	47	48	49	50
336	114	383	488	356	202	200	250	279	371
51	52	53	54	55	56	57	58	59	60
31	11	522	140	226	312	362	71	102	140
61	62	63	64	65	66	67	68	69	70
59	189	515	457	37	359	183	345	146	59
71	72	73	74	75	76	77	78	79	80
60	354	56	505	333	110	467	281	252	51
81	82	83	84	85	86	87	88	89	90
304	351	159	113	472	100	538	240	2	205
91	92	93	94	95	96	97	98	99	100
86	129	341	128	123	317	131	334	60	151

巨

上行原號　　下行葉次

1	2	3	4	5	6	7	8	9	10
178	153	293	295	292	380	232	151	285	371
11	12	13	14	15	16	17	18	19	20
47	308	145	372	372	288	270	179	159	351
21	22	23	24	25	26	27	28	29	30
288	488	81	488	263	81	110	46	71	123
31	32	33	34	35	36	37	38	39	40
238	238	60	195	200	330	113	268	116	282
41	42	43	44	45	46	47	48	49	50
322	281	151	186	152	265	352	200	303	201
51	52	53	54	55	56	57	58	59	60
257	170	200	154	285	51	88	229	199	43
61	62	63	64	65	66	67	68	69	70
146	243	337	225	50	274	135	121	144	178
71	72	73	74	75	76	77	78	79	80
75	342	123	113	334	135	171	319	167	254
81	82	83	84	85	86	87	88	89	90
273	224	170	173	228	243	183	361	234	125
91	92	93	94	95	96	97	98	99	100
488	177	134	261	181	498	373	183	220	103

闕　　上行原號　　下行葉次

1	2	3	4	5	6	7	8	9	10
356	505	110	72	120	505	118	223	269	498
11	12	13	14	15	16	17	18	19	20
105	351	68	142	44	151	52	128	141	462
21	22	23	24	25	26	27	28	29	30
152	56	167	306	377	152	272	302	63	144
31	32	33	34	35	36	37	38	39	40
74	125	210	163	488	405	147	187	130	507
41	42	43	44	45	46	47	48	49	50
305	336	255	141	313	303	200	305	2	43
51	52	53	54	55	56	57	58	59	60
505	466	103	246	280	135	149	233	167	169
61	62	63	64	65	66	67	68	69	70
77	154	257	21	326	245	98	135	281	270
71	72	73	74	75	76	77	78	79	80
127	118	293	271	48	152	373	80	158	218
81	82	83	84	85	86	87	88	89	90
158	325	282	235	378	326	134	193	151	456
91	92	93	94	95	96	97	98	99	100
129	400	195	77	252	129	85	128	314	106

珠　　上行原號　　下行葉次

1	**2**	**3**	**4**	**5**	**6**	**7**	**8**	**9**	**10**
167	231	142	177	156	71	70	168	373	363
11	**12**	**13**	**14**	**15**	**16**	**17**	**18**	**19**	**20**
279	200	148	78	79	397	179	78	274	291
21	**22**	**23**	**24**	**25**	**26**	**27**	**28**	**29**	**30**
173	228	114	226	219	268	247	68	361	498
31	**32**	**33**	**34**	**35**	**36**	**37**	**38**	**39**	**40**
244	161	141	337	77	12	160	173	166	339
41	**42**	**43**	**44**	**45**	**46**	**47**	**48**	**49**	**50**
180	109	84	467	125	274	30	149	307	343
51	**52**	**53**	**54**	**55**	**56**	**57**	**58**	**59**	**60**
440	338	152	149	369	225	168	296	299	262
61	**62**	**63**	**64**	**65**	**66**	**67**	**68**	**69**	**70**
262	222	383	240	170	324	545	259	165	323
71	**72**	**73**	**74**	**75**	**76**	**77**	**78**	**79**	**80**
184	326	321	435	123	59	154	195	82	411
81	**82**	**83**	**84**	**85**	**86**	**87**	**88**	**89**	**90**
151	293	179	167	338	119	253	290	317	120
91	**92**	**93**	**94**	**95**	**96**	**97**	**98**	**99**	**100**
170	2	274	72	161	158	366	118	370	556

稱　　上行原號　　下行葉次

1	2	3	4	5	6	7	8	9	10
225	405	436	361	15	295	330	307	148	296
11	12	13	14	15	16	17	18	19	20
284	144	163	117	237	317	283	370	178	344
21	22	23	24	25	26	27	28	29	30
273	224	135	77	289	77	336	488	493	136
31	32	33	34	35	36	37	38	39	40
77	572	379	224	378	295	111	167	134	340
41	42	43	44	45	46	47	48	49	50
340	120	282	151	242	202	325	231	335	178
51	52	53	54	55	56	57	58	59	60
113	406	312	60	351	245	309	488	54	144
61	62	63	64	65	66	67	68	69	70
395	307	469	334	63	113	245	351	151	302
71	72	73	74	75	76	77	78	79	80
75	311	186	149	309	469	287	130	299	150
81	82	83	84	85	86	87	88	89	90
294	302	289	119	222	288	233	362	302	398
91	92	93	94	95	96	97	98	99	100
11	179	44	303	560	112	498	131	146	189

夜33號錄誤爲衣33
夜98號錄誤爲衣98

夜

上行原號　　下行葉次

1	2	3	4	5	6	7	8	9	10
343	153	167	208	81	225	225	498	151	385
11	12	13	14	15	16	17	18	19	20
335	222	115	146	115	119	232	238	69	151
21	22	23	24	25	26	27	28	29	30
151	221	352	329	331	200	179	322	203	256
31	32	33	34	35	36	37	38	39	40
335	349	469	129	149	373	470	454	103	375
41	42	43	44	45	46	47	48	49	50
333	510	90	408	323	456	498	290	284	119
51	52	53	54	55	56	57	58	59	60
271	41	118	105	60	23	60	296	488	111
61	62	63	64	65	66	67	68	69	70
367	157	330	127	221	131	178	201	108	407
71	72	73	74	75	76	77	78	79	80
93	149	83	422	215	263	464	415	106	251
81	82	83	84	85	86	87	88	89	90
77	238	314	111	112	48	316	120	253	83
91	92	93	94	95	96	97	98	99	100
219	450	38	382	99	142	498	477	328	67

光　　上行原號　　下行葉次

1	2	3	4	5	6	7	8	9	10
187	283	104	468	498	291	80	513	404	192
11	12	13	14	15	16	17	18	19	20
231	147	99	274	58	249	72	340	249	35
21	22	23	24	25	26	27	28	29	30
404	58	174	121	560	435	83	86	168	404
31	32	33	34	35	36	37	38	39	40
244	488	98	289	403	432	450	310	98	11
41	42	43	44	45	46	47	48	49	50
109	121	408	293	24	328	16	278	157	179
51	52	53	54	55	56	57	58	59	60
147	158	301	122	50	288	408	19	498	81
61	62	63	64	65	66	67	68	69	70
113	412	15	450	195	82	248	218	289	332
71	72	73	74	75	76	77	78	79	80
255	375	335	191	329	173	113	117	263	293
81	82	83	84	85	86	87	88	89	90
155	376	488	108	271	370	187	198	150	107
91	92	93	94	95	96	97	98	99	100
134	408	361	539	474	157	519	75	408	546

光

果

上行原號　　下行葉次

1	2	3	4	5	6	7	8	9	10
224	164	291	282	498	2	114	67	318	130
11	12	13	14	15	16	17	18	19	20
124	560	332	256	283	156	117	55	86	244
21	22	23	24	25	26	27	28	29	30
324	48	108	50	108	7	285	218	170	377
31	32	33	34	35	36	37	38	39	40
408	211	263	174	288	257	174	258	139	331
41	42	43	44	45	46	47	48	49	50
524	186	295	127	175	236	20	292	364	174
51	52	53	54	55	56	57	58	59	60
464	463	412	150	294	198	13	174	335	546
61	62	63	64	65	66	67	68	69	70
408	108	408	464	179	84	307	390	508	407
71	72	73	74	75	76	77	78	79	80
294	147	99	215	173	243	147	121	404	451
81	82	83	84	85	86	87	88	89	90
333	493	55	292	189	134	341	547	192	569
91	92	93	94	95	96	97	98	99	100
452	178	231	407	331	293	112	262	334	562

珍　　上行原號　　下行葉次

1	2	3	4	5	6	7	8	9	10
446	239	294	399	369	98	488	457	147	344
11	12	13	14	15	16	17	18	19	20
468	67	378	161	407	411	45	498	126	542
21	22	23	24	25	26	27	28	29	30
107	404	110	357	98	343	287	546	488	14
31	32	33	34	35	36	37	38	39	40
285	407	409	29	134	549	179	297	82	231
41	42	43	44	45	46	47	48	49	50
341	81	272	329	83	81	488	273	333	167
51	52	53	54	55	56	57	58	59	60
79	73	404	79	78	121	274	391	61	472
61	62	63	64	65	66	67	68	69	70
488	83	349	204	350	19	109	76	275	13
71	72	73	74	75	76	77	78	79	80
273	120	340	191	108	251	109	229	243	407
81	82	83	84	85	86	87	88	89	90
345	67	177	227	251	408	286	508	224	188
91	92	93	94	95	96	97	98	99	100
121	186	273	111	334	366	192	311	271	323

李46號二軸

李 上行原號 下行葉次

1	2	3	4	5	6	7	8	9	10
505	339	109	11	77	286	543	313	339	246
11	12	13	14	15	16	17	18	19	20
115	189	280	37	142	287	273	228	436	553
21	22	23	24	25	26	27	28	29	30
164	236	488	347	126	550	391	413	278	459
31	32	33	34	35	36	37	38	39	40
550	142	573	559	559	407	235	560	574	109
41	42	43	44	45	46	47	48	49	50
498	61	133	329	398	251 318	169	354	408	378
51	52	53	54	55	56	57	58	59	60
81	522	269	203	435	268	371	450	240	166
61	62	63	64	65	66	67	68	69	70
179	310	285	14	209	436	323	162	107	317
71	72	73	74	75	76	77	78	79	80
358	70	498	313	331	498	325	241	60	309
81	82	83	84	85	86	87	88	89	90
297	488	168	512	507	522	232	250	466	223
91	92	93	94	95	96	97	98	99	100
312	289	339	290	488	222	218	488	468	574

柰　上行原號　下行葉次

1	2	3	4	5	6	7	8	9	10
489	464	129	159	175	230	301	468	281	280
11	12	13	14	15	16	17	18	19	20
86	251	427	473	574	279	337	254	427	208
21	22	23	24	25	26	27	28	29	30
425	278	18	489	314	239	432	507	38	299
31	32	33	34	35	36	37	38	39	40
316	193	368	569	13	303	499	302	299	14
41	42	43	44	45	46	47	48	49	50
302	237	274	305	293	489	185	230	526	489
51	52	53	54	55	56	57	58	59	60
291	414	470	257	538	169	489	230	6	353
61	62	63	64	65	66	67	68	69	70
350	121	186	294	256	280	541	40	355	322
71	72	73	74	75	76	77	78	79	80
232	159	499	252	207	445	333	412	295	98
81	82	83	84	85	86	87	88	89	90
480	92	445	451	383	220	427	57	421	112
91	92	93	94	95	96	97	98	99	100
456	427	10	379	337	216	435	438	50	362

菜12號二軸

菜　　上行原號　　下行葉次

1	**2**	**3**	**4**	**5**	**6**	**7**	**8**	**9**	**10**
468	51	440	499	489	376	220	425	303	378
11	**12**	**13**	**14**	**15**	**16**	**17**	**18**	**19**	**20**
359	25 26	384	100	265	304	270	489	347	48
21	**22**	**23**	**24**	**25**	**26**	**27**	**28**	**29**	**30**
360	404	396	326	436	235	414	73	255	414
31	**32**	**33**	**34**	**35**	**36**	**37**	**38**	**39**	**40**
241	489	203	443	489	54	450	88	281	574
41	**42**	**43**	**44**	**45**	**46**	**47**	**48**	**49**	**50**
493	136	462	43	16	248	390	56	279	446
51	**52**	**53**	**54**	**55**	**56**	**57**	**58**	**59**	**60**
128	309	416	135	233	189	282	218	316	75
61	**62**	**63**	**64**	**65**	**66**	**67**	**68**	**69**	**70**
396	499	100	211	257	345	136	456	65	395
71	**72**	**73**	**74**	**75**	**76**	**77**	**78**	**79**	**80**
489	399	123	489	300	214	273	400	469	456
81	**82**	**83**	**84**	**85**	**86**	**87**	**88**	**89**	**90**
224	164	45	118	416	239	249	191	42	456
91	**92**	**93**	**94**	**95**	**96**	**97**	**98**	**99**	**100**
489	566	203	235	314	379	283	284	430	272

重20號二軸

重49號錄誤爲46

重

上行原號　　下行葉次

1	**2**	**3**	**4**	**5**	**6**	**7**	**8**	**9**	**10**
249	241	55	176	35	562	266	137	209	398
11	**12**	**13**	**14**	**15**	**16**	**17**	**18**	**19**	**20**
343	86	279	250	193	469	401	383	382	94 528
21	**22**	**23**	**24**	**25**	**26**	**27**	**28**	**29**	**30**
489	538	452	117	337	516	11	159	352	78
31	**32**	**33**	**34**	**35**	**36**	**37**	**38**	**39**	**40**
19	377	315	57	100	75	16	38	277	243
41	**42**	**43**	**44**	**45**	**46**	**47**	**48**	**49**	**50**
489	130	48	79	357	205	55	108	268	45
51	**52**	**53**	**54**	**55**	**56**	**57**	**58**	**59**	**60**
535	176	296	12	294	177	489	360	489	330
61	**62**	**63**	**64**	**65**	**66**	**67**	**68**	**69**	**70**
15	140	376	118	105	68	49	57	38	188
71	**72**	**73**	**74**	**75**	**76**	**77**	**78**	**79**	**80**
279	203	278	445	24	233	51	164	159	159
81	**82**	**83**	**84**	**85**	**86**	**87**	**88**	**89**	**90**
105	122	253	120	60	411	67	195	380	436
91	**92**	**93**	**94**	**95**	**96**	**97**	**98**	**99**	**100**
191	110	180	181	543	175	208	264	489	309

芥

上行原號　　下行葉次

1	**2**	**3**	**4**	**5**	**6**	**7**	**8**	**9**	**10**
392	355	468	61	353	332	538	53	230	14
11	**12**	**13**	**14**	**15**	**16**	**17**	**18**	**19**	**20**
404	499	344	406	244	445	126	445	12	468
21	**22**	**23**	**24**	**25**	**26**	**27**	**28**	**29**	**30**
407	328	162	403	103	338	128	346	158	331
31	**32**	**33**	**34**	**35**	**36**	**37**	**38**	**39**	**40**
195	322	159	361	13	425	141	244	236	14
41	**42**	**43**	**44**	**45**	**46**	**47**	**48**	**49**	**50**
9	230	254	223	6	186	287	12	254	548
51	**52**	**53**	**54**	**55**	**56**	**57**	**58**	**59**	**60**
373	40	354	184	11	5	52	451	424	154
61	**62**	**63**	**64**	**65**	**66**	**67**	**68**	**69**	**70**
110	68	117	262	451	168	499	2	40	489
71	**72**	**73**	**74**	**75**	**76**	**77**	**78**	**79**	**80**
256	406	489	255	162	309	191	243	342	254
81	**82**	**83**	**84**	**85**	**86**	**87**	**88**	**89**	**90**
437	13	513	1	188	489	1	265	499	317
91	**92**	**93**	**94**	**95**	**96**	**97**	**98**	**99**	**100**
548	1	290	208	1	1	543	168	376	250

薑91號二軸

薑　　上行原號　　下行葉次

1	2	3	4	5	6	7	8	9	10
561	499	155	156	156	125	155	156	285	499
11	12	13	14	15	16	17	18	19	20
1	279	368	44	361	490	471	505	219	164
21	22	23	24	25	26	27	28	29	30
296	22	510	306	479	116	490	490	490	53
31	32	33	34	35	36	37	38	39	40
421	421	236	338	235	451	490	499	117	230
41	42	43	44	45	46	47	48	49	50
490	185	346	310	306	268	145	88	426	204
51	52	53	54	55	56	57	58	59	60
355	261	490	192	142	348	12	459	490	499
61	62	63	64	65	66	67	68	69	70
45	318	357	431	458	56	277	372	490	93
71	72	73	74	75	76	77	78	79	80
40	490	384	338	57	33	499	113	253	170
81	82	83	84	85	86	87	88	89	90
292	38	493	499	346	235	378	490	510	73
91	92	93	94	95	96	97	68	99	100
437	23	243	92	490	298	432	354	317	527
522									

薑

海78號二軸

海　上行原號　下行葉次

1	2	3	4	5	6	7	8	9	10
499	468	258	255	40	400	368	490	490	116
11	12	13	14	15	16	17	18	19	20
61	490	56	162	109	490	442	499	438	505
21	22	23	24	25	26	27	28	29	30
490	421	370	352	463	449	271	405	499	426
31	32	33	34	35	36	37	38	39	40
468	126	83	224	399	205	58	289	442	490
41	42	43	44	45	46	47	48	49	50
259	499	493	316	490	172	1	297	404	490
51	52	53	54	55	56	57	58	59	60
536	350	157	499	347	291	346	241	491	8
61	62	63	64	65	66	67	68	69	70
362	468	466	62	339	380	298	154	100	313
71	72	73	74	75	76	77	78	79	80
16	491	411	69	113	491	269	31 515	491	574
81	82	83	84	85	86	87	88	89	90
284	331	98	271	55	427	184	155	201	204
91	92	93	94	95	96	97	98	99	100
77	7	276	229	441	161	277	366	154	82

鹹64號65號各二軸

鹹　　上行原號　　下行葉次

1	2	3	4	5	6	7	8	9	10
522	499	3	295	295	499	357	44	67	7
11	12	13	14	15	16	17	18	19	20
406	331	307	41	77	264	450	522	67	294
21	22	23	24	25	26	27	28	29	30
340	54	111	214	361	517	60	156	219	162
31	32	33	34	35	36	37	38	39	40
281	234	377	215	186	309	120	40	383	320
41	42	43	44	45	46	47	48	49	50
173	71	173	240	147	441	271	500	376	57
51	52	53	54	55	56	57	58	59	60
58	112	99	338	212	52	73	216	42	53
61	62	63	64	65	66	67	68	69	70
218	398	384	237 259	219 252	180	471	73	76	171
71	72	73	74	75	76	77	78	79	80
316	243	232	34	514	71	519	443	67	511
81	82	83	84	85	86	87	88	89	90
130	415	229	149	125	419	471	98	296	205
91	92	93	94	95	96	97	98	99	100
112	371	320	289	127	325	445	219	262	350

河69號二軸

河　　上行原號　　下行葉次

1	2	3	4	5	6	7	8	9	10
574	246	301	371	297	398	241	425	67	286
11	12	13	14	15	16	17	18	19	20
491	571	201	208	399	229	409	159	228	148
21	22	23	24	25	26	27	28	29	30
478	500	60	338	284	277	180	13	170	321
31	32	33	34	35	36	37	38	39	40
500	58	468	341	379	279	221	43	360	33
41	42	43	44	45	46	47	48	49	50
130	250	242	399	128	34	54	6	16	435
51	52	53	54	55	56	57	58	59	60
185	57	93	304	522	248	329	407	455	169
61	62	63	64	65	66	67	68	69	70
139	295	107	510	150	98	139	123	217 257	322
71	72	73	74	75	76	77	78	79	80
58	451	179	278	279	13	464	253	376	96
81	82	83	84	85	86	87	88	89	90
355	102	302	45	100	406	35	316	405	409
91	92	93	94	95	96	97	98	99	100
132	409	349	397	243	78	222	256	89	100

淡4號兩面著錄

淡　　上行原號　　下行葉次

1	**2**	**3**	**4**	**5**	**6**	**7**	**8**	**9**	**10**
103	500	378	7 480	254	264	288	342	271	114
11	**12**	**13**	**14**	**15**	**16**	**17**	**18**	**19**	**20**
87	327	469	104	22	23	132	228	20	185
21	**22**	**23**	**24**	**25**	**26**	**27**	**28**	**29**	**30**
21	331	275	197	348	298	397	217	413	284
31	**32**	**33**	**34**	**35**	**36**	**37**	**38**	**39**	**40**
272	359	144	85	378	569	73	275	154	321
41	**42**	**43**	**44**	**45**	**46**	**47**	**48**	**49**	**50**
322	297	242	188	465	185	110	441	163	437
51	**52**	**53**	**54**	**55**	**56**	**57**	**58**	**59**	**60**
93	461	491	220	17	491	71	519	293	458
61	**62**	**63**	**64**	**65**	**66**	**67**	**68**	**69**	**70**
214	399	454	24	218	247	125	1	106	369
71	**72**	**73**	**74**	**75**	**76**	**77**	**78**	**79**	**80**
141	228	168	575	20	92	409	272	274	284
81	**82**	**83**	**84**	**85**	**86**	**87**	**88**	**89**	**90**
65	67	395	22	29	276	44	367	44	352
91	**92**	**93**	**94**	**95**	**96**	**97**	**98**	**99**	**100**
414	235	417	295	299	7	138	135	500	51

鱗

上行原號　下行葉次

1	2	3	4	5	6	7	8	9	10
281	111	64	351	153	223	220	300	471	566
11	12	13	14	15	16	17	18	19	20
384	226	19	228	435	100	307	371	85	235
21	22	23	24	25	26	27	28	29	30
54	319	321	77	100	65	98	407	342	573
31	32	33	34	35	36	37	38	39	40
69	247	323	7	169	491	12	444	8	175
41	42	43	44	45	46	47	48	49	50
36	26	284	115	225	185	206	85	491	278
51	52	53	54	55	56	57	58	59	60
69	68	35	275	275	126	209	458	491	342
61	62	63	64	65	66	67	68	69	70
153	190	341	175	146	399	332	57	234	305
71	72	73	74	75	76	77	78	79	80
353	464	154	462	244	200	192	223	551	274
81	82	83	84	85	86	87	88	89	90
154	398	327	52	329	226	133	118	389	462
91	92	93	94	95	96	97	98	99	100
325	321	238	500	325	10	411	353	197	343

潛33號二軸

潛　　上行原號　　下行葉次

1	2	3	4	5	6	7	8	9	10
469	388	73	407	493	55	230	105	369	304
11	12	13	14	15	16	17	18	19	20
116	325	239	160	375	320	309	286	146	258
21	22	23	24	25	26	27	28	29	30
31	399	321	445	491	118	458	491	85	286
31	32	33	34	35	36	37	38	39	40
238	237	262 268	463	491	241	575	434	289	329
41	42	43	44	45	46	47	48	49	50
113	153	89	348	21	162	493	53	69	546
51	52	53	54	55	56	57	58	59	60
226	137	178	155	31	45	439	390	439	196
61	62	63	64	65	66	67	68	69	70
406	500	276	445	472	152	439	286	206	165
71	72	73	74	75	76	77	78	79	80
532	257	178	206	238	559	171	195	133	539
81	82	83	84	85	86	87	88	89	90
228	146	363	307	491	397	560	356	458	333
91	92	93	94	95	96	97	98	99	100
204	175	344	255	151	371	457	94	142	457

羽48至51號宣統三年由學部贈奥京博物院
52至55號由學部贈張謇

羽　　上行原號　　下行葉次

1	2	3	4	5	6	7	8	9	10
477	167	92	84	426	163	311	322	162	5
11	12	13	14	15	16	17	18	19	20
444	548	198	348	386	500	218	190	90	11
21	22	23	24	25	26	27	28	29	30
25	289	206	50	153	286	246	312	73	273
31	32	33	34	35	36	37	38	39	40
338	78	302	319	131	407	281	334	275	67
41	42	43	44	45	46	47	48	49	50
339	306	35	113	254	256	318	0	0	0
51	52	53	54	55	56	57	58	59	60
0	0	0	0	0	166	138	534	138	324
61	62	63	64	65	66	67	68	69	70
426	267	560	68	189	79	335	196	564	362
71	72	73	74	75	76	77	78	79	80
545	135	190	554	573	190	205	191	187	421
81	82	83	84	85	86	87	88	89	90
196	133	252	244	327	109	15	383	135	469
91	92	93	94	95	96	97	98	99	100
167	209	79	199	238	88	176	546	118	24

翔　　上行原號　　下行葉次

1	2	3	4	5	6	7	8	9	10
121	22	3	44	210	493	25	155	539	204
11	12	13	14	15	16	17	18	19	20
177	7	343	559	208	142	183	575	192	299
21	22	23	24	25	26	27	28	29	30
253	518	13	259	507	168	324	267	349	120
31	32	33	34	35	36	37	38	39	40
133	466	58	148	196	159	265	24	559	388
41	42	43	44	45	46	47	48	49	50
266	493	350	566	243	522	277	109	304	536
51	52	53	54	55	56	57	58	59	60
573	55	290	546	147	317	554	410	61	201
61	62	63	64	65	66	67	68	69	70
355	164	154	78	134	141	197	260	129	346
71	72	73	74	75	76	77	78	79	80
27	546	287	112	222	181	155	79	466	74
81	82	83	84	85	86	87	88	89	90
261	432	275	505	277	290	104	200	310	198
91	92	93	94	95	96	97	98	99	100
160	301	160	137	24	183	276	304	384	301

龍76號二軸

龍 上行原號 下行葉次

1	**2**	**3**	**4**	**5**	**6**	**7**	**8**	**9**	**10**
493	547	218	157	302	150	109	287	349	220
11	**12**	**13**	**14**	**15**	**16**	**17**	**18**	**19**	**20**
236	178	177	405	500	268	493	148	52	116
21	**22**	**23**	**24**	**25**	**26**	**27**	**28**	**29**	**30**
198	456	500	290	355	288	493	493	557	149
31	**32**	**33**	**34**	**35**	**36**	**37**	**38**	**39**	**40**
287	505	262	229	448	407	364	470	30	575
41	**42**	**43**	**44**	**45**	**46**	**47**	**48**	**49**	**50**
362	249	393	248	472	15	266	113	349	471
51	**52**	**53**	**54**	**55**	**56**	**57**	**58**	**59**	**60**
469	421	559	151	204	325	286	357	188	153
61	**62**	**63**	**64**	**65**	**66**	**67**	**68**	**69**	**70**
148	14	546	363	546	147	500	402	382	360
71	**72**	**73**	**74**	**75**	**76**	**77**	**78**	**79**	**80**
12	505	258	349	555	149 189	189	188	185	182
81	**82**	**83**	**84**	**85**	**86**	**87**	**88**	**89**	**90**
347	534	200	153	30	554	248	23	349	546
91	**92**	**93**	**94**	**95**	**96**	**97**	**98**	**99**	**100**
355	61	187	153	554	75	187	299	406	194

師16號二軸

師

上行原號　　下行葉次

1	2	3	4	5	6	7	8	9	10
500	276	126	234	198	54	185	467	500	505
11	12	13	14	15	16	17	18	19	20
505	413	164	467	280	493 500	362	175	522	518
21	22	23	24	25	26	27	28	29	30
547	191	355	550	572	151	197	412	104	355
31	32	33	34	35	36	37	38	39	40
205	346	466	146	30	110	132	349	138	258
41	42	43	44	45	46	47	48	49	50
350	545	178	277	189	339	160	166	155	199
51	52	53	54	55	56	57	58	59	60
178	23	526	500	347	505	148	56	112	476
61	62	63	64	65	66	67	68	69	70
500	197	198	505	247	333	123	7	491	151
71	72	73	74	75	76	77	78	79	80
333	472	491	115	167	435	90	357	50	311
81	82	83	84	85	86	87	88	89	90
169	560	47	230	494	257	108	565	573	99
91	92	93	94	95	96	97	98	99	100
251	205	470	191	182	259	547	2	310	311

帝

上行原號　下行葉次

1	2	3	4	5	6	7	8	9	10
203	522	3	362	555	44	363	341	322	3
11	12	13	14	15	16	17	18	19	20
124	133	430	287	354	254	562	354	500	348
21	22	23	24	25	26	27	28	29	30
198	314	156	526	348	278	327	383	337	329
31	32	33	34	35	36	37	38	39	40
456	108	573	500	22	240	505	299	276	467
41	42	43	44	45	46	47	48	49	50
90	189	246	469	145	199	575	205	53	500
51	52	53	54	55	56	57	58	59	60
194	191	349	343	229	218	9	138	186	432
61	62	63	64	65	66	67	68	69	70
429	456	460	189	234	457	500	340	180	179
71	72	73	74	75	76	77	78	79	80
306	343	353	203	432	491	4	404	466	276
81	82	83	84	85	86	87	88	89	90
517	491	206	166	236	89	369	276	476	94
91	92	93	94	95	96	97	98	99	100
523	337	290	134	494	245	146	161	343	447

鳥

上行題號　　下行葉次

1	2	3	4	5	6	7	8	9	10
311	169	466	277	494	24	345	426	260	540
11	12	13	14	15	16	17	18	19	20
501	201	491	501	446	535	223	305	202	226
21	22	23	24	25	26	27	28	29	30
298	398	539	171	190	519	40	181	528	150
31	32	33	34	35	36	37	38	39	40
573	243	509	214	163	400	327	518	114	316
41	42	43	44	45	46	47	48	49	50
116	299	114	245	236	136	5	401	292	311
51	52	53	54	55	56	57	58	59	60
434	554	88	79	7	62	564	18	88	469
61	62	63	64	65	66	67	68	69	70
119	267	137	535	176	505	439	265	472	526
71	72	73	74	75	76	77	78	79	80
375	130	501	501	361	393	329	141	253	141
81	82	83	84	85	86	87	88	89	90
340	380	126	543	446	406	90	192	491	387
91	92	93	94	95	96	97	98	99	100
249	446	445	17	353	523	377	131	363	129

官47號二軸
72號二軸同葉

官

上行原號　　下行葉次

1	2	3	4	5	6	7	8	9	10
348	573	460	382	380	369	568	501	301	414
11	12	13	14	15	16	17	18	19	20
178	134	403	190	461	437	505	567	157	563
21	22	23	24	25	26	27	28	29	30
396	494	377	142	137	424	294	48	24	62
31	32	33	34	35	36	37	38	39	40
355	126	286	404	547	380	37	572	8	31
41	42	43	44	45	46	47	48	49	50
36	447	17	323	501	251	133 155	157	550	471
51	52	53	54	55	56	57	58	59	60
402	382	470	165	326	123	408	448	494	457
61	62	63	64	65	66	67	68	69	70
130	367	260	460	573	237	244	441	333	68
71	72	73	74	75	76	77	78	79	80
501	121	255	523	195	348	322	241	501	323
81	82	83	84	85	86	87	88	89	90
102	299	381	45	426	232	573	132	310	297
91	92	93	94	95	96	97	98	99	100
492	329	534	241	494	464	386	357	193	158

人

上行原號　　下行葉次

1	**2**	**3**	**4**	**5**	**6**	**7**	**8**	**9**	**10**
125	542	12	513	98	331	147	204	382	5
11	**12**	**13**	**14**	**15**	**16**	**17**	**18**	**19**	**20**
560	458	545	278	348	367	383	228	368	572
21	**22**	**23**	**24**	**25**	**26**	**27**	**28**	**29**	**30**
501	507	369	400	458	546	494	68	250	35
31	**32**	**33**	**34**	**35**	**36**	**37**	**38**	**39**	**40**
318	432	263	219	247	467	429	202	443	71
41	**42**	**43**	**44**	**45**	**46**	**47**	**48**	**49**	**50**
2	278	382	567	378	567	380	375	336	375
51	**52**	**53**	**54**	**55**	**56**	**57**	**58**	**59**	**60**
345	334	383	548	3	315	250	278	149	505
61	**62**	**63**	**64**	**65**	**66**	**67**	**68**	**69**	**70**
243	34	303	412	40	193	429	357	425	327
71	**72**	**73**	**74**	**75**	**76**	**77**	**78**	**79**	**80**
523	538	419	141	267	350	301	14	539	449
81	**82**	**83**	**84**	**85**	**86**	**87**	**88**	**89**	**90**
444	424	242	131	501	165	136	433	279	373
91	**92**	**93**	**94**	**95**	**96**	**97**	**98**	**99**	**100**
371	43	278	174	573	433	258	506	324	132

皇

上行原號　　下行葉次

1	2	3	4	5	6	7	8	9	10
184	328	93	403	364	518	79	220	393	239
11	12	13	14	15	16	17	18	19	20
132	129	286	437	229	75	196	248	433	544
21	22	23	24	25	26	27	28	29	30
523	357	280	572	468	28	433	472	232	110
31	32	33	34	35	36	37	38	39	40
260	277	473	336	389	252	223	135	197	266
41	42	43	44	45	46	47	48	49	50
224	161	69	172	347	69	14	433	422	62
51	52	53	54	55	56	57	58	59	60
48	199	548	367	379	184	444	444	367	136
61	62	63	64	65	66	67	68	69	70
410	353	340	136	40	204	210	266	126	329
71	72	73	74	75	76	77	78	79	80
182	166	492	396	9	540	452	453	506	143
81	82	83	84	85	86	87	88	89	90
395	184	179	266	170	80	326	184	29	526
91	92	93	94	95	96	97	98	99	100
501	124	350	254	407	185	257	169	294	433

始79號二軸

始　上行原號　下行葉次

1	2	3	4	5	6	7	8	9	10
564	501	193	350	277	170	14	193	501	293
11	12	13	14	15	16	17	18	19	20
199	506	93	535	466	362	442	362	162	419
21	22	23	24	25	26	27	28	29	30
467	348	444	141	501	109	356	289	197	203
31	32	33	34	35	36	37	38	39	40
155	523	501	506	186	93	265	548	575	441
41	42	43	44	45	46	47	48	49	50
441	13	501	501	310	526	460	183	433	191
51	52	53	54	55	56	57	58	59	60
469	564	359	473	269	67	5	242	396	346
61	62	63	64	65	66	67	68	69	70
188	41	99	445	151	531	572	460	166	171
71	72	73	74	75	76	77	78	79	80
501	247	375	306	148	559	326	89	266 393	136
81	82	83	84	85	86	87	88	89	90
205	221	546	12	69	2	433	192	501	464
91	92	93	94	95	96	97	98	99	100
109	150	260	189	304	198	239	433	254	328

制60號民國十六年註失
制68號二軸

制

上行原號　　下行葉次

1	2	3	4	5	6	7	8	9	10
115	261	25	433	527	220	510	532	187	146
11	12	13	14	15	16	17	18	19	20
559	501	87	185	7	12	2	173	184	560
21	22	23	24	25	26	27	28	29	30
502	362	132	406	171	374	132	555	189	86
31	32	33	34	35	36	37	38	39	40
210	93	291	69	158	335	347	171	178	245
41	42	43	44	45	46	47	48	49	50
113	191	113	124	563	145	452	460	359	48
51	52	53	54	55	56	57	58	59	60
506	11	479	191	502	502	575	502	506	0
61	62	63	64	65	66	67	68	69	70
526	523	405	433	357	4	459	394 572	127	291
71	72	73	74	75	76	77	78	79	80
99	128	572	16	291	465	357	69	531	12
81	82	83	84	85	86	87	88	89	90
40	339	575	511	342	502	502	347	385	382
91	92	93	94	95	96	97	98	99	100
383	382	458	367	165	349	372	480	454	454

文　　上行原號　　下行葉次

1	2	3	4	5	6	7	8	9	10
433	533	492	435	40	172	190	150	86	361
11	12	13	14	15	16	17	18	19	20
240	221	178	405	216	48	69	184	502	28
21	22	23	24	25	26	27	28	29	30
70	299	133	237	472	312	348	267	564	122
31	32	33	34	35	36	37	38	39	40
192	472	350	346	182	324	78	287	288	553
41	42	43	44	45	46	47	48	49	50
553	59	16	184	163	183	506	232	367	274
51	52	53	54	55	56	57	58	59	60
502	194	560	537	228	502	54	42	465	159
61	62	63	64	65	66	67	68	69	70
261	406	120	1	189	218	175	575	136	225
71	72	73	74	75	76	77	78	79	80
221	177	132	237	42	472	526	523	57	467
81	82	83	84	85	86	87	88	89	90
494	249	262	357	543	502	231	38	524	175
91	92	93	94	95	96	97	98	99	100
322	116	373	322	161	79	433	277	386	530

字50號二軸同葉
100號二軸

字　上行原號　下行葉次

1	2	3	4	5	6	7	8	9	10
532	218	311	155	222	551	349	314	551	513
11	12	13	14	15	16	17	18	19	20
122	145	550	357	466	86	236	187	536	202
21	22	23	24	25	26	27	28	29	30
263	149	357	427	506	248	324	145	192	255
31	32	33	34	35	36	37	38	39	40
74	440	329	267	5	219	177	155	523	161
41	42	43	44	45	46	47	48	49	50
368	563	267	16	514	557	316	124	412	362
51	52	53	54	55	56	57	58	59	60
254	311	93	98	558	48	225	371	536	502
61	62	63	64	65	66	67	68	69	70
302	134	518	502	386	514	399	266	469	277
71	72	73	74	75	76	77	78	79	80
40	328	252	539	39	238	471	502	285	523
81	82	83	84	85	86	87	88	89	90
398	460	289	278	285	156	502	197	254	557
91	92	93	94	95	96	97	98	99	100
572	469	110	314	445	279	502	233	527	185 198

乃

上行原號　　下行葉次

1	2	3	4	5	6	7	8	9	10
195	242	561	348	357	357	376	518	114	357
11	12	13	14	15	16	17	18	19	20
469	452	152	346	251	154	310	357	333	515
21	22	23	24	25	26	27	28	29	30
203	167	81	569	188	262	259	567	190	86
31	32	33	34	35	36	37	38	39	40
568	87	316	502	24	124	1	18	194	492
41	42	43	44	45	46	47	48	49	50
225	370	299	260	54	60	455	416	146	154
51	52	53	54	55	56	57	58	59	60
464	237	317	93	393	363	502	455	7	409
61	62	63	64	65	66	67	68	69	70
502	64	409	565	258	199	465	525	175	15
71	72	73	74	75	76	77	78	79	80
389	506	74	528	368	471	267	316	573	85
81	82	83	84	85	86	87	88	89	90
164	125	240	114	557	16	324	247	342	362
91	92	93	94	95	96	97	98	99	100
540	150	184	70	291	290	436	88	292	236

服67號三軸内二軸同葉
92號二軸

服

上行原號　　下行葉次

1	2	3	4	5	6	7	8	9	10
472	419	114	240	219	441	175	364	409	348
11	12	13	14	15	16	17	18	19	20
237	479	575	3	410	200	211	1	205	126
21	22	23	24	25	26	27	28	29	30
263	26	444	502	260	262	62	525	245	433
31	32	33	34	35	36	37	38	39	40
425	23	349	86	502	196	514	298	245	506
41	42	43	44	45	46	47	48	49	50
244	135	148	164	350	543	469	492	327	410
51	52	53	54	55	56	57	58	59	60
255	112	157	128	343	205	527	12	275	458
61	62	63	64	65	66	67	68	69	70
275	515	227	124	343	128	184 187	323	86	255
71	72	73	74	75	76	77	78	79	80
288	406	22	395	553	371	447	87	492	163
81	82	83	84	85	86	87	88	89	90
161	492	260	494	453	348	175	299	543	344
91	92	93	94	95	96	97	98	99	100
89	194 202	256	138	275	492	261	78	14	261

衣88號90號各二軸

衣2號錄誤爲夜2

衣45號錄誤爲夜45

衣

上行原號　　下行葉次

1	2	3	4	5	6	7	8	9	10
508	455	472	143	562	343	167	47	277	198
11	12	13	14	15	16	17	18	19	20
137	267	166	513	168	299	261	140	311	44
21	22	23	24	25	26	27	28	29	30
267	515	289	393	466	201	346	539	63	503
31	32	33	34	35	36	37	38	39	40
503	425	540	433	402	343	527	233	361	441
41	42	43	44	45	46	47	48	49	50
569	309	170	267	84	150	151	202	575	153
51	52	53	54	55	56	57	58	59	60
503	169	184	169	168	202	471	503	333	70
61	62	63	64	65	66	67	68	69	70
146	328	204	118	75	407	104	548	145	188
71	72	73	74	75	76	77	78	79	80
80	346	350	527	554	381	376	267	183	196
81	82	83	84	85	86	87	88	89	90
153	455	172	57	256	427	503	146 379	503	245 257
91	92	93	94	95	96	97	98	99	100
143	34	28	221	128	346	179	135	573	192

裳　　上行原號　　下行葉次

1	2	3	4	5	6	7	8	9	10
469	142	162	472	553	161	503	129	241	194
11	12	13	14	15	16	17	18	19	20
177	14	42	503	523	340	47	124	149	276
21	22	23	24	25	26	27	28	29	30
518	261	566	117	198	523	428	267	122	543
31	32	33	34	35	36	37	38	39	40
574	572	507	113	503	503	142	494	549	194
41	42	43	44	45	46	47	48	49	50
124	214	473	160	347	473	362	572	357	569
51	52	53	54	55	56	57	58	59	60
444	262	305	299	412	169	222	339	353	470
61	62	63	64	65	66	67	68	69	70
201	193	539	174	107	534	531	364	153	195
71	72	73	74	75	76	77	78	79	80
176	562	94	478	532	115	393	452	135	413
81	82	83	84	85	86	87	88	89	90
154	16	412	74	422	572	397	159	267	165
91	92	93	94	95	96	97	98	99	100
429	494	506	539	138	280	140	147	390	119

推

上行原號　　下行葉次

1	**2**	**3**	**4**	**5**	**6**	**7**	**8**	**9**	**10**
562	109	313	4	225	194	79	492	231	570
11	**12**	**13**	**14**	**15**	**16**	**17**	**18**	**19**	**20**
506	469	503	163	503	554	185	150	153	151
21	**22**	**23**	**24**	**25**	**26**	**27**	**28**	**29**	**30**
263	503	530	165	357	316	130	527	457	506
31	**32**	**33**	**34**	**35**	**36**	**37**	**38**	**39**	**40**
199	146	445	22	185	157	110	187	506	343
41	**42**	**43**	**44**	**45**	**46**	**47**	**48**	**49**	**50**
40	199	201	574	172	342	343	323	363	25
51	**52**	**53**	**54**	**55**	**56**	**57**	**58**	**59**	**60**
287	234	244	193	201	203	473	306	564	166
61	**62**	**63**	**64**	**65**	**66**	**67**	**68**	**69**	**70**
393	149	503	206	433	494	194	503	149 171	184
71	**72**	**73**	**74**	**75**	**76**	**77**	**78**	**79**	**80**
409	151	348	503	506	145	145	494	528	147
81	**82**	**83**	**84**	**85**	**86**	**87**	**88**	**39**	**90**
70	344	452	378	276	329	164	503	350	470
91	**92**	**93**	**94**	**95**	**96**	**97**	**98**	**99**	**100**
185	3	396	198	105	163	48	145	152	396

位

上行原號　　下行葉次

1	2	3	4	5	6	7	8	9	10
267	523	503	345	492	397	463	197	232	473
11	12	13	14	15	16	17	18	19	20
467	408	332	492	366	339	565	166	263	538
21	22	23	24	25	26	27	28	29	30
492	503	181	177	306	192	335	335	7	322
31	32	33	34	35	36	37	38	39	40
126	332	122	150	503	504	525	549	543	333
41	42	43	44	45	46	47	48	49	50
170	168	103	40	506	183	161	93	55	416
51	52	53	54	55	56	57	58	59	60
506	506	318	191	144	306	363	248	150	165
61	62	63	64	65	66	67	68	69	70
506	199	13	278	566	355	3	540	176	193
71	72	73	74	75	76	77	78	79	
219	343	171	137	174	492	382	504	537	

敦煌劫餘錄

新會 陳垣 校錄

第一帙

大方廣佛華嚴經 東晉佛陀跋陀羅譯 六十卷

原號	起	止	紙	行	品次	附記
麗31	不動大乘	法門第二	16	366	世間淨眼品一之一 一之二	首尾碎損各一行
文64	无取諸佛	化樂頌曰	8	192	世間淨眼品一之一	首十一行碎損卷中又碎損卅一行
黃27	名壞或名	空界第四	19	408	四諦品四之一 如來光明覺品五	首三行碎損
陽94	爾時隨所	柔濡愛味	11	285	菩薩明難品六 淨行品七	首尾碎損各一行
芥92	分別菩薩	法耶散是	1	31	菩薩十住品十一 梵行品十二	

薑	11	王无自在以故眞實	5	147	菩薩十住品十一	首三行碎損
芥	84	无有虛妄分別行道	1	31	菩薩十住品十一	
芥	87	衆生儀法衆生王界	1	31	菩薩十住品十一	
芥	96	第十師子如法聲聞	1	31	菩薩十住品十一	
芥	95	法耶眞實爲得他悟	1	31	梵行品十二	
乃	37	三世向已具足脫其	5	96	金剛幢菩薩十廻向品 廿一之二 廿一之三	首行及尾九行碎損背寫太公家敎
海	47	身耳滿足此身十五	9	173	金剛幢菩薩十廻向品 廿一之四	首二行碎損
					離世間品卅三之七	
服	18	燈普生眼切諸開廣	7	148	金剛幢菩薩十廻向品 廿一之四	首行及尾三行碎損
淡	68	已慈爾廻饒益示現	26	532	金剛幢菩薩十廻向品 廿一之六	首六行尾二行碎損

號		起訖			品名	附記
制	17	量无心正 諸念行隨	3	65	金剛幢菩薩十廻向品 卄一之七	首六行尾四行碎 損卷中又損八行
張	12	順普如是 善根十八	13	388	金剛幢菩薩十廻向品 卄一之八	
宙	80	阿僧佛法 阿僧卄二	7	129	金剛幢菩薩十廻向品 卄一之九	首七行碎損
餘	94	諸佛不雜 即生二地	9	178	十地品卄二之一 卄二	首十行及尾行碎 損
昃	85	欲修卄二 諸佛敬造	21	677	十地品卄二之四 卄二之五	首十行碎損尾有 木軸尾題有優婆 夷包敬造六字
始	86	是住校竟 果不養經	6	159	十地品卄二之五	首二行碎損
冬	80	覺菩薩无 離衆量本	11	297	寶王如來性起品卅二 之二卅二之四	首四行及尾行碎 損
號	89	至何饒益 所應生一	1	19	寶王如來性起品卅二 之二	首四行尾二行碎 損
洪	40	大地雖不 有光智慧	2	21	寶王如來性起品卅二 之二	首二行尾七行碎 損

師	98	如來 乃隨	饒益 饒益	1	28	寶王如來性起品卅二之二	全卷碎損
闕	49	等爲 二者	奉行 卅一	23	588	寶王如來性起品卅二之三卅二之四	
果	6	莊嚴 端嚴	奮迅 海博	14	284	離世間品卅三之五 離世間品卅三之六	首五行尾四行碎損
人	41	得自 詣長	決輪 或現	2	30	入法界品卅四之三	尾行碎損
出	32	欲敎 佛欲	養經 第卌	16	405	入法界品卅四之四 入法界品卅四之五	首十九行碎損末題楊法仲所供養
							經背寫百法明門論開宗義記之名
雲	6	爾時 觀夷	說劫 德行	9	249	入法界品卅四之七	
珠	92	男子 趣身	量衆 生爾	17	359	入法界品卅四之九	首二行尾三行碎損
露	40	從頂 佛刹	衆生 卌三	19	417	入法界品卅四之十 入法界品卅四之十一	首行碎損
芥	68	復次 母想	王圍 讚歎	14	359	入法界品卅四之十一 入法界品卅四之十二	首六行尾二行碎損

宙99	故不猛精 身隨忍海	1	29	入法界品卅四之十四	首二行碎損舊雜入金剛經一卷
鹹3	我所功德 志求卅九	19	465	入法界品卅四之十五 入法界品卅四之十六	首六十一行碎損 尾有木軸
人55	善男眞寶 說不摩訶	2	33	入法界品卅四之十七	首行及尾二行碎損
服14	是菩衆天 秖刼摩睺	4	99		首尾殘缺似爲晉譯本卷廿七

大方廣佛華嚴經 八十卷 唐實叉難陀譯

原號		起	止	紙	行	品次	附記
宙	2	大方復次	仰佛能了	1	26	世主妙嚴品一之四	
翔	3	諸莊悉往	沙發廻復	4	92	華藏世界品五之一	
位	67	明花爲際	恆出猶如	1	26	華藏世界品五之一	首尾碎損各一行
黃	64	恆樂又放	美食光明	1	28	賢首品十二之二	此是黃字第六十四卷之一段
帝	3	知一大方	子此一千	1	28	梵行品十六 初發心功德品十七	首尾碎損各一行
藏	37	譬如涅槃	現行十九	12	325	夜摩宮中偈讚品二十 十行品廿一之一	
推	92	爲菩修行	聞如聞涅	2	39	十無盡藏品廿二	首行及尾五行碎損
帝	10	可說說修	滿足切音	1	28	十無盡藏品廿二	尾二行碎損

辰 24	大方爾時	寶百天堅	1	38	升兜率天宮品廿三	
帝 77	固摩寶鄣	百萬閣延	1	42	升兜率天宮品廿三	首行碎損
秋 6	心清根皆	有餘廻向	9	252	十廻向品廿五之二	首十四行碎損
制 66	恆怡鎰衆	无時諸世	3	79	十廻向品廿五之六	首二行尾三行碎損
雲 87	切衆暫捨	之心歡喜	6	147	十廻向品廿五之六	首二行碎損
雲 86	願一願一	退轉廿八	9	244	十廻向品廿五之六	
洪 91	與大蘋三	說竟卅四	17	475	十地品廿六之一	首十二行碎損卷中又碎損十三行　尾有木軸
玉 54	生无初中	能及方便	3	64	十地品廿六之五	首七行及尾行碎損
黃 64	无相名一	岸到現神	1	28	十定品廿七之三	此是黃字第六十四卷之二段

黃	64	大方佛子	切諸爲淨	1	28	十定品廿七之四	此是黃字第六十四卷之三段
黃	64	无差薩衆	比而而决	1	28	十定品廿七之四	此是黃字第六十四卷之四段
黃	64	音聲夢忍	異非非是	1	28	十忍品廿九	此是黃字第六十四卷之五段
黃	64	如世菩薩	所得方便	1	28	十忍品廿九	此是黃字第六十四卷之六段
黃	64	羅泥細羅	无邊无等	1	28	阿僧祇品三十	此是黃字第六十四卷之七段
推	4	分別嚴淨	可說來入	1	26	阿僧祇品三十	
黃	64	終无唯行	喜隨无上	1	28	佛不思議法品卅三	此是黃字第六十四卷之八段
宙	49	恭敬起於	三世佛悉	1	23	佛不思議法品卅三	
爲	98	生各住此	定解十六	1	16	離世間品卅八之四	尾有硃印一文曰報恩寺藏經印墨印一文曰淨土寺藏經

字號	號數	起訖	紙數	行數	品名	附記
爲	71	衆悉滿足　不可六十	5	140	入法界品卅九之一	
張	27	樹下者諸　樹下那天	1	28	入法界品卅九之八	
羽	10	旣捨光世　我目億佛	1	22	入法界品卅九之九	尾行碎損
地	71	煩惱摩尼　一切切衆	1	28	入法界品卅九之十二	此爲地字第七十一卷之前段
爲	97	亦見口去　我有十二	1	23	入法界品卅九之十三	尾有硃印一文曰報恩寺藏經印墨印一文曰淨土寺藏經
宇	82	心城重禮　謂大而去	18	484	入法界品卅九之十七	首十二行碎損
閏	33	至妙瞻覲　禮其十七	22	597	入法界品卅九之十八	首十四行碎損

普賢行願王經 唐譯佚本 一卷

原號	起	止	紙	行	附記
寒 84	最勝供敬	十方饒益	4	103	即唐譯大方廣佛華嚴經第四十卷普賢行願品之異譯
始 57	於三願成	惠力饒益	3	68	原文當唐譯四十卷
芥 56	普賢盡請	果也一卷	4	103	內分三種一爲普賢行願王經二爲大乘四法經三爲大乘四法經釋均完整无缺普賢行願王及大乘四法經釋題曰世親菩薩所造蓋久佚之本
鳥 47	普賢我身	十方一卷	2	50	卷首略闕數字首尾均有朱文瓜沙州大王印紙背兩紙接縫處亦有此印
人 10	普賢盡諸	勝所菩薩	2	44	經文頗多顛倒紙背寫心經一卷
宇 35	妙衣信深	饒益一卷	3	58	全卷碎損

大方廣華嚴十惡品經 一佚本 卷

原號 起 止 紙 行 附記

柰 59 一掌即客也 切品經 10 212 首七行碎損此卷内分三段題曰佛捨身發願文末段題曰首段大方廣華嚴 首段佚考次段 十惡品經均係已佚之本

洪 47 大方如是 大覺不食 3 82 首十行碎損

芥 45 捨書客也 乘常惡經 6 139 首十行碎損

河 48 是我客也 識臣惡經 5 122 首七行碎損尾有木軸

華嚴略疏

原號　起　止　紙　行　附記

辰　53　法界通也　27　566　此卷尾題華嚴畧疏卷第一比丘法淵供養
　　　　等上第一　　　　　　流通尾甚殘缺

大寶積經　唐菩提流志譯集　一百二十卷

原號		起	止	紙	行	卷次	附記
翔	12	由他嗟稱	若我國者	1	23	17	
制	15	如是功德	出是發趣	1	28	23	
位	29	復次邊際	思議所行	1	28	38	
師	68	切衆佛法	所慧藏差	1	29	53	
爲	37	邊皆授記	舍利句餘	2	41	54	首十七行尾二行碎損
爲	39	舍利奉行	異疑十四	16	424	54	首行碎損卷中又碎損五行
雨	56	大寶奉行	如是十二	18	457	56 92	首八行碎損背面不知所寫何經俟考
淡	4	大寶二者	尒時利心	3	82	59	背面寫密宗行人應守之戒及施食法印等

淡	96	大寶淨飯	諸調中隨	7	195	62	首八行碎損
海	92	車行軒蓋	淨信十二	11	300	62	
成	1	色衆柱以	實行利益	13	366	64 65	首三行碎損卷中又碎損十八行
調	94	大寶六界	愛心業所	2	54	74	卷中碎損八行
鱗	34	秘密法門	是行十地	4	87	90	附歸命禮偈卷首雜寫密宗文字數行
乃	59	佛言離數	還於得此	1	38	101	
鹹	10	諸菩而不	其身想故	22	815	101 104	首行碎損
日	41	故觀見如	菩薩百三	2	52	103	末署有張良友寫四字
冬	19	文殊何以	痴法薩等	1	19	105	卷中碎損五行
果	26	大寶如是	自皦自以	7	238	112 113	

號 24 大龍王子 9 迦樓勝法 132 112 113 首二行碎損經文前後顛倒

律 12 術藝智慧 1 義知典其 28 117

佛說无量壽經 二卷

曹魏康僧鎧譯

原號	起	止	紙	行	卷次	附記
辰10	極消極諸	利利自行	10	276	上	首行尾四行碎損卷中又碎損十三行全卷經文脫漏綦多法藏比丘所發四十八大願及先後對佛讚頌皆無缺但脫寫第三願文
霜28	佛佛世明	惟道放上	19	400	上	首七行碎損卷中又損十七行尾有比丘為亡父母寫經願文及比丘法鸞跋
海60	設我淨佛	正道卷上	11	255	上	首二行碎損
鱗39	國土聞佛	正道卷上	15	372	上	首二十六行碎損卷中署有白衣賈伏生寫六字卷尾有用紙二十一張五字
官39	譬如意端	歡喜卷下	6	161	下	首三行碎損卷尾署白衣趙業受持六字

佛説無量壽經 蕃文

原號　紙行附記

皇75　4　141此卷蕃文經藏人克什多傑爾拔審定爲無量壽經題名爲江志達審其音似非出藏人手筆字畫間有舛午要自可貴云

文殊師利問佛土嚴淨經 西晉竺法護譯 二卷

原號起止紙行附記

芥41何故而去17　455尾題文殊師利問佛土嚴淨經卷下　首十如族卷下行殘缺

菩薩見實三昧經 北齊那連提耶舍譯 十六卷

原號	起	止	紙	行	附記
宇27	去皮淨信	後夜第一	19	520	首十行碎損佛命弟子憂陁夷往化淨飯王惜止一卷二品不全書法工整

聖善住意天子所問經 元魏毗目智仙共般若流支譯 三卷

原號	起	止	紙	行	附記
帝57	爾時又破	竪愍勝陁	1	28	首二行殘缺

勝鬘師子吼一乘大方便方廣經

劉宋求那跋陀羅譯
一卷

原號 起 止 紙 行 附記

呂 10 勝鬘身命 如是尊即 4 73 首八行尾六行碎損

鱗 96 羅蜜義入 業乃勝鬘 15 378 尾二行碎損

暑 12 蜜是婆等 受正奉行 13 368 首行碎損

勝鬘經疏

原號	起	止	紙	行	附記
玉24	以涅万德	爲三佛說	13	289	首尾殘缺
柰93	則以明失	經嘆是也	36	902	首十六行殘缺

佛說阿彌陀經 一卷 後秦鳩摩羅什譯

原號		起	止	紙	行	附記
洪	30	佛說 如是	而去 陀經	1	112	經文完具尾有木軸首紙背面雜寫音義之類
暑	75	問 漢衆	口者 字讀	5	125	經文完具末附阿彌陀佛說咒與今通行往生咒徵異咒文下附音義背面有字
秋	98	佛說 如是	信受 陀經	6	149	經文完具
餘	60	佛說 如是	般羅 神咒	5	128	經文完具末附心經一卷但短少是大明咒以下等文首紙碎損
結	98	佛說 如是	而去 陀經	6	117	經文完具尾有空白
雨	46	佛說 如是	而去 陀經	4	117	首紙破碎尾有空白經文完具
號	52	佛說 如是	口者 字讀	5	122	經文完具末附阿彌陀佛說咒咒文下間有音義首尾俱有空白
光	40	佛說 如是	而去 一卷	4	103	經文完具尾有空白前五行斷爲兩截

芥	55	佛說如是	而去一卷	5	117	經文完具內係朱筆點斷句讀間有添字之處首尾均有空白
羽	20	佛說如是	信受陀經	5	116	經文完具　尾有空白
宇	24	佛說如是	信受一卷	5	114	經文完具
餘	72	佛說如是	以食國土	2	26	裂爲兩段前段十四行後段十二行首有空白
歲	71	佛說如是	善人弗不	2	52	首尾有空白
李	4	佛說如是	數所祇說	2	55	內有硃筆添點
重	27	佛說如是	佛卽樂國	2	37	中有空白內分二段
制	52	與大漢衆	極樂莊嚴	1	26	破碎
稱	91	摩訶陀迦	而去陀經	5	113	首尾均有空白
藏	52	佛說如是	生濁衆生	4	111	首紙破碎第二紙背雜寫大力便佛報恩經序品百餘字

閏 71	波提卅薄	而去陀經	6	107	
呂 41	與大界所	而去陀經	4	115	尾有空白
人 3	盧頗阿逸	利弗莊嚴	2	49	
始 84	乘所葉摩	民無阿彌	2	38	
服 58	薩文薩常	而去陀經	4	110	尾有空白
珠 36	菟樓文殊	地晝清旦	1	19	破
鱗 37	樓馱殊師	而去陀經	4	112	
歲 15	如是殊師	禮而陀經	4	115	尾有空白
重 54	馱如阿逸	及經所獲	4	82	尾有空白
龍 71	因等爾時	口者字讀	5	113	首紙破碎附阿彌陀佛說咒咒文下間有音義

調	24	菩薩 而去 諸天 一卷	4	103	尾有空白
昃	15	薩常 而去 恆因 陀經	4	110	字體勁秀 尾有空白
制	16	迦難 而去 留陀 一卷	4	97	首紙破碎 尾有空白
制	80	佛土 口者 現在 字讀	4	108	尾有空白 附阿彌陀佛說咒咒文下間有 音義
芥	19	薩文 字讀 薩常 陀經	4	118	尾有空白 附阿彌陀佛說咒咒文下間有 音義
餘	63	常精 而去 恆因 一卷	4	107	尾有空白
金	76	佛告 而去 有世 彌經	4	108	尾有空白
成	76	四寶 念經 又舍 難阻	3	61	尾有空白
蓋	57	四寶 淨土 極樂 一卷	5	165	附阿彌陀佛說咒咒文下間有音義並記有 念此咒儀式與功德文字體秀勁
芥	48	又舍 婆訶 滿其 陀經	4	111	附阿彌陀佛說咒咒文下間有音義 尾有 空白

號	起	止	紙數	行數	附記
始42	佛土今現	而去阿彌	5	110	
崑51	滿其璃瑠	而去陀經	4	103	尾有空白
果57	摩訶提菩	而去陀經	4	110	尾有空白
藏96	方億彌陀	而去一卷	4	94	尾有空白
位63	德莊又舍	十劫皆阿	1	24	
出19	國衆利弗	信受一卷	3	100	尾有空白
荒9	各以以食	無口字讀	4	97	末附阿彌陀佛說咒並有木軸全卷工緻有殘破
律44	各以以食	而去陀經	4	91	尾有空白
翔23	色青妙香	是稱念經	2	55	
柰35	如是國常	而去陀經	3	87	尾有空白

芥 82 復次而去 白鵠陀經 3 87 尾有空白

芥 35 又舍一時 夜六繪共 4 99 尾有空白末附跋語云施主清信佛弟子諸 三窟敎主兼五尼寺判玄法宗福集二僧同 發勝心寫此阿彌陀經一百卷施入十寺大 衆故三業清淨罪滅福生莫逢災難之事比 來世之時共釋迦牟尼佛同共一繪云云

麗 59 是諸沙羅 根五彌山 3 65

成 6 以食而去 土歲陀經 4 92 首尾殘缺字體秀勁

河 76 又舍淨土 夜其一卷 4 109 尾有空白附阿彌陀佛說咒咒下間有音義 又記有念此咒儀式與功德等語首尾破碎

珍 70 彼國者依 鵡舍字讀 4 95 首紙殘破附阿彌陀佛說咒咒下間有音義 尾有木軸

騰 26 復次而去 省鸚陀經 3 78 尾紙破碎尾有空白

河 28 之而名去 令法陀經 4 86 尾有空白

調	15	士無 之名	而上 陀經	4	82	首紙破碎首紙背面襯紙寫有四分戒本數十字尾有空白
服	99	彌陀 佛國	而去 陁經	3	79	首十七紙碎損
芥	10	是功 號阿	口者 字讀	3	84	尾有空白附阿彌陀佛說咒咒文下間有音義
始	7	佛光 彌陀	無量 等恆	2	32	內分兩段一段十四行一段十八行首紙破碎
歲	94	又舍 致其	而去 一卷	3	66	
人	78	是阿 非是	歡喜 而去	3	72	
寒	78	以者 弗不	牛彼 稱讚	2	56	首尾殘破卷內間有硃筆塗改
珍	30	善男 一日	口者 字讀	3	69	尾有空白附阿彌陀佛說咒咒文下間有音義首紙破碎
秋	97	心不 衆觀	三寶 一卷	6	159	首紙殘缺末附阿彌陀佛說咒咒下附有音義又記有念此咒儀式與功德及念此靈驗故事並錄有十二佛與龍樹禮阿彌陀佛文共四則但龍樹菩薩禮阿彌陀佛文較果字

八十八號則此完而彼闕尾有空白

出67	若有我今	而去陀經	3	56	首紙殘缺　尾有空白
裳12	六日時阿	說誠儀功	1	27	首十行碎損
雲83	千大讚不	信受陀經	3	46	首紙殘破　尾有空白
皇47	千大讚不	皆爲阿耨	2	28	內分二段一段十二行一段十六行背面有蕃文可考
李64	是稱舍利	而去陀經	4	95	首紙殘闕
玉4	舍利量幢	受作而去	2	43	首紙殘闕
柰40	佛日其國	而去陀經	3	87	尾有空白
龍62	德一舍利	衆生我於	1	28	
芥40	舍利佛日	陀經寫畢	2	40	尾有空白首殘末題有開元十六年正月二十三日寫畢之十四字

重	61	誠實德一	而去陀經	2	34	
暑	59	信是經舍	而去陀經	2	26	內分兩段一段二十一行一段五行
乃	70	議功舍利	口者字讀	2	37	尾有空白附有阿彌陀佛說咒咒文下間 有音義
成	88	舍利香光	而去陀經	1	29	尾有空白
光	63	可思舍利	字讀陀經	3	39	內分兩段一段十六行一段二十三行附有阿彌陀佛說咒咒文下間有音義此卷塵垢極厚字體模忽　尾有空白
稱	5	舍利以者	囉上婆訶	3	70	殘卷
龍	46	以者弗不	之無字讀	3	73	殘卷
羽	87	菩薩西方	念經利弗	3	72	殘卷

稱讚淨土佛攝受經 一卷 唐玄奘譯

原號 起 止 紙 行 附記

暑 57 稱讚諸佛 9 首碎損
如是 作是 234

佛說觀無量壽佛經　一卷　劉宋畺良耶舍譯

原號	起	止	紙	行	附記
雨 88	澡浴中儀	而退觀經	15	424	經前脫去四五行餘皆完好
冬 26	无量如是	而退一卷	16	423	首尾無缺卷中碎損三十六行
雨 54	目犍掌求	而退觀經	16	428	首十五行碎損
文 43	奉禮以遺	極樂正受	1	26	首二行碎損
秋 33	婆言母王	而退一卷	16	413	首六行碎損
字 44	宮復如是	於西生盲	2	34	尾六行碎損卷中又碎損五行
裳 82	世尊樂生	是地必生	2	56	首七行尾二行碎損
列 76	彌陀國淨	而退觀經	14	375	首六行碎損

雨	60	儀三之行	而退一卷	15	371	首行碎損
月	99	佛告來今	而退一卷	14	369	經首殘缺一大段餘皆完好
光	47	阿難來今	而退一卷	14	357	首六行碎損
菜	45	劫生作是	句其妙演	1	28	
出	34	十由百億	而退壽經	11	277	首四行碎損
河	49	作八其寶	而退一卷	10	269	首四行碎損
乃	86	觀佛生願	而退一卷	7	148	首五行碎損卷中又碎損十三行
重	37	生於寶池	觀經受持	3	77	首二十三碎損卷尾題有弟子李氏受持六字
制	74	毀犯物盜	而退觀經	2	48	卷中碎損二十七行
海	71	蓮華生極	而退壽經	2	29	首二行碎損

觀無量壽佛經疏

原號	起	止	紙	行	附記
鳥94	河難何不	不樂惡道	9	169	前三十六行及卷末多缺破
官43	淨故苦者	以凡下有	1	28	

大方等大集經

北涼曇無讖譯 二十九卷

號	原號	起	止	紙	行	品次	附記
宙	34	雜香現安	莊嚴第一	18	489	瓔珞品一陀羅尼自在王菩薩品二	首行碎損
號	18	佛所喩一	三昧慈心	12	320	瓔珞品一、陀羅尼自在王菩薩品二之一	首五行碎損卷中又碎損八行
宿	43	佛法提菩	法利十四	17	460	无言菩薩品六不可說菩薩品七	
列	28	鬼彌如來	神通十八	19	517	寶幢分第九三昧神足品四寶幢分中相品五	首二行碎損
淡	55	衆生如來	神通十八	10	230	寶幢分中相品五	首十八行碎損
昃	90	緣故諸明	方便部首	14	316	無盡意菩薩品三	首二行碎損此卷劉宋譯
盈	46	方見西方	生忍廿六	16	420	日密分中四方菩薩集品二之二	首行碎損

日密分中分別品四

寶女所問經 西晉竺法護譯 四卷

原號起止紙行

乃38者俗順律1 28
假使事一

佛說大方廣十輪經 八卷 失譯人名附北涼錄

原號		起	止	紙	行	品次	附記
鳥	58	佛說如是	著蒙光觸	1	25	序品一	
辰	66	生知屬衆	師子第二	5	140	發問本業斷結品三	首九行碎損
宇	73	言是布若	除盡第六	12	327	刹利依止輪相品八	首十行碎損尾有硃筆勘視二字
宿	22	時世薩有	大利第七	13	344	遠離識嫌品九 忍辱品十二	首行碎損
爲	78	如轉諸寶	大利第七	13	330	遠離識嫌品九 忍辱品十二	首三行碎損
柰	23	供養爲捨	奉行第八	10	257	禪相品十四 智相品十五	首五行碎損卷中又碎十九行

地藏菩薩本願經 唐實叉難陀譯 三卷

原號 起 止 紙 行 品 次 附記

重 31 復有 慮爾 3 48 地獄名號品五 紙背有疏文六行
有地 喜汝 校量布施功德因緣品十 及字義內分三段
分身集會品二

大方等大集經菩薩念佛三昧分 隋達磨笈多譯 十卷

原號 起 止 紙 行 品 次 附記

暑 13 閣幅 如來 7 170 序品一 首尾各損二行卷
爾時 行道 中又碎損十二行

光 58 大方 多聞 13 327 說修習三昧品之餘 首二行碎損
時彼 第十

大方等大集經賢護分 隋闍那崛多譯 五卷

原號	起	止	紙	行	卷次	品次	附記
冬 45	大方又諸	搆反差反	15	404	3	觀察品六之二 戒行具足品七	首九行碎損附有音義尾有木軸
珍 66	卷第及寶	百反燁反	19	516	4	稱讚功德品八 甚深品十二	首六行碎損附有音義尾有木軸
鱗 13	即謗諍故	修行第五	18	480	5	現前三昧中十法品十三 囑累品十七	首十行碎損

賢護經疏

原號	起	止	紙	行	附記
列13	因意地卬	法然爲也	14	364	硃筆圈點
淡19	釋曰意妙	无差佛功	23	462	
淡75	瑜伽欲求	切種來種	4	92	

僧伽吒經 元魏月婆首那譯 四卷

原號	起	止	紙	行	附記
地67	有法聞者	者八八千	10	263	首尾碎損各七行卷中又碎損十七行

占察善惡業報經

隋菩提登譯
二卷

原號　起　止　紙　行　附記

宙　83 合離菩薩　1　28　首八行碎損
　　　護不子諦

佛說月燈三昧經

劉宋先公譯
一卷

原號　起　止　紙　行

果　47 佛說是行　1　26
　　　聞如弟子

佛說觀佛三昧海經 十卷 東晉佛陀跋陀羅譯

原號	起	止	紙	行	品次	附記
列 47	道佛一面	為未世尊	13	305	觀四威儀品六之餘	首四行碎損
淡 21	利等耶觀	中有第九	15	392	本行品八 觀像品九	首十九行碎損卷中又碎損七十三行尾有木軸
閏 55	佛說光其	佛如聽然	2	54	本行品八 觀像品九	尾行碎損此卷係晉譯佛說觀佛三昧海經之異譯可資參考

佛說藥師如來本願經 一卷 隋達磨笈多譯

原號	起	止	紙	行	附記
結 66	前說殊室	道由號故	3	84	首六行碎損
闕 64	墮惡第六	奉行德經	9	245	
潛 45	百惡身成	稱方持此	4	79	首九行碎損
結 68	或在於念	奉行一卷	7	190	
昃 1	經讀經卷	奉行一卷	6	115	

藥師瑠璃光如來本願功德經 一卷 唐玄奘譯

原號		起	止	紙	行	附記
日	60	藥師如是	便生呼諸	12	257	尾十二行碎損
地	16	藥師如是	暫聞善謂	4	109	
翊	2	訶薩龍藥	其身无異	1	22	首二行碎損
日	70	爾時偏袒	奉行師經	13	300	首十七行碎損
帝	35	爾時偏袒	无邊物莫	2	26	尾三行碎損
推	34	室利右膝	无異璃內	1	21	首七行碎損
雨	35	如是大願	奉行瑠光	11	296	首二行尾三行碎損
服	73	本大欲利	情出惡見	2	46	首四行碎損

淡	15	樂師如是 奉行德經	11	304	首九行碎損
結	28	偏祖言世 世界室利	3	76	首三行碎損
結	39	言世大願 奉行德經	11	295	首四行碎損尾有木軸
調	29	國王无量 奉行德經	11	303	首八行碎損
淡	84	願功轉時 世界室利	3	70	
冬	6	爲拔有情 奉行德經	15	292	首三行碎損卷中又碎損二十行
黃	30	功德時諸 月輪言无	7	181	首十行碎損
秋	84	御士藥師 奉行德經	11	284	首二行尾一行碎損
葢	22	發十願令 或有經七	8	202	首三行碎損
呂	100	應正調御 此法亦名	11	283	首十行尾二行碎損

號	19	无邊 界以	奉行 德經	11	282	首四行碎損卷中又碎損五十三行
律	47	滿善 調御	奉行 師經	11	287	首八行碎損
爲	18	明行 御士	故自 行邪	4	83	首八行尾一行碎損背面雜寫有字
調	25	第二 外明	人等 世界	2	56	首九行尾二行碎損
陽	2	爾時 祖一	行口 師經	10	300	首三十四行碎損
淡	16	明徹 住餤	藥師 乘神	4	110	全卷碎損十六行
昃	66	月幽 曉隨	奉行 德經	10	278	首十行碎損
收	84	熾然 邊世	薩行 圓滿	11	284	首二行尾一行碎損
歲	68	菩提 盡所	寶華 天中	4	107	首六行碎損
龍	88	法中 鞦戒	聞此 善法	3	67	首二行尾一行碎損

第一帙

師	52	得端第七	隨心來應	2	26	首一行尾三行碎損
昃	80	身下背縷	奉行德經	10	263	首十五行尾三行碎損
寒	21	行速第十	奉行德經	9	251	首十行碎損
服	32	衆伎舅殊	蜈蚣彼佛	5	122	尾五行碎損
冬	14	衆伎滿足	奉行德經	9	239	首二行碎損
致	63	清淨爲地	奉行一卷	9	231	首三行碎損
開	95	中有光遍	德經持記	9	230	首二行碎損末有龍興寺僧慈定□□記等字
薑	92	背縷得端	福佑迷惑	10	224	首三十七行尾一行碎損
夜	56	有諸施果	奉行師經	8	222	
爲	28	加守施時	薩行圓滿	1	26	

淡 64	有諸施果	奉行師經	8	224	首四行碎損
來 59	有諸施果	佛像惟其	3	87	首七行尾十二行碎損
重 75	第十法所	奉行德經	9	247	首三十八行碎損
盈 94	名號意樂	得聞阿難	5	99	
翔 95	而破軌則	何一月輪	4	98	全卷碎損
地 35	意樂學處	善根隱風	5	140	
昃 28	尸羅見而	奉行德經	9	212	首二十五行碎損
暑 51	速得復次	分齋生无	2	56	
騰 98	復次他當	奉行師經	7	193	
張 91	善因解脫	可令有異	3	78	首三十九行碎損

乃	35	而本本願	上壽死亦	1	19	尾行碎損
歲	77	本善奉行	未盡師經	6	166	首六行碎損
雲	41	垢濁奉行	悲喜師經	5	139	尾有木軸
官	29	香潔名號	怒害琉璃	2	43	全卷碎損
律	48	喜捨奉行	彼如德經	5	136	首二行碎損
羽	100	象師爲彼	蚰蜒衆伎	2	48	首三行碎損
鳥	6	根聽奉行	奪其師經	5	117	首九十五行尾九行碎損
光	45	爾時得病	師琉授以	3	72	首十四行尾四行碎損
翔	38	令墮僧轉	有異幡或	1	28	尾行碎損卷中又碎損九行
律	83	有異王子	甚深苦及	2	56	

翔	7	甚深如來	奉行德經	4	109	卷中碎損六行
制	3	如來彼藥	力无君王	2	45	首四行碎損
推	50	所得亦不	奉行德經	4	82	首十三行碎損
羽	21	子大及餘	奉行師經	2	54	

佛說觀彌勒菩薩上生兜率天經

一卷 劉宋沮渠京聲譯

原號		起	止	紙	行	附記
水	61	我於成供	而退生經	7	171	首十八行碎損
菜	12	女亦生兜	而退佛經	5	119	首二十行碎損
歲	38	是處天子	但得地耶	1	28	首十五行尾行碎損
麗	49	佛說如是	勒前除却	5	123	
寒	91	聞如時八	得若菩薩	2	56	

觀彌勒菩薩上生兜率天經疏 卷上

原號 起 止 紙 行 附記

服 22 觀彌第四 2 35 硃筆句讀
原夫料間

佛說彌勒下生經

後秦鳩摩羅什譯

一卷

原號	起	止	紙	行	附記
結32	佛說大智	受持生經	7	176	首尾完具字體端正
菜12	大智慇衆	受持天經	9	177	首尾完具
宙93	佛說大智	寶象三寶	2	43	
昃67	戒何今廣	神力天人	7	139	首十五行尾二行碎損
生52	弗我其諸	受持生經	6	147	首三行碎損
鱗42	裓婆是亦	令不兜率	11	302	首十二行碎損尾八行殘缺

彌勒成佛經義疏
溫室經義疏

原號 起 止 紙 行 附記

生68 主德主智 万人道也 12 297 此卷上段尾題彌勒成佛經義疏一卷下段首題溫室經義疏一卷首十二行碎損

楞伽經 晉曇無讖譯 四卷

原號 起 止 紙 行 附記

成22 實有名名 不生虛安 1 23 此卷首尾無標題以其文與宋魏唐三譯併校皆不類當即晉曇無讖譯成四卷之楞伽經似爲唐譯卷第四諸因及與緣從此生世間至身資及所住我說是唯心等句之文原譯久佚此卷僅存尺紙殊可惜

楞伽阿跋多羅寶經

劉宋求那跋陀羅譯 四卷

	原號	起	止	紙	行	附記
秋	34	所相如是	食肉第四	24	659	首紙破爛此卷末題曰楞伽阿跋多羅寶經一切佛語心品卷第四校其文即劉宋譯楞伽阿跋多羅寶經之第四卷但卷首短缺百數十字
閏	9	習因時災	惱愚退還	21	504	首尾均缺全卷有硃筆句讀及校勘卷中碎損五行
翔	71	說如一切	偈言妄想	1	26	此係宋譯楞伽經卷二
盈	33	爲首行禪	大惠攝受	4	124	首紙破爛此係宋譯楞伽經卷二

入楞伽經 十卷 元魏 菩提留支譯

原號	起	止	紙	行	附記
呂 90	名煞相和	行者第五	18	466	卷末題曰入楞伽經卷第五校其文蓋元魏譯惟自卷首至無問者名證如實法故止俱缺餘猶完好
列 94	不住迦者	經者第八	17	435	首尾破爛校其文即元魏譯入楞伽經第八卷惟自卷首至具足無漏熏習法名爲不空等句俱缺餘猶完好
陽 4	自勤實體	奉行第十	17	452	首紙破爛校其文即元魏譯入楞伽經第十卷僅殘少十餘句餘則甚完
文 20	何以生法	三者斷相	10	216	首尾破　此係魏譯入楞伽經卷四
生 19	次大自心	大慧種相	2	47	此卷中間題曰入楞伽經法品第七校其文即魏譯入楞伽經卷第六首尾破
生 20	大慧於四	諦聽世尊	3	56	首尾破此卷緊接生字第十九卷筆跡亦同蓋一卷裂爲二卷即入楞伽經卷六

皇 26 意二是智 離二凡夫 2 46 首行尾十一行碎損卷中又碎損十三行即 入楞伽經卷九

衣 93 諸識身體 意識亦爾 3 63 此卷 殘卷 即入楞伽經卷九　以上五卷係魏譯

大乘入楞伽經 七卷 唐實叉難陀譯

原號	起	止	紙	行	附記
盈 9	大乘小頂	可得第四	37	1199	首紙破爛卷首題曰大乘入楞伽經羅婆那王勸請品第一卷末題曰佛說大乘入楞伽經卷第四校其文即唐譯大乘入楞伽經之前四卷首末完具甚可寶愛
宙 44	新譯蓋聞	生滅第二	16	479	首紙破爛卷首題曰新譯大乘入楞伽經序卷末題曰大乘入楞伽經卷第二案其文即唐譯大乘入楞伽經之第一第二兩卷已見盈字九號但多御製序文首末完具
秋 94	新譯蓋聞	生滅第二	21	623	首紙破爛卷首題曰新譯大乘入楞伽經序卷末題曰佛說入楞伽經卷第二少大乘二字即唐譯大乘入楞伽經之第一第二兩卷較盈字九號多御製序文紙背雜寫有字
金 49	智境味樂	修學第一	11	346	首紙破爛末題曰佛說大乘入楞伽經卷第一卷首如是我聞句起至善哉楞伽王汝先見佛思惟此義如是思惟乃是思佛句止均缺

淡 85 盤大相而 修學第一 18 476 首紙破爛卷首題曰佛說大乘入楞伽經卷第一序文不全

皇 89 新譯蓋聞 又衆菩薩 1 41 卷首題曰入楞伽經羅婆那王勸請品第一但存御製序及第一品中之願佛哀納愛我於佛菩薩句止

珍 34 慧菩爾時 修學第一 18 454 首紙破爛卷末題曰大乘入楞伽經卷第一卷首缺百餘字

冬 48 爾時阿賴 生滅第二 14 419 首尾破爛卷末題曰大乘入楞伽經卷第二

月 9 於誰分別 生滅第二 13 359 卷末題曰大乘入楞伽經卷第二

崑 37 佛說爾時 成佛第三 15 515 首紙破卷首題曰佛說大乘入楞伽經集一切法品第二之三卷末題曰佛說大乘入楞伽經卷第三首末具

餘 8 說大夢言 成佛第三 20 509 首紙與第十三紙破爛卷末題曰大乘入楞伽經卷第三

麗 9 自相故而 成佛第三 10 258 首紙破爛卷末題曰大乘入楞伽經卷第三

秋55	中作可得 牟尼第四	16	460	首一二兩紙破爛卷末題曰大乘入楞伽經卷第四
出87	離我可得 善知第四	18	469	首紙破爛卷末題曰大乘入楞伽經卷第四 中多硃筆添改之處
宇77	五无可得 懷惡第四	18	495	首紙破爛三百餘字卷末題曰大乘入楞伽經卷第四
露51	緣有可得 緣成第四	14	430	首紙破爛卷末題曰佛說大乘入楞伽經卷第四紙背雜寫一行係本經經名及卷數
致30	二邊可得 佛說第四	4	72	卷末題曰佛說大乘入楞伽經卷第四
騰36	慧我能造 千名第五	18	495	首紙破爛卷末題曰大乘入楞伽經卷第五
水3	是時有無 大慧第六	16	441	首紙破爛卷末題曰大乘入楞伽經卷第六 惜變化品殘缺不能與騰字三十六號相接
騰42	大乘分別 若諸第三	16	426	首紙破爛卷首題曰大乘入楞伽經偈頌品第十之二末題曰大乘入楞伽經卷第七
露59	別二分別 能斷第七	16	411	卷末題曰大乘入楞迦經卷第七
宇15	外道分別 我无第七	13	329	首十四行尾十九行碎損卷末題曰大乘入楞迦心經卷第七此卷分兩段

盈 44	說法目觀	藏而之初	4	123	此卷乃唐譯大乘入楞伽經卷一之羅婆那王勸請品第一首缺百餘字中有硃筆添改
珠 47	云何云何	有句非自	1	28	此卷係唐譯大乘入楞伽經第一卷
崑 89	彩色言說	空花因緣	15	405	首尾破爛此係第二卷
露 1	說常思議	人因者善	4	98	首尾破此係第二卷
生 59	爲四不可	滅世佛言	4	77	首尾破爛此係第二卷
師 35	相言種種	都中有執	2	51	首紙破此係第三卷
陽 55	得大於三	所見願爲	5	132	此係第四卷
龍 39	轉所自在	聲聞說一	2	42	首紙破爛此係第四卷
龍 85	相汝頌言	故不了唯	1	26	此係第四卷
調 76	我說何而	所謂著滅	4	112	此係第四卷

調65	非滅慧所 相執墮在	7	196	此係第四卷與調字第七十六號緊接筆跡紙質相同蓋一卷分爲兩卷
潛55	所加至增 不化幻等	1	28	此係第五卷
結71	知是平等 我之子起	8	214	首尾破爛此係第六卷
官40	何不成就 諸根此法	2	55	首三行尾一行碎損此係第七卷

佛說首楞嚴三昧經 後秦鳩摩羅什譯 二卷

原號	起 止	紙	行	附記
潛21	昧神受持 汝所卷下	15	469	首行碎損尾有木軸

大乘密嚴經 三卷 唐地婆訶羅譯

原號	起	止	紙	行	品次	附記
黃 51	大勢等菩	喜信卷下	26	920	密嚴會品一 阿賴耶微密品八	首四行尾二行碎損
收 85	方周映成	奉行卷下	20	772	密嚴會品一 阿賴耶微密品八	首三行碎損
海 78	金剛以如	依智於諸	1	9	密嚴會品一	
荒 27	光菩利菩	顯示卷中	23	519	妙身生品二之餘 阿賴耶建立品六	首三十八行尾二行碎損卷中又碎損五十二行背面雜寫有字
日 15	萬像蓮花	非諸无始	5	204	妙身生品二之餘 顯示自作品四	首三十五行及尾行碎損
岡 36	欲界无相	三昧第四	2	43	妙身生品二之餘 胎生品三	首二行碎損
號 51	施會亦復	念言念己	4	60	妙身生品二之餘	首三行尾一行碎損

鹹 12	或天菩薩	歸命土中	2	36	妙身生品二之餘	首行碎損
岡 6	俱來迷動	過去流轉	3	51	妙身生品二之餘	尾二行碎損
崑 52	又如除盡	牟尼觀行	3	59	顯示自作品四 分別觀行品五	首行碎損
崑 98	薩摩心起	言天福地	3	88	顯示自作品四	首行碎損
崑 24	或生如是	空識熏聚	2	51	顯示自作品四	尾行碎損
日 98	既而慧善	合成牵陀	3	83	分別觀行品五 阿賴耶建立品六	
岡 60	大乘人等	爾時佛之	2	38	阿賴耶建立品六	尾行碎損
日 76	等諸顯現	无碍卷中	3	88	阿賴耶建立品六	
崑 41	莫不境意	智慧說偈	2	48	阿賴耶建立品六	首行碎損
崑 71	言口卷中	汝等玄歸	1	31	阿賴耶建立品六	

霜	22	嚴中言仁	奉行卷下	17	472	目識境界品七阿賴耶微密品八	首五行碎損
生	42	衆生菩薩	開演而无	9	211	目識境界品七阿賴耶微密品八	尾二行碎損
玉	10	彼衆爾時	舞戲嵐風	6	147	阿賴耶微密品八	首行及尾二行碎損
水	38	時天是時	奉行卷下	5	118	阿賴耶微密品八	首二行碎損

深密解脫經 元魏菩提留支譯 五卷

原號	起	止	紙	行	附記
昃36	身也奉行	等而第五	9	252	尾題深密解脫經卷第五

央掘魔羅經 劉宋求那跋陀羅譯 四卷

原號	起	止	紙	行	附記
呂75	時无所說	稱急須陁	6	172	首尾碎損

思益梵天所問經 後秦鳩摩羅什譯 四卷

原號	起	止	紙	行	品次	附記
河 40	界普來諸	言相佛如	21	808	序品一 仂行品九	首十二行尾一行碎損有朱筆增改
露 96	等以有二	地故第二	21	699	序品一 問談品六	
爲 4	思益如是	能盡第一	20	539	序品一 解諸法品四	
洪 77	其名法王	能盡第一	20	542	序品一 解諸法品四	首三行碎損
玉 15	來梵有衆	能盡第一	19	509	序品一 解諸法品四	有朱筆增改
秋 88	曰安又如	遍行遍行	11	290	序品一 分別品三	首十三行碎損
暑 61	能爲名聞	生死心四	3	84	序品一 四法品二	首行碎損
薑 76	思益如是	不相熱惱	1	27	序品一	全卷碎損

來18	切大若佛	苦者界中	4	115	序品一	首四行尾一行碎損
衣92	少有娑汝	彼土愚智	2	51	序品一	全卷碎損
地78	薩有阿耨	歡喜第四	31	1249	四法品十二　囑累品十八	首二十九行碎損
來3	者信不斷	相中等今	3	84	四法品二　分別品三	
聞41	於過爾時	能盡第一	7	188	分別品三　解諸法品四	
來36	若人若能	人種捨諸	3	87	分別品三　解諸法品四	
來99	者非所以	法身導師	3	84	分別品三	
宇29	佛告礙智	提心第二	19	556	解諸法品四之餘　問談品六	首行碎損
露77	梵天或垢	得性受記	14	392	解諸法品四之餘　問談品六	首六行碎損
水32	者或報恩	一切菩薩	14	361	解諸法品四之餘　問談品六	首十七行碎損

昃	14	知聖 / 生是	能盡 / 第一	5	131	解諸法品四	首行碎損
人	62	法亦 / 雖有	能盡 / 第一	3	75	解諸法品四	首行碎損
寒	86	煩惱 / 人得	能盡 / 第一	3	67	解諸法品四	
爲	58	諸善 / 爲最	善男 / 若說	9	350	難問品五 / 論寂品八	首四行碎損內有 / 朱筆增改
鹹	74	言世 / 望功	眼淨 / 第三	19	531	問談品六 / 志大乘品十	首二行碎損內有 / 朱筆增改
爲	68	梵天 / 明言	提心 / 第二	4	112	問談品六	
辰	20	薩過 / 者有	地故 / 第二	4	102	問談品六	首五行碎損背面 / 雜寫書札之類
河	46	比丘 / 親近	又當 / 名曰	20	695	談論品七 / 諸天歎品十七	首十五行尾一行 / 碎損有朱筆增改
往	22	第三 / 白佛	眼淨 / 第三	19	518	談論品七 / 志大乘品十	首三行碎損尾有 / 木軸
宙	76	是法 / 不可	眼淨 / 第三	19	511	談論品七 / 志大乘品十	首四行碎損內有 / 朱筆添改

麗 97	則不不爲	眼淨第三	20	511	談論品七 志大乘品十	首七行碎損
人 30	思益爾時	法答比丘	2	32	談論品七	首行碎損
河 87	四千聖嘿	切諸共守	15	443	論寂品八 建立法品十六	首一行尾七行碎損
重 5	掌却昧所	眼淨第三	8	177	論寂品八 志大乘品十	首二行碎損
宇 2	也菩相發	歡喜第四	22	603	行道品十一 囑累品十八	首十二行碎損

大乘同性經

宇文周闍那耶舍譯　二卷

原號	起	止	紙	行
光 20	諸色言汝	持不薩行	1	28

諸法無行經

後秦鳩摩羅什譯
二卷

原號起止紙行卷附記

閏 19 15 511 上 首二行碎損卷中有朱筆校勘處
世尊歡喜
云何卷下

鱗 53 13 367 下 首八行碎損
切智歡喜
動相卷下

大方等如來藏經

東晉佛陀跋陀羅譯
一卷

原號起止紙行附記

羽 43 10 220 首三行碎損
之王奉行
菩薩一卷

寶雲經 梁曼陀羅仙譯 七卷

原號 起 止 紙 行

冬 90 寶雲敬供 善男者第 1 26

佛說轉女身經 劉宋曇摩蜜多譯 一卷

原號 起 止 紙 行 附記

月 1 衆生有舍 說諸无性 8 186 首三行尾四行碎損

盈 43 如問奉禮 煩尊身行 11 299 此卷緊接月字一號但卷首碎損四行

佛說長者女菴提遮獅子吼了義經 一卷 失譯人名附梁錄

原號	起	止	紙	行	附記
霜12	佛說如是	塞優三菩	6	141	經文首末完具首五行略有碎損
鱗41	佛說如是	修行一卷	6	159	經文首末完具首十四行略有碎損
官41	佛說如是	提基人忽	2	44	首六行碎損卷內有朱筆校改
地44	佛說如是	已久所說	6	151	尾四行碎損

大莊嚴法門經 二卷 隋那連提耶舍譯

原號 起 止 紙 行

調 1 能覺女問界不空法 2 82

佛說出生菩提心經 一卷 隋闍那崛多譯

原號 起 止 紙 行

李 14 是故之乘欲重別佛 1 28

大方便佛報恩經 失譯人名附漢錄 七卷

原號		起	止	紙	行	品次	附記
閏	27	報恩如是	善知心一	23	755	序品一 論議品五	首三行碎損
暑	10	諸天而坐	而去第一	17	450	序品一 孝養品二	首二行碎損卷中 又碎損十三行
藏	89	衆唱手合	給與足一	4	122	序品一 孝養品二	卷中碎損十九行
雲	94	大方如是	薩堅究竟	3	82	序品一	
來	34	薩普菩薩	光明是大	7	181	序品一	首七行碎損
水	62	切萬恩報	汝須我心	7	175	孝養品二	
官	37	大方大方	界廣來可	2	37	對治品三	此係背面
號	65	聚設是供	見其太子	11	294	論議品五	首四行碎損

麗 3 曇中難當如大當報 18 416 論議品五 首五行尾三行中七十四行碎損

霜 7 之爾而去而作第五 11 279 慈品七 卷中碎損二十一行

薑 82 大方來是爾時故得 5 115 優波離品八

文 88 思惟四一毀害心是 2 47 親近品九 首行碎損

悲華經 北涼曇無讖譯 十卷

原號 起 止 紙 行 品次

重 38 悲華歡喜佛告聽法 1 26 諸菩薩本授記品四之三

夜 93 人中須臾念定漸漸 4 112 諸菩薩本授記品四之三

佛說太子慕魄經　後漢安世高譯　一卷

原號　起　止　紙　行　附記

柰　29　佛說令民　3　89　尾十一行碎損
　　　　聞如曰爲

佛說罪業應報教化地獄經　後漢安世高譯　一卷

原號　起　止　紙　行　附記

重　69　化成奉行　2　24　首十四行碎損
　　　　諸人一卷

佛說盂蘭盆經　西晉竺法護譯　一卷

原號	起	止	紙	行	附記
字75	聞如 獨園	憂苦 時當	1	14	卷首題佛說盂蘭盆經首行碎損

阿闍世王授決經　西晉法炬譯　一卷

原號	起	止	紙	行	附記
宙23	佛說 聞如	然不 所在	5	98	首尾完具

佛說大乘稻芊經 唐譯佚本 一卷

原號		起	止	紙	行	附記
閏	68	乘稻聞一	奉行一卷	9	226	全卷與藏中所收互有詳略卷中間有缺字題曰佛說大乘稻芊經一卷藏本無大乘二字字隨聽手鏡記卽依此譯本而作
日	81	薩俱訶薩	奉行芊經	9	237	除起處缺去一行外餘尚完整閏字號缺字可據此補之
黃	50	佛說如是	奉行一卷	9	247	全卷完具惟首數行有脫爛處
成	94	言因緣識	薩摩一卷	7	164	前八行上下殘破
荒	29	復有從種	奉行芊經	5	160	前三行下半殘卷中有硃筆點勘
律	15	故取憂惱	奉行芊經	6	165	起數行缺
雲	4	老死得生	奉行一卷	6	141	前十五行殘缺甚多字跡亦糢糊

雨 55	佛說如是	敎誨一卷	11	315	前二十八行有破缺處本經後接寫普賢菩薩行願王經上卷大乘四法經一卷因緣心經頌三十句佛說遺敎經一卷尾題大番國等十三字並有兩字硃印
爲 70	佛說如是	能成能作	3	93	首紙殘破　第十八段
金 67	乘稻聞之	母胎一芽	5	137	前數行殘破
金 13	大乘如是	不陸則不	2	61	破爛甚多　第九段
麗 37	能而乃至	是知因及	4	128	第九段至廿一段
柰 68	告諸於法	无非法非	4	106	首紙破缺　第二段至十七段首尾不全
芥 52	佛說如是	懷而當爾	4	83	十一段未完
芥 69	佛說如是	緣相應義	2	68	經文八段
薑 71	及諸行之	奉行一卷	6	145	經文全惟起處有殘破

鹹	38	諸境事能	奉行芊經	5	112	本經後半
海	5	佛說如是	奉行芊經	7	175	前九行破裂卷尾題癸卯年十月十日永壽寺寫
鳥	27	生之亦非	是无足故	1	20	第十八段末至廿段前半
人	65	生生爲因	奪元過去	2	36	首殘破 中間數段
皇	65	如是无起	種子作是	1	32	破爛 第五段至第九段
制	81	爲非法從	無有亦現	1	30	殘破 中間數段
文	5	佛說如是	故能有因	1	27	本經開首數段
字	71	念我芽亦	界能作內	1	32	經首數段
推	41	佛說衆千	聖道爲法	1	21	經首數段
位	44	佛說如是	果及爲法	1	25	前五行殘破 經首數段

夜
52
我之彌勒
若我奉行
6
174
前寫普賢行願王經九行後寫佛說稻芉經
與藏本文句同

佛說大乘稻芉經隨聽手鏡記

原號	起	止	紙	行	附記
調50	將釋故諸	解釋一能	7	236	前二十九行下半多殘缺 紙背雜寫三行
雲18	第五可說	釋經結也	8	216	疏第五言解釋起據調字卷一言立所宗二言歸乘三言歸分四言歸藏五言解釋
陽34	何故雖無	所取同而	9	217	首紙多破爛紙背寫頌數段其標目云辯眞寔品第三辯修對治品第四辯修分位品第五又寫四分律初分攝頌及戒本攝頌一卷不全
藏9	純極言无	大者性者	3	72	殘破甚多
結59	智二能見	成就問也	6	121	
鹹14	約世經如	无違得生	6	172	此中包第十九第二十兩段經文惜只標句疏文缺
始62	經隨四門	經大有七	2	42	自疏第五言解釋起至第一總攝門標名止與調字卷字句間有異同卷首題云隨聽手

鏡記菩薩作卄涅槃作卅或卌辯作弁各卷多如此當是速記寫法 前有殘缺

文	58	言連道心大門心者	2	38	破爛甚多可與始字卷銜接 紙背雜寫數行
文	75	故有是智一往能答	1	14	破裂 紙背有雜寫
裳	13	芊經善逝釋此來說	5	100	前半破裂訛脫亦多
菜	89	五已略總六難分也	4	76	卷前殘缺甚多前後段雜寫僅中間一段爲稻芊經疏立所宗文
鹹	59	如秤結也見經結口	9	169	殘破自疏經第十一段至二十二段止後七行上半全缺 紙背乃各寺糧戶請種子狀及與工人所立契約等

新會　陳垣　校錄

第二帙

佛說佛名經　元魏菩提留支譯　十二卷

原號　起　止　紙　行　卷次　附記

巨60	南无勝佛	南无勝佛	8	208	
雲80	南无世王佛	越勝佛	21	533	首七行碎損
闕50	南无光佛	摩光勝佛	4	95	首六行碎損
寒54	彼若智佛	微塵梁佛	14	333	首二行碎損
河38	因那梁佛	南无第七佛	10	219	7	首二行碎損

洪	59	南无彌佛	南无第八	24	605	8	首二十七行碎損
宙	13	方過彌佛	佛名第八	9	260	8	首五行碎損
荣	44	大稱二百	南无第八	4	78	8	首二行碎損
宿	52	南无藏佛	南无第九	15	412	9	首五行碎損
人	92	波羅迅佛	在菩十光	2	36		全卷碎損
秋	67	南无愛佛	南无第十	20	508		首七行碎損
呂	39	南无幢佛	南无第十	23	463		
雨	68	星宿藥王	水聲南无	14	362		首五行尾二行碎損卷中又碎損卅一行

佛說佛名經 佚本 十六卷

原號		起	止	紙	行	卷次	附記
帝	6	時世德佛	修羅樂佛	3	68	1	首十四行碎損
結	34	跪合前拜	南无第一	27	726	1	首行碎損　後面周家仙名經
調	62	佛說嚴經	是我品佛	8	201	1	首十四行碎損 品佛中和元年　大品經本卷訛作大
罔	77	觀音勝佛	清淨隣佛	6	143	1	首二十行碎損　首綴觀音禮一卷
鹹	8	靈目王佛	无不聲佛	11	169	1	首八行碎損　全卷繪有五彩佛像二
衣	20	无戚諸佛	南无德佛	2	30	1	首十一行及尾行碎損
玉	98	南无意佛	南无諸佛	2	38	1	首二十行碎損
爲	84	无光一拜	歸命第一	37	678	1	首七行碎損　卷中繪有五彩佛像八

淡	87	南无歸命	陁佛滅佛	2	52	1	首三行碎損
成	55	南无南无	名佛名佛	3	90	1	首行碎損
雲	12	南无大海	閦佛陀佛	5	136	1	首十八行碎損
歲	91	善男世善	三寶第一	26	770	1	卷中有硃筆校勘處
翔	4	南无南无	德佛賢佛	5	112	1	首五行尾一行碎損
稱	93	從此南无	三寶第一	23	609	1	首二十四行碎損卷中佚去數紙依爲字八十四號校之約失去三紙
淡	89	南无南无	狠戾煩惱	22	606	1	
闕	15	遠離南无	決定明佛	2	40	1	全卷碎損
薑	14	南无南无	棄佛孫佛	4	83	1	
劍	91	南无南无	至十其罪	5	130	1	尾行碎損

官	84	口王 而无	上佛 力佛	2	37	1	首三行碎損
藏	65	南无 南无	蓄生 可怖	4	101	1	紙背有戊寅年十月二日數字
珍	17	炎佛 南无	前拜 第一	20	537	1	首六行碎損
潛	56	南无 南无	集經 曇經	1	29	1	首三行碎損
致	25	南无 南无	三寶 第一	23	575	1	
重	50	南无 賢佛	王佛 師佛	2	53	1	
暑	14	肝膽 大小	色佛 樂佛	7	182	1	首三行碎損卷中缺四紙自善化佛起至平等須彌面佛均缺
劍	50	故能 善法	皆悉 三寶	2	31	1	首四行碎損
雲	92	等心 悔五	一拜 第一	13	334	1	
薑	61	罪或 大造	切罪 垢造	1	15	1	

岡	18	又復生切	使造不共	2	22	1	尾四行碎損
崑	94	三部上寶	南无第一	13	328	1	
騰	63	南无嚴佛	南无合佛	5	140	1	卷中失去佛名五十有六約少一紙按所失爲第七百五五至七百六十佛名
河	84	南无不値	南无復應	8	176	1	
雨	17	南无嚴佛	南无嚴佛	1	28	1	
麗	62	第三羅佛	常苦陣佛	7	174	1	
崑	91	夫欲此身	一切果淨	2	34	1	
菜	83	生良洗蕩	爾時正爾	2	47	1	紙背雜寫有庚寅年五月七日僧王保昌寫善惡因果經後寫妙法蓮華經等字樣
出	12	口生海故	第五所以	2	31	1	首行尾三行碎損

岡

54 无量功德 二者三寶 5 130 1

佛說佛名經 佚本二十卷

原號	起	止	紙	行	卷次	附記
冬 56	佛說南无	西去第二	18	482	2	首尾完整
寒 73	邊光南无	樂法曇口	2	25	2	首四行尾二行碎損
成 49	南无南无	而去第二	17	445	2	
巨 28	南无南无	而去第二	17	432	2	
黃 72	南无南无	而去第三	24	472	3	首七行碎損
往 19	南无南无	稱佛摩佛	2	21	3	首行僅剩末一字
來 76	南无南无	諸佛上首	3	48	3	尾行碎損
暑 87	所謂樂世	如來如來	2	39	3	首尾碎損各一行

往	11	南无羅三 / 南无提記	2	35	3	尾行碎損　一寶髻作一寶蓋
往	17	南无藐三 / 授名提記	2	35	3	首行碎損
往	64	南无授名 / 第一提記	3	41	3	
暑	99	南无三菩 / 堅菩提記	2	42	3	
往	7	南无三菩 / 彼如提記	2	37	3	
往	26	南无信發 / 授名阿耨	2	36	3	
寒	57	多羅昧經 / 南无昧經	2	37	3	
暑	72	南无弟子 / 南无至心	2	40	3	尾行碎損
往	73	十方障如 / 南无煩惱	1	29	3	首行碎損
往	69	如是而去 / 弟子第三	2	32	3	

金	28	南无南无	而去第四	17	423	4	首四行碎損
裳	17	南无南无	德佛留佛	3	69	4	全卷碎損
日	33	佛說南无	而去第五	19	462	5	首尾完整
師	83	南无南无	鎧佛月佛	1	25	5	首五行尾一行碎損
藏	92	南无南无	共宿像陰	10	241	5	首二行碎損卷中又碎損九行
衣	8	南无南无	吼佛稱佛	2	56	6	首七行碎損
騰	35	佛說南无	而去第七	17	441	7	首尾完整
出	23	南无南无	而去第七	17	423	7	首八行碎損
寒	51	南无南无	而去第七	13	339	7	首十三行碎損
巨	11	聲佛行佛	勝佛香佛	5	128	8	首十四行碎損

闕	75	南无而去	南无第八	4	99	8	
官	28	又復有大	彼此煙炎	1	19	8	首行碎損
制	50	无下光佛	南无王佛	2	36	9	首尾碎損各一行
出	22	南无衆生	南无第九	9	192	9	首九行碎損
辰	69	佛口而去	摩勝第十	17	413	10	首行碎損卷中有硃筆校讐處
重	43	佛說吼佛	南无南无	2	34	10	尾六行碎損　卷首誤書佛說佛名經卷七
夜	86	南无王佛	南无淨佛	4	79	10	全卷碎損本卷南无種種光明彌留藏佛後尚少佛名六十有三菩薩辟支佛名號亦與辰字六十九號不同故附本卷末
推	97	佛說界不	南无塵下	1	26	11	
寒	5	南无万佛	南无世同	6	137	11	首尾碎損各一行本卷卷尾千二百千萬作十二百千萬

成	82	南无上佛 南无照佛	1	16	11	字跡奇麗
皇	51	南无薩摩 南无力四	2	26	11	首行尾三行碎損
字	56	南无華佛 德佛燈佛	2	30	11	首八行尾十三行碎損
黃	45	南无而去 南无十七	21	522	17	首行碎損　分兩段
致	89	南无而去 南无十七	19	509	17	首四十五行碎損　卷尾有沙門法瓊禮五字
文	16	南无闍佛 南无宿佛	3	74	17	首十一行碎損
冬	10	聲佛而去 南无十八	21	513	18	首十二行碎損
結	87	佛說而去 南无第廿	19	479	20	首尾完整
果	22	南无而去 南无第廿	21	477	20	首六行碎損
荣	20	无无一義 南无佛名	5	119	20	首八行尾二行碎損

日 95 樂受智是菩薩菩薩 6 132 20 首行碎損卷中又碎損七行

荒 60 南无南无四倒四重 5 96 20 首尾碎損各一行

佛說佛名經 三十卷（佚本）

	原號	起	止	紙	行	卷次	附記
雨	30	菩薩諸蓋	一拜第二	18	432	2	首八行碎損
重	67	窮沈羅刹	我拜第二	14	364	2	全卷碎損
致	60	破裂發如	朋友聖道	12	336	2	
冬	46	佛說南无	從佛迅佛	16	367	2	
閏	63	南无南无	海者第二	11	236	2	
字	79	佛說南无	聲佛聲佛	3	83	2	
劍	65	常憂常笑	養佛聲佛	11	205	2	首三行碎損
致	3	南无南无	一拜第二	34	596	2	首四行碎損

師	79	南无幢佛	南无幢佛	3	40	2	全卷碎損
冬	55	南无上首	南无上首	14	392	2	卷中碎損三十一行卷中有硃筆校正處
洪	25	佛說一拜	佛說卷二	22	589	2	首十行碎損
果	24	南无輪佛	南无華佛	1	23	2	首行及尾三行碎損
光	55	南无一拜	南无第二	25	576	2	首二行碎損
崑	22	南无聚多	南无戒不	25	555	2	首十一行碎損
陽	10	南无所覆	南无勝心	5	143	2	首十八行碎損
羽	24	佛說貞明	南无日記	29	565	3	此爲第三卷首尾俱全卷中有五彩佛像十四卷尾有跋曰敬寫大佛名經二百八十八卷伏願城隍安泰百姓康寧府主尚書曹公己躬永壽繼紹長年合宅口口常然慶吉于時大梁貞明六年歲次庚辰五月十五日記紙尾及紙背

爲	87	來南 授无	稱勝 佛佛	12	326	3	首二行碎損
月	8 2	陁南 羅无	授提 名起	2	55	3	首三行碎損
宇	99	光界 明名	三來 藴彼	3	71	3	卷多碎損
寒	59	藴名 三无	第一 三拜	22	570	3	
柰	99	南記 无口	第一 三拜	19	525	3	
洪	61	南普 无至	第一 三拜	18	471	3	
地	47	在南 觀无	食道 瞰出	5	140	3	
巨	65	无南 常无	第蜜 三拜	18	448	3	

鈐有朱文瓜沙州大王印方印按貞明爲後梁末帝年號瓜沙州即唐之敦煌郡屬河西道府主曹公或即曹義金曾遣使入貢後唐授歸義節度使

霜	23	其肉行佛	飢始舍佛	4	112	3	首十二行碎損
爲	88	南无蜜拜	南无第三	10	275	3	
收	15	南无百味	南无念即	8	225	3	首六行尾八行碎損
辰	58	摩勝蜜拜	南无第三	21	553	3	首行碎損
淡	100	佛說一拜	南无卷第	24	648	4	
巨	56	佛說住佛	佛說留佛	1	18	4	
冬	51	南无一拜	南无第四	22	613	4	卷中有硃筆校勘處
號	80	南无今日	南无懺悔	23	622	4	首二十二行碎損
呂	93	南无一拜	南无第四	25	556	4	
露	78	南无一拜	南无第五	28	630	5	首十行碎損

爲 55	喜身一拜 无上第五	23	621	5	首四十行碎損
菜 2	南无衆生 南无第五	28	644	5	首八行碎損紙背有字五行中二行爲乙巳年八月一日春柴五束常住百姓造食人盈德手上於南宅內納送
騰 32	南无一拜 南无第五	30	595	5	首五行碎損
寒 74	南无繫佛 南无愛佛	4	82	5	尾行碎損 此卷下接張字九十六號
張 96	南无丘經 南无教經	3	76	5	首行碎損 此卷下接寒字十二號
寒 12	南无日暴 南无曾无	3	75	5	此卷下接寒字七十一號
寒 71	禮敬德佛 閒殿藏佛	4	100	5	此卷下接暑字四十一號
暑 41	南无王佛 南无喜佛	4	100	5	
重 77	淨聲聲佛 南无炎佛	3	84	5	首行碎損

張 80	南无　槃金	南无　論經	4	100	5	首尾碎損各一行　此卷下接來字九十七號
來 97	次禮　禮拜	南无　第五	4	91	5	首行碎損
龍 19	楚撻　恥先	勸他　惡友	3	65	5	首五行碎損卷中又碎損九行
秋 77	无諸　思佛	南无　信佛	6	129	6	首行碎損
秋 36	南无　如是	南无　第一	17	477	6	首七行碎損尾綴大乘蓮華寶達問答報應沙門品第二十八一卷及佛說佛名經卷一七字
鱗 84	南无　幢佛	南无　在佛	6	156	6	
芥 57	今日　厭拜	經所　第六	14	331	6	首二十行碎損
騰 65	南无　意佛	南无　王佛	6	68	6	紙背有蕃字五行
暑 2	南无　疑佛	南无　賢聖	4	88	6	紙背雜寫經文十一行

生	45	南无 南无	一拜 第六	9	248	6	
成	72	佛說 南无	一拜 第六	25	657	6	首尾俱全
秋	86	佛說 南无	菩薩 菩薩	12	239	6	卷眉有墨筆校正
闕	17	佛說 南无	智佛 臂佛	1	26	6	
爲	79	佛說 南无	一拜 第六	25	631	6	首十一行碎損
水	88	南无 南无	智佛 洲佛	4	102	6	首十三行碎損
鹹	56	南无 南无	支佛 懺悔	9	235	6	首三行碎損
黃	91	佛說 南无	厭拜 第六	27	643	6	首二十二行尾七行碎損卷中有硃筆校正
崑	78	南无 南无	進佛 稱佛	2	54	6	首二十行碎損
崑	81	南无 南无	義佛 面佛	2	60	6	

號	起	止				附記
麗 38	南无之身	南无轉備	6	168	6	下接水字六十九號
水 69	經惡惟佛	悔惑作佛	4	112	6	
崑 84	南无支佛	南无懺悔	4	104	6	
律 68	從此當次	南无言業	3	88	6	尾二行碎損紙背有佛偈五行
號 17	南无花佛	南无刦佛	2	23	6	尾行碎損
潛 48	南无記經	南无王經	1	25	6	
帝 49	南无畜生	南无懺悔	1	27	6	
律 13	南无第一	南无无量	24	646	7	紙背雜寫菩薩戒序十一行
麗 95	南无慚愧	南无懺悔	24	629	7	
昃 76	南无聖擎	南无心肝	19	523	7	首四行碎損

芥	8	无无 成須	第滿 七拜	24	579	7	首五行碎損
秋	60	南佛 无說	聚聲 佛佛	5	133	7	卷首誤書佛說佛名經卷第九
薑	30	南南 无无	勝慈 佛佛	1	15	7	
歲	23	南南 无无	第三 七寶	25	666	7	首十五行碎損
崑	35	南佛 无說	第一 八拜	16	612	8	首末俱全
陽	88	南佛 无說	第一 八拜	24	653	8	首末俱全後面有字
盈	41	南佛 无說	世就 界佛	15	448	8	尾行碎損紙背有藏經總數八十二行
出	68	南佛 无說	及得 无法	23	634	8	首尾六行碎損
鹹	60	名南 超无	勝勝 佛佛	3	54	8	首五行碎損
盈	18	南刼 无口	德最 佛佛	5	121	8	首六行碎損

菜	36	南无	若人	三寶	第八	31	632	8	首七行碎損
文	57	南无	南无	自在	南无	1	23	8	尾五行碎損
鹹	22	南无	南无	一拜	第八	25	537	8	
河	47	南无	南无	王佛	惱佛	5	110	8	
雨	13	南无	南无	八風	不調	8	224	8	
鱗	21	南无	南无	日拜	第八	22	471	8	
閏	17	南无	南无	月佛	相佛	1	28	8	
雨	15	和煩	戾煩	一拜	第八	10	266	8	卷尾有跋二行爲蓮臺寺僧法律所書
月	98	南无	南无	一拜	第八	2	35	8	
稱	59	迅善	華威	三寶	第九	22	613	9	首四行碎損

月 39 南无功德 除拜第九 23 612 9 首三行碎損

宙 43 佛國土爲 一拜第九 28 623 9 首四行碎損

金 17 刦於夜若 三寶第九 23 519 9 首十行碎損

出 10 功德師子 一拜第九 24 609 9 首八行碎損

來 16 花自東南 一拜第九 16 374 9 首五行碎損

乃 45 放犬撥收 除拜第九 2 37 9 首四行碎損

師 6 佛說優波 莊嚴陁幢 1 27 10

生 91 佛說優波 俱鄰迦葉 1 26 10 首四行碎損

陽 74 千佛世界 一拜第十 34 601 10 首六行碎損

玉 48 復有復有 佛皆提心 1 25 10 首行碎損

果	83	比丘內外	說不功德	21	572	10	首尾碎損各三行卷中又碎損二十六行
辰	42	衆自王佛	過大德佛	4	113	10	首四行尾一行碎損
果	18	名勝光佛	足百染佛	16	413	10	首十行尾一行碎損首六十行脆碎
重	3	南无王佛	南无心佛	10	240	10	
位	49	是等德佛	願弟嚴佛	1	28	10	首三行碎損
號	11	南无見佛	南无聖佛	6	123	10	
重	47	南无深觀	南无法流	5	79	10	首六行碎損
爲	80	佛說一拜	優波第十	26	619	10	首九行碎損第十卷首尾俱全
海	85	佛說一拜	優波第十	31	604	10	紙背有太平興國九年三月牒文數行殆北宋人所書首尾俱全
岡	90	佛說盜養	優波倚餘	25	699	10	後幅碎損

宿	48	佛說 舍利	一拜 十一	20	516	11	首尾俱全
翔	52	佛說 卽時	持憶 以滿	1	23	11	全卷碎損卷中第一行誤書卷第十三
結	88	佛說 爾時	陁現 至心	15	314	11	
麗	18	可知 佛言	大會 見諸	4	106	11	首四行尾一行碎損　下接生字二十一號
生	21	其諸 比丘	於佛 德佛	6	159	11	首行碎損　下接麗字五十五號
麗	55	南无 南无	廣彼 无畏	7	181	11	尾二行碎損　下接麗字六十三號
麗	63	天子 拘那	生拜 十一	6	169	11	首二行碎損
致	100	世界 下一	支佛 支佛	8	193	11	首尾碎損各二行
藏	63	心若 九十	三寶 十一	25	451	11	首七行碎損
潛	6	彼光 人常	生拜 十一	16	418	11	首六行碎損紙背有妙法蓮花經觀世音菩薩普門品十四行

爲	29	舍利南无	佛世已次	2	56	11	首五行尾六行碎損卷中又碎損十三行
菜	48	聲聞是佛	聞弟隱佛	3	52	11	首十六行尾二行碎損
海	13	迦牟禮一	七十生拜	5	136	11	
闕	22	南无三寶	南无十一	2	44	11	
閏	15	佛說三寶	南无十二	29	600	12	首尾俱全
師	58	佛說迅佛	南无王佛	2	54	12	首十一行碎損
宿	94	佛說三寶	南无十二	33	657	12	首十四行碎損 卷尾署名智照寫
辰	74	南无消滅	南无世滅	11	247	12	首二十九行碎損
冬	91	南无悔拜	南无十二	28	644	12	尾三行碎損
宇	49	南无子等	南无除大	9	243	12	首二行碎損

律	93	南无南无	悔拜十二	24	649	12	首十一行碎損
號	73	南无南无	一拜十二	21	567	12	首七行碎損
成	12	南无南无	懺悔十二	32	568	12	首八行碎損尾有沙門法瓊禮五字
雲	10	佛說南无	佛南无日	4	94	12	首八行尾四行碎損卷首誤書卷十四
成	60	南无南无	音佛王佛	6	125	12	首行碎埍
藏	22	塵數南无	佳佛力佛	3	79	12	首行碎損
宇	44	南无南无	一拜十二	19	477	12	首十六行碎損卷尾有字二行曰佛弟子僧裴法達樊法林曹寺主等奉為十方一切衆生願見聞覺知寫記經主王瀚
宙	100	王經南无	為作中无	22	485	12	首行碎損
蓋	66	苦身善可	德佛明佛	6	168	12	

宇	31	悲爲三寶	此經十二	14	366	12	
宿	22	隱佛依佛	南无上佛	9	214	12	全卷碎損
水	33	南无那佛	南无闍佛	1	29	13	
薑	75	南无三寶	南无十三	3	63	13	
地	2	佛利三寶	舍利十三	24	620	13	首行碎損首尾俱全
柰	88	佛說三寶	舍利十三	21	577	13	首尾俱全首二紙字體紙色與全卷不同或係奉持者於原紙碎去後補書卷尾有字二行曰沙門道眞修此經年十九俗姓張氏紙背騎縫上亦有此三界寺道眞念或三界兩字
調	2	佛說菩薩	舍利菩薩	12	251	13	
衣	84	佛說師佛	舍利王佛	1	26	13	尾行碎損

鱗	68	佛說住佛 舍利上佛	4	114	13	首五行碎損
鹹	50	南无智佛 南无王佛	9	166	13	首十六行尾一行碎損
黃	1	南无三寶 南无十三	25	615	13	首六行碎損
閏	56	南无三寶 南无十三	31	649	13	首十九行碎損
麗	92	南无進佛 南无行佛	3	74	13	首行碎損
文	79	佛說意佛 南无在佛	1	20	13	卷首誤書佛說名經卷十五
往	33	南无三寶 南无十三	24	573	13	首二行碎損
重	68	南无三寶 南无十三	28	497	13	首五行碎損
張	30	南无量佛 南无去佛	3	63	13	
重	34	南无嚴佛 步佛勝佛	3	53	13	首二行尾四行碎損

三		南无今日	南无三寶	6	168	13	
河	71	无見三寶	无自十三	19	435	13	首七行碎損
翔	33	南无梵慧	南无口南	3	72	13	尾十二行碎損
河	32	南无懺悔	南无道中	5	96	13	首一行碎損
生	64	南无多經	南无調經	1	28	13	
生	65	南无三寶	次禮十三	13	353	13	
劍	37	无善賢聖	无歡无成	3	87	13	首四行尾一行碎損
光	15	一文德佛	爲他去佛	9	207	13	首十二行尾九行碎損紙背雜寫四行
鹹	51	身諸三寶	是畜十三	17	311	13	
金	27	次復德佛	罪報去佛	6	168	13	

劍	13	南无見佛 南无賢聖	6	162	13	
金	84	南无三寶 南无十三	5	133	13	
光	22	月佛三寶 摩訶十三	7	145	13	首五行碎損
劍	25	南无住三 南无寶口	5	137	13	首行碎損
岡	66	又願眼佛 生功見佛	2	28	14	首四行碎損
岡	88	南无照佛 南无在佛	2	47	14	首十五行尾一行碎損
劍	80	南无煩惱 南无得出	16	317	14	首十四行碎損
歲	34	南无斯罪 勝佛十四	29	691	14	首六行碎損
玉	97	南无在佛 南无吼佛	1	26	14	首十五行碎損
海	37	南无明佛 南无愛佛	6	129	14	首八行碎損

崑 65	南无聖佛	南无提佛	2	41	14	首二行尾二行碎損
餘 64	南无斯罪	南无十四	35	670	14	首二十行碎損全卷碎損不少
文 42	无不力佛	无坐子佛	4	80	14	首三十行尾一行碎損
冬 30	南无支佛	南无支佛	6	168	14	首四行碎損全卷碎損七行
露 79	南无至无	南无界苦	24	656	14	尾八行碎損
崑 30	南无明佛	南无智佛	2	42	14	首二行碎損
水 46	南无明佛	南无愛佛	3	71	14	首六行尾一行碎損
號 15	南无明佛	南无賢聖	2	40	14	
劍 44	南无菩薩	南无界覺	2	41	14	尾行碎損
崑 63	南无支佛	南无懺悔	2	36	14	

生	15	南无斯罪禮三十四	11	524	14	
劍	18	一切德佛弟子德佛	6	113	14	首二行碎損
珠	76	切罪惟佛量无行佛	5	135	14	首五行碎損
號	70	南无成佛南无乘佛	2	39	14	
岡	29	從此錄其南无一切	12	251	14	
玉	85	南无剛佛南无王佛	2	34	14	首行碎損
冬	29	南无舉身南无沾汗	9	249	14	尾七行碎損末附有佛說罪業報應教化地獄經一段殘缺不完
劍	73	南无聲佛南无聚佛	1	27	14	尾二行碎損
號	61	南无成佛南无道佛	2	34	14	首三行尾二行碎損
崑	59	南无光佛南无佛佛	2	36	14	首尾碎損各二行

岡	12	南无從此	呪經妻經	2	27	14	首一行尾二行碎損
崑	86	毒蛇南无	首菩世界	2	28	14	首尾碎損各二行
號	21	大勢南无	對皆棄於	2	37	14	首尾碎損各一行
號	71	我一何得	斯罪十四	3	52	14	首行碎損
乃	46	體无時悔	縫鷹見故	3	64	14	卷尾碎損七行卷中又碎損二十行
露	48	佛說南无	十五藏經	30	595	15	首末俱全卷尾有淨土寺藏經長方墨印
崑	15	南无南无	斯罪十五	26	574	15	首行碎損卷中又碎損十行
鹹	27	佛說南无	斯罪十五	23	640	15	首二十六行尾二行碎損
呂	85	南无南无	藏經智經	8	209	15	首十二行碎損
稱	54	南无南无	斯罪十五	21	572	15	首九行碎損

夜	55	境界境界	斯罪十五	22	551	15	首四行碎損
河	23	南无南无	積佛王佛	1	26	15	尾行碎損
號	99	南无南无	向者報善	22	522	15	首十五行碎損卷中有硃筆校正處
重	85	南无南无	斯罪十五	20	526	15	首行碎損
騰	4	善住南无	三寶生常	18	502	15	首十四行尾四十四行碎損 附敎化地獄經
夜	57	无邊佛南	斯罪十五	17	460	15	首三行碎損
巨	33	南无南无	斯罪十五	2	53	15	
李	79	佛說南无	斯罪十六	29	660	16	首尾俱全
地	12	佛說南无	斯罪十六	33	632	16	首尾俱全 卷尾有長方墨文淨土寺藏經五字印
字	21	佛說南无	養佛勝佛	14	325	16	尾十二行碎損

珍59	佛說…斯罪	南无…十六	25	611	16	首二十行碎損　首尾俱全
閏54	南无…斯罪	南无…十六	27	653	16	首十一行碎損
閏6	南无…斯罪	南无…十六	20	524	16	首八行碎損
冬87	自從…斯罪	懷慘…十六	14	383	16	首十四行碎損
翔59	佛南…名佛	愛作…名佛	3	63	16	首九行碎損
海11	南无…自在	從此…億聲	5	140	16	尾七行碎損
黃63	南无…斯罪	南无…十六	10	229	16	
雨20	南无…如來	南无…如來	19	551	16	首二行碎損　小字
龍92	佛說…消滅	南无…諸鄣	1	24	16	此卷錄第一萬二千四百佛中三十六佛後卽接懺文四行卷首書佛說佛名經卷第十六實則第十六卷中之一部份故附於末

佛名經懺悔文 節錄三十卷本

原號	起	止	紙	行	卷	次	附記
閏 57	夫欲生良	安置士汚	15	384	1	9	
冬 95	作禮復一	悉律一令	10	235	5	12	首二行碎損卷尾有字三行五月五日惡口惡口舌自消滅急急如律令五月五日五日天中節應有口舌自消滅急急如律令五月五日天中節赤口赤舌自消滅急急如律令紙背書乙丑年正月九日寺長闍黎書記又乙丑年正月九日永安寺有戒昇闍黎書記又雜寫七行
李 42	第四次復	發慧懺悔	4	74	7		
芥 4	南无南无	罪報罪報	9	179	9	13	首五行碎損紙背有字八行畫一方

諸經佛名 卷上

原號 起 止 紙 行 附記

海64 師子水佛功德卷上 7 174 首三行碎損卷中又碎損十二行末題曰諸經佛名卷上蓋節錄之本

十方千五百佛名經 佚本 二卷

原號	起	止	紙	行	附記
閏 75	佛說現在	明佛卷上	19	509	
歲 64	南无南无	明佛卷上	23	452	首十一行碎損
地 84	南无南无	明佛卷上	18	434	首七行碎損
洪 58	南无南无	諸若量聞	4	218	首尾碎損四行
皇 50	南无南佛	相佛光佛	2	54	首二行碎損 紙背有第十四尊者伐那娑斯大阿羅漢頌
服 27	南无南无	音佛色佛	1	18	紙背有第八尊者代闍羅弗多羅大阿羅漢第十一尊者羅護羅大阿羅漢頌
官 30	金音造八	畏佛聚佛	5	103	全卷碎損 佛名上無南无字
秋 22	无六南无	內所卷下	11	527	首十三行碎損

衣　29　无王力佛　華邊神佛　6　129　首三行尾一行碎損

昃　53　南无憂苦佛　南无諸佛　21　526　首四行碎損

五千五百佛名神咒除障滅罪經　隋闍那崛多譯　八卷

原號　起　止　紙　行　附記

雲　39　南竟他一　南无莎呵　8　228　首行碎損卷中又碎損三行

賢刼千佛名經　一卷　失譯人名附梁錄

原號　起　止　紙　行　附記

霜　74　賢刦即即　南无在外　5　120　尾二行碎損卷中雖夾寫懺悔文但本經懺悔文仍缺略紙背爲佛說佛藏經與餘字五十三號緊接

致　49　南无衆集　若聞名經　21　539　全經佛名完具並增多卷首六佛卷末七菩薩名聞名敬禮功德但缺懺悔文

稱　65　南无樂佛　南无至佛　18　488　首六行碎損缺懺悔文

餘　53　本心非佛　披中比佛　16　387　首二行碎損卷中雖夾寫懺悔文但本經懺悔文仍缺略紙背佛名經後爲佛說佛藏經

冬　73　南无至佛　南无一卷　14　332　缺懺悔文

玉　45　南无蔔華　南无滐濫　1　22　缺懺悔文卷尾雜寫字一行　此卷乃冊頁

闕　29　達寶一拜　白禮悔文　10　223　首三行碎損末題賢刼千佛名經一卷卷中夾寫寶達菩薩問報應沙門經及懺文尾綴馬

頭羅刹懺悔文七字本經懺悔文仍缺

乃 62

南无音佛 1

南无德佛 14

缺懺悔文

賢刼經

西晉竺法護譯

八卷

原號 起 止 紙 行 品次 附記

玉 100 何賢 謂刼 第六 四口 15 421 聞无 持際 品品 九八

鱗 3 無白 雜蓮 第爲 六六 15 393 三三 十十 七二 品相 十品 三十 一 首九行碎損

日 83 精消 進衆 第爲 八六 6 145 十四 八無 不畏 共品 法十 十六 七 首四行碎損

敦煌刼餘錄

新會　陳垣　校錄

第三帙

維摩詰所說經　後秦鳩摩羅什譯　三卷

原號	起	止	紙	行	品次	附記
秋70	維摩 如是	而去 卷下	17	738	佛國品一 囑累品十四	十四品完全惜首十三行脫爛卷末較流通本多作禮而去一句
鱗26	婆夷 須彌	奉行 卷下	22	871	佛國品一 囑累品十四	首十一行碎損中下兩卷全較通行本卷末多作禮奉行一句
地81	嘆未 觀是	眼淨 有好	15	369	佛國品一 不思議品六	首行碎損

日	34	方便法相 談必殊師	12	399	佛國品一 文殊師利問疾品五	首五行碎損
洪	63	三萬諸佛 問疾卷上	21	588	佛國品一 菩薩品四	卷端殘闕數字
冬	69	思議毗耶 問疾第一	21	559	佛國品一 菩薩品四	首尾碎損九行
陽	78	二千智本 維摩問疾	14	584	佛國品一 菩薩品四	卷前缺去一行中間殘破亦多
騰	16	維摩如是 問疾卷上	14	582	佛國品一 菩薩品四	起處略有破損
菜	69	維摩佛國 問疾卷上	21	589	佛國品一 菩薩品四	首十行碎損紙尾有淨土寺藏經五字墨印印式長方
淡	81	維摩如是 問疾卷上	21	588	佛國品一 菩薩品四	首二十五行碎損
地	100	其名菩薩 問疾第一	19	565	佛國品一 菩薩品四	首三行碎損此卷分兩段
黃	58	身色遠踰 問疾卷上	13	573	佛國品一 菩薩品四	後半紙腐碎

宙	69	佛土 千世	任詣 問疾	16	431	佛國品一 菩薩品四	卷首殘闕數句
宙	74	網菩 菩薩	問疾 卷下	20	556	佛國品一 菩薩品四	首七行碎損
盈	14	言我 穢惡	問疾 第一	16	340	佛國品一 菩薩品四	首八行碎損
昃	10	五百 人發	問疾 第一	15	319	佛國品一 菩薩品四	
辰	44	諸天 悉見	下乞 見光	17	474	佛國品一 菩薩品四	
來	61	足功 菩薩	於深 閑處	16	348	佛國品一 菩薩品四	前數紙破損
來	88	始在 以無	問疾 卷上	18	476	佛國品一 菩薩品四	
秋	20	三轉 天人	卷上 一卷	19	521	佛國品一 菩薩品四	卷首殘破　末題 道京書
收	32	佛土 而是	問疾 卷上	16	446	佛國品一 菩薩品四	起處脫爛
收	33	大智 護法	問疾 卷上	22	588	佛國品一 菩薩品四	起處缺去一行半

收 52 世界雪山 問疾卷上 19 539 佛國品一菩薩品四 末有欵曰比丘尼蓮花心爲染患得瘥發願寫

藏 59 以偈目淨 問疾卷上 19 520 佛國品一菩薩品四 起處破碎

藏 67 始在己無 菩薩言皆 19 520 佛國品一菩薩品四 尾五十六行碎損

陽 53 何日盲者 問疾卷上 16 443 佛國品一菩薩品四 尾碎損

雨 96 勝菩子菩 摩詰問疾 13 358 佛國品一菩薩品四 卷端殘破

露 12 積善菩常 問疾卷上 20 556 佛國品一菩薩品四 卷端殘破

結 35 雪山山佛 問疾卷上 20 544 佛國品一菩薩品四 首碎損

崑 14 說行其廻 問疾卷上 16 429 佛國品一菩薩品四 首碎損

崑 23 一切不動 問疾卷上 13 526 佛國品一菩薩品四 首十一行碎損

劍	83	譬如礙若	問疾經卷	18	383	佛國品一	菩薩品四	首碎損
夜	100	嚴土文殊	問疾卷上	21	556	佛國品一	菩薩品四	
果	8	親佛目不	問疾卷上	19	534	佛國品一	菩薩品四	首碎損
珍	12	其名定自	問疾卷上	21	569	佛國品一	菩薩品四	起句之前尚有數字甚蕪亂
珍	82	菩薩說除	問疾卷上	17	452	佛國品一	菩薩品四	首碎損
重	87	佛以皆謂	問疾卷上	19	519	佛國品一	菩薩品四	
鹹	19	世音薩寶	問疾卷上	21	562	佛國品一	菩薩品四	首碎損
河	9	坐諸衆恭	問疾卷上	12	335	佛國品一	菩薩品四	
淡	82	起法生根	城我言吾	17	471	佛國品一	菩薩品四	破損處甚多
荒	64	衆生嚴衆	閔以摩詰	5	113	佛國品一	弟子品三	

日	1	言寶 薩隨	勿慙 不任	14	328	佛國品一 弟子品三	卷端有殘缺
收	67	皆謂 佛以	曾於 藐三	9	252	佛國品一 弟子品三	
爲	82	薩寶 薩慧	第三 尊大	8	203	佛國品一 弟子品三	破損
鹹	9	忍已 諸大	問疾 迦旃	11	324	佛國品一 弟子品三	首碎損
鹹	79	寶積 菩薩	捨八 切供	9	252	佛國品一 弟子品三	下接鹹六十八號甚殘破
羽	40	淨唯 哉寶	摩詰 說實	17	474	佛國品一 弟子品三	極殘破末與羽一十九號銜接紙背
							雜寫數行有一行云天復二年寫生
							索奇記
始	56	我佛 衆惡	所印 加報	4	84	佛國品一 弟子品三	首尾破碎
宙	26	維摩 如是	病惱 要當	8	215	佛國品一 方便品二	

荒	50	普得 不善	佛以 逸生	5	141	佛國品一 方便品二	首尾碎損十二行
辰	2	維摩 若在	如是 官中	7	195	佛國品一 方便品二	普通本官作宮 前數紙破損
宿	66	成就 刹利	說法 中尊	2	56	佛國品一 方便品二	破碎不堪
列	31	子菩 於佛	復有 量住	5	139	佛國品一 方便品二	
秋	100	不請 化政	怨制 在梵	7	189	佛國品一 方便品二	前二十餘行脫爛
律	60	千人 三菩	足於 提心	3	65	佛國品一 方便品二	
金	93	發行 是身	則如 轉是	3	79	佛國品一 方便品二	甚破爛
崑	21	法王 第二	能善 已曾	5	108	佛國品一 方便品二	破碎橫裂爲二截 末與崑十一號銜接
闕	13	佛以 力四	或生 法生	5	139	佛國品一 方便品二	首尾碎損

珠	28	佛時薩淨	脫三亦通	4	112	佛國品一方便品二	破爛甚多
重	66	薩成來生	剎利尊除	3	85	佛國品一方便品二	首碎損
芥	62	說法元我	帝釋尊護	5	133	佛國品一方便品二	首碎損 破爛
鱗	52	佛土所不	皆往法諸	2	44	佛國品一方便品二	首尾殘缺前與鱗五十一號聯接
羽	64	无常不受	尊除在王	1	27	佛國品一方便品二	
官	70	寶積爾時	以身也爲	1	40	佛國品一方便品二	
人	28	生則智慧	餘官以身	2	65	佛國品一方便品二	
荒	36	當知衆生	常遠漏盡	3	61	佛國品一	卷尾有殘缺
荒	38	髻菩等三	成就寶積	2	68	佛國品一	前與荒三十六號銜接卷首前十二行下半殘缺

昃	46	維摩如是	不欣共法	3	81	佛國品一	
辰	52	維摩佛國	爲諸聽善	4	99	佛國品一	末兩行缺損
張	79	爾時長者	世間希有	2	33	佛國品一	末數行殘破
暑	35	有節金剛	師子大衆	2	33	佛國品一	
歲	93	電得吼菩	解說寂行	3	62	佛國品一	破碎甚多末與餘四十九號接
餘	49	達諸爾時	時万四	3	72	佛國品一	前半碎損
爲	5	久積既見	何我舍利	3	90	佛國品一	
出	79	菩薩菩薩	法生不亡	2	40	佛國品一	首碎損
出	89	流泉現於	不欣共法	1	28	佛國品一	
夜	19	會坐坐彼	无邊以慈	2	33	佛國品一	破爛

海	74	普得菩薩 佛以施是	1	28	佛國品一	
鱗	31	維摩空也 如是時不	4	110	佛國品一	起處破爛
鱗	51	維摩本經 如是語舍	6	160	佛國品一	首尾殘破
潛	49	詰所千天 如是力諸	2	40	佛國品一	甚破爛
皇	43	維摩天下 如是乾闥	2	35	佛國品一	
皇	46	維摩現於 如是曾有	2	57	佛國品一	破爛
始	85	首此土菩 故諸慧是	2	54	佛國品一	起處殘破
制	34	來詣无量 四天喜捨	4	83	佛國品一	破碎
制	78	維摩子菩 如是千人	2	39	佛國品一	
文	17	智本皆歎 能師一切	3	60	佛國品一	起處破爛其下又復寫其中諸佛

							至施一切四句
文	21	久積其中	除八守戒	1	41	佛國品一	
乃	94	已無三轉	衆生淨則	3	70	佛國品一	殘破
衣	60	維摩如是	師子大衆	2	48	佛國品一	首尾碎損
推	81	不著遶諸	土菩國精	1	24	佛國品一	
地	10	菩提說法	善德者何	11	319	方便品二菩薩品四	全卷完整無殘破
宿	72	除其王子	問疾第一	15	393	方便品二菩薩品四	起處緊接宿六十六號筆迹亦同
宿	100	佛威主所	問疾卷上	14	412	方便品二菩薩品四	
收	17	因以身無	爾時不現	8	335	方便品二菩薩品四	首尾損破
律	19	一切一切	問疾卷上	13	364	方便品二菩薩品四	首行碎損

騰 64	朽之者如	問疾卷上	16	386	方便品二	菩薩品四	前後破碎甚多
水 54	身不浴衣	問疾卷上	14	374	方便品二	菩薩品四	起處接金九十三號
珠 7	世主財無	問疾卷上	17	403	方便品二	菩薩品四	首碎損
李 72	最執獲俗	問疾卷上	14	376	方便品二	菩薩品四	首尾殘破
日 4	道品力四	心我我不	2	64	方便品二	弟子品三	尾行碎損
月 90	力所假以	首作王位	6	178	方便品二	弟子品三	首數行碎損 前數行殘破
寒 42	病惱當死	所緣觀故	2	37	方便品二	弟子品三	
藏 39	天梵尊示	解說增此	6	168	方便品二	弟子品三	末與冬四十號銜接
藏 60	不可渴愛	何憶問佛	6	157	方便品二	弟子品三	末與藏三十五號銜接
藏 59	入治舍示	我不維摩	2	68	方便品二	弟子品三	末與歲五十三號銜接破爛甚多

號	起	止	紙數	行數	品	附記
崑11	供養提心	閦遊第三	3	60	方便品二　弟子品三	
劔19	化政後際	在梵緣故	2	56	方便品二　弟子品三	首行碎損
號58	供晨脫解	㝵遊百天	6	145	方便品二　弟子品三	首尾碎損前接　崑二十一號後接
						劔四十一號
巨29	生從切供	无所者非	2	56	方便品二　弟子品三	
珠6	是身食味	四大自性	3	67	方便品二　弟子品三	首尾碎損尾可與　闕三十一號聯接
						卷中亦多破損
鹹42	十力護彼	法集於是	7	177	方便品二　弟子品三	首碎損
鳥55	城中後際	深殖无所	3	81	方便品二　弟子品三	首尾殘破
日52	方便六通	爾時卌七	2	55	方便品二	首尾行碎損尾　與日四號銜接

來	66	摩詰虛僞 諸佛百一	2	41	方便品二	前半破碎尾可與 寒四十二號銜接
人	40	供養釋帝 礙遊護諸	2	27	方便品二	
淡	57	若聞而去 如來卷下	12	587	弟子品三 囑累品十四	起處字有模糊上 卷不全中下兩卷
						完整
鹹	76	至於顛倒 離无我我	13	325	弟子品三 文殊師利問疾品五	字體古拙不類唐 人書
黃	57	清淨維摩 生病問疾	14	359	弟子品三 菩薩品四	
宙	97	輪聖阿耨 福會乎爲	1	24	弟子品三 菩薩品四	
月	10	疾不近同 人聞恚碍	4	106	弟子品三 菩薩品四	
盈	21	其誰沙門 來不來謂	8	223	弟子品三 菩薩品四	前數行破爛
宿	76	即聞一切 空中切善	4	146	弟子品三 菩薩品四	

列	52	垢故斷故	問疾第一	12	338	弟子品三菩薩品四	首尾數行殘破
暑	74	會普也外	若彌記者	2	28	弟子品三菩薩品四	
往	94	如何淺猶	錯謬得願	5	150	弟子品三菩薩品四	前與往八十四號銜接
秋	92	菩提維摩	問疾卷上	10	257	弟子品三菩薩品四	
冬	40	二比性不	問疾卷上	8	220	弟子品三菩薩品四	
藏	35	來問敢問	問疾卷上	8	225	弟子品三菩薩品四	
歲	53	詰取等諸	問疾卷上	6	202	弟子品三菩薩品四	前半有脫爛處
律	5	家門爲晨	何憶天女	4	92	弟子品三菩薩品四	前半卷殘破
律	38	首禮多羅	問疾卷上	10	255	弟子品三菩薩品四	尾六行碎損
呂	54	輪聖福會	菩提菩提	2	44	弟子品三菩薩品四	前與歲八十七號銜接

雲	51	彼罪垢故	彌勒何夫	3	78	弟子品三菩薩品四	起處破損
致	6	比丘在內	問疾卷上	8	219	弟子品三菩薩品四	
致	52	无所動搖	問疾卷一	11	334	弟子品三菩薩品四	卷端有縐痕似曾爲水所浸
結	95	淺猶時維	問疾卷上	10	261	弟子品三菩薩品四	首碎損
爲	83	慈寧摩詰	問疾卷上	13	357	弟子品三菩薩品四	起處與爲八十二號衡接
岡	57	說出睺羅	彌勒何夫	2	56	弟子品三菩薩品四	
劔	22	疾不聞當	時維從何	2	54	弟子品三菩薩品四	破碎
闕	4	佛告佛言	得受法亦	3	84	弟子品三菩薩品四	起處可與闕一號聯接
珠	94	我言敢問	生樂和樂	6	156	弟子品三菩薩品四	尾焦脆
光	17	法無无我	是帝自恣	9	252	弟子品三菩薩品四	

珍52	入八諸佛	受記亦如	6	168	弟子品三菩薩品四	
菜28	六十伏衆	起四財起	6	168	弟子品三菩薩品四	此卷斷爲四截
薑90	律白佛言	城我言吾	5	127	弟子品三菩薩品四	破碎
鹹57	延白何憶	問疾卷上	9	255	弟子品三菩薩品四	起處接鹹九號
鹹68	養諸非有	最下多羅	11	310	弟子品三菩薩品四	
淡37	入佛食人	不求乞人	11	303	弟子品三菩薩品四	起止處殘破紙質微腐似曾受潮
潛3	法无舌身	問疾卷上	13	330	弟子品三菩薩品四	起處破損
羽29	相法義五	以者詰方	5	130	弟子品三菩薩品四	
荒13	從是任詣	不生苦義	4	58	弟子品三	首尾行碎損
荒15	无以不滅	稱述問疾	3	88	弟子品三	起處有殘缺

來 91 无法 我无 俱乞 不乃 2 42 弟子品三

來 100 不生 滅滅 妄如 見電 2 37 弟子品三

暑 38 是具 道故 捨心 入念 3 90 弟子品三

暑 40 想壞 而於 我即 義於 2 46 弟子品三

往 40 知如 此夢 量轉 福輪 2 40 弟子品三

末接與暑七十四號

往 84 七不 品在 此彼 意熒 3 90 弟子品三

卷中不住內不住外皆作不住在

成 100 然阿 不耨 然士 汝我 2 44 弟子品三

歲 22 爾弟 時子 其清 施淨 3 75 弟子品三

歲 87 佛已 告忽 難德 轉諸 2 56 弟子品三

呂 58 魔汝 共者 詰梵 足天 2 56 弟子品三

陽	50	敷演義時	解說此二	1	27	弟子品三	
雲	98	大目示其	乃可知以	2	47	弟子品三	
騰	84	何答取鉢	以者於後	1	28	弟子品三	末與雲九十八號接
生	54	佛告佛言	說其問疾	7	188	弟子品三	起處破爛
玉	93	法无无形	恥也師自	6	168	弟子品三	
出	97	爾時寧不	詣彼問疾	3	56	弟子品三	
岡	1	佛告佛言	詰足問疾	3	73	弟子品三	
劍	41	子得佛告	王位法爲	3	74	弟子品三	末與岡五十七號接
劍	47	佛告佛言	爲師勿使	2	60	弟子品三	尾碎損起處與岡一號接
闕	31	性本入八	已忽問疾	3	84	弟子品三	首碎損

翱	80	淨取波離	恥也師自	2	45	弟子品三	殘破
字	31	敬心如是	取食以何	1	26	弟子品三	
乃	73	法莫示小	如法重增	2	42	弟子品三	
裳	84	疾所巷中	亦得墮三	3	62	弟子品三	首碎損　破爛
荒	10	佛告佛言	父舍貧窮	2	49	菩薩品四	尾行碎損
荒	14	從道道塲	問疾卷上	5	115	菩薩品四	首八行碎損
荒	56	設大下賤	問疾卷上	2	42	菩薩品四	
荒	85	菩薩於是	任諸問疾	2	68	菩薩品四	首尾碎損四行
昃	38	從道場无	問疾卷上	4	115	菩薩品四	破碎甚多
餘	3	若現即時	言皆問疾	6	150	菩薩品四	首二行碎損

號	起	止	紙數	行數	品名	附記
成 71	狀如所言	稽首問疾	3	87	菩薩品四	尾紙碎損
歲 98	樂禪問疾	衆魔卷上	3	68	菩薩品四	首四行碎損
霜 30	藐三者爲	爲從切衆	4	100	菩薩品四	破碎甚多
麗 48	入城諸菩	我言詰所	5	125	菩薩品四	破碎甚
水 93	羅三各向	道意任詣	3	73	菩薩品四	尾碎損
玉 32	勒白乃可	憶念詰語	3	81	菩薩品四	破碎甚
巨 71	如也女狀	勒得稽首	2	56	菩薩品四	
稱 71	我足三藐	而語菩薩	3	83	菩薩品四	殘破前接巨七十一號
光 98	女一問疾	我已卷上	2	59	菩薩品四	
菜 60	女一問疾	我己卷上	2	59	菩薩品四	

重 36	菩提是菩	切沙人期	4	93	菩薩品四	首尾破損
龍 96	也衆得受	法時問疾	1	25	菩薩品四	前接珍五十二號紙背雜寫數行
皇 16	宴坐相好	各相皆曰	1	22	菩薩品四	破爛
衣 65	衆生慧行	問疾卷上	2	36	菩薩品四	
秋 71	文殊對深	歡喜卷下	18	621	文殊師利問疾品五 囑累品十四	首行碎損書法整潔
致 24	維摩爾時	歡喜卷下	22	551	文殊師利問疾品五 囑累品十四	完好無缺
字 35	爾時師利	法忍卷中	19	510	文殊師利問疾品五 入不二法門品九	首二行碎損
日 36	文殊爾時	法忍第二	21	583	文殊師利問疾品五 入不二法門品九	略有殘破不起處與後半筆迹不類
閏 59	今二摩詰	法忍卷中	21	579	文殊師利問疾品五 入不二法門品九	首十八行碎損
呂 74	文殊爾時	法忍卷中	21	591	文殊師利問疾品五 入不二法門品九	首十二行尾三行碎損

出	77	維摩	爾時	法忍	卷中	21	589	文殊師利問疾品五	入不二法門品九	起處微破
珍	68	維摩	爾時	法忍	卷中	21	585	文殊師利問疾品五	入不二法門品九	完全無缺
鹹	69	維摩	爾時	法忍	第二	21	591	文殊師利問疾品五	入不二法門品九	首八行碎損
地	52	死則	病譬	衆生	法忍	21	419	文殊師利問疾品五	入不二法門品九	首十行碎損
黃	80	其室	而臥	法忍	第二	21	573	文殊師利問疾品五	入不二法門品九	
洪	46	在於	菩薩	若能	法門	15	420	文殊師利問疾品五	入不二法門品九	
洪	74	於是	衆生	法忍	卷中	22	584	文殊師利問疾品五	入不二法門品九	
荒	71	不滅	行諸	法忍	卷中	17	357	文殊師利問疾品五	入不二法門品九	
月	61	切衆	者樂	者不	有識	19	421	文殊師利問疾品五	入不二法門品九	前數行碎損
盈	39	何謂	攀緣	法忍	第二	18	498	文殊師利問疾品五	入不二法門品九	前四紙半紙色白　書法工

宿	3	維摩皆從	法忍第二	19	526	文殊師利問疾品五 入不二法門品九	前二紙破碎
列	21	薩行現降	法忍卷中	17	473	文殊師利問疾品五 入不二法門品九	
往	10	釋梵摩詰	无作是隨	13	546	文殊師利問疾品五 入不二法門品九	首碎損 後半有 燒痕
調	100	病譬子病	法忍卷中	20	562	文殊師利問疾品五 入不二法門品九	
陽	40	疲厭所生	法忍卷中	14	360	文殊師利問疾品五 入不二法門品九	首碎損
陽	91	慧縛就衆	法忍卷中	17	491	文殊師利問疾品五 入不二法門品九	首破損
雨	24	菩薩滅度	法忍卷中	17	479	文殊師利問疾品五 入不二法門品九	
爲	63	是名住貪	法忍卷中	20	485	文殊師利問疾品五 入不二法門品九	
爲	91	心盡薩行	法忍卷中	15	476	文殊師利問疾品五 入不二法門品九	首碎損
麗	20	諸菩邪離	法忍卷中	21	575	文殊師利問疾品五 入不二法門品九	起處破甚 中間 亦有殘破

水	45	善說 菩薩	法忍 卷中	22	608	文殊師利問疾品五 入不二法門品九	首尾殘破太甚
玉	61	聲聞 薩行	法忍 卷二	15	323	文殊師利問疾品五 入不二法門品九	首碎損
出	18	者所 亦无	法忍 卷二	19	526	文殊師利問疾品五 入不二法門品九	
劔	82	生以 滅則	法忍 卷中	21	582	文殊師利問疾品五 入不二法門品九	起處破損
闕	61	佛解 當於	法忍 卷中	20	530	文殊師利問疾品五 入不二法門品九	
闕	94	樂生 薩於	法忍 卷中	20	549	文殊師利問疾品五 入不二法門品九	首碎損
稱	24	所謂 行於	法忍 卷中	19	419	文殊師利問疾品五 入不二法門品九	首十三行碎損
稱	6	生愛 薩亦	法忍 卷中	22	530	文殊師利問疾品五 入不二法門品九	首碎損
稱	31	調伏 故菩	祇國 就師	2	59	文殊師利問疾品五 入不二法門品九	首尾殘破
李	5	譬如 亦病	法忍 卷中	21	558	文殊師利問疾品五 入不二法門品九	首碎損

海	91	疾菩 / 滅受	法忍 / 卷二	19	510	文殊師利問疾品五 / 入不二法門品九	
鹹	15	爾時 / 殊師	是明 / 口者	19	521	文殊師利問疾品五 / 入不二法門品九	
鱗	24	牀以 / 舍見	法忍 / 卷中	21	564	文殊師利問疾品五 / 入不二法門品九	起止處殘破
宿	32	智慧 / 无不	正法 / 發于	14	407	文殊師利問疾品五 / 佛道品八	前一紙破損
夜	81	若子 / 之若	菩薩 / 垢至	13	325	文殊師利問疾品五 / 佛道品八	
黃	81	自在 / 薩行	以大 / 无遺	5	137	文殊師利問疾品五 / 觀衆生品七	
雲	52	空病 / 受而	詁无 / 當何	8	200	文殊師利問疾品五 / 觀衆生品七	
珠	35	文殊 / 爾時	第七 / 何觀	9	251	文殊師利問疾品五 / 觀衆生品七	首碎損
地	9	維摩 / 爾時	本相 / 之所	7	194	文殊師利問疾品五 / 不思議品六	首二十八行碎損
地	83	病若 / 无復	於无 / 妙功	5	141	文殊師利問疾品五 / 不思議品六	首七行碎損

月33	貪欲阿耨	法者求所	1	51	文殊師利問疾品五	末與月三十一號接
往29	是菩永滅	海水彼大	3	83	文殊師利問疾品五	首行下缺末可與張八十四號接
往51	薩不行在	法皆薩不	4	112	文殊師利問疾品五	
秋28	所得斷老	菩薩廣博	4	96	文殊師利問疾品五	
秋31	爾時俱來	切利應度	7	186	文殊師利問疾品五	
藏90	來若去者	客受於閣	7	160	文殊師利問疾品五	
騰94	雖得而不	界如其中	1	57	文殊師利問疾品五	破碎甚多附有印造佛像一紙紅色
岡26	佛威應爲	嚴飾之座	1	25	文殊師利問疾品五	
珠14	雖樂離而	无取无處	2	40	文殊師利問疾品五	尾碎損末可接巨二十三號
珠18	亦非大悲	其中思議	5	140	文殊師利問疾品五	

珍	55	身身是名	摩詰牀坐	2	42	文殊師利問疾品五 不思議品六	首碎損前接珍五十四號下接珍四
							十二號
重	30	身合心合	覺不利弗	6	153	文殊師利問疾品五 不思議品六	首碎損
河	96	文殊爾時	於无妙功	6	166	文殊師利問疾品五 不思議品六	
羽	32	諸衆愈菩	方便之門	8	121	文殊師利問疾品五 不思議品六	首碎損
翔	64	生是法是	无相住若	2	33	文殊師利問疾品五 不思議品六	起處殘缺
文	37	病不名爲	略說窮劫	5	119	文殊師利問疾品五 不思議品六	破爛不堪
服	98	衆生切衆	提心第六	4	104	文殊師利問疾品五 不思議品六	起處破爛
黃	89	憶所醫王	進是而得	3	76	文殊師利問疾品五	全卷碎損 末接黃八十一號
宙	37	喜文維摩	菩薩病亦	1	28	文殊師利問疾品五	紙色淡黃帶灰質地頗類近時洋紙

洪	42	維摩爾時	衆生文殊	2	46	文殊師利問疾品五	首行碎損
荒	42	師利菩薩	德本離諸	2	53	文殊師利問疾品五	
月	42	生病病滅	菩薩歡喜	1	32	文殊師利問疾品五	首碎損
來	58	令其文殊	二法槃不	2	58	文殊師利問疾品五	前後殘破
來	79	既入維摩	其歡伏其	2	41	文殊師利問疾品五	破碎
雲	84	有及既入	四大故於	2	45	文殊師利問疾品五	
騰	100	生心是菩	法轉菩行	1	18	文殊師利問疾品五	甚破碎
珠	15	疾何詰言	薩行薩行	4	96	文殊師利問疾品五	首尾碎損 末可接珠十四號
珍	51	諸衆愈菩	平等病苦	2	43	文殊師利問疾品五	極破碎
珍	54	薩以而取	疾常復觀	2	34	文殊師利問疾品五	首碎損 前接珍五十一號

七九

第三帙

重	44	安如利與者即有及	4	97	文殊師利問疾品五	前寫金剛經分第一解釋卷尾寫維摩詰經問疾品第五前數行
羽	66	又此若自即除起縛	1	27	文殊師利問疾品五	
羽	93	之若而說愈又說悔	1	23	文殊師利問疾品五	
翔	78	病譬无我若子滅說	1	25	文殊師利問疾品五	殘破
鳥	54	應復當住非眞生死	1	28	文殊師利問疾品五	
皇	7	空又而樂空又雖行	3	70	文殊師利問疾品五	破爛
文	96	於是其病是念病本	3	68	文殊師利問疾品五	首尾殘缺
推	7	火風故菩有病是菩	3	68	文殊師利問疾品五	起處斷爛
雲	15	是則而去无深卷下	14	505	不思議品六 囑累品十四	卷中不全卷下完好末多作禮而去

一句

月	51	知若法名	法忍卷中	17	426	不思議品六 入不二法門品九	首碎損
暑	4	可思葉聞	是爲法門	12	283	不思議品六 入不二法門品九	
冬	49	悉苞離城	法忍卷中	15	412	不思議品六 入不二法門品九	
金	98	時維上人	法忍卷二	15	413	不思議品六 入不二法門品九	首碎損
宿	89	思議輪著	如來耨多	8	228	不思議品六 佛道品八	前半紙霉污卷尾破損
張	15	舍利若廣	法忍卷中	13	358	不思議品六 佛道品八	
地	61	十方孔普	能爲不著	3	96	不思議品六 觀衆生品七	前半太破碎舊有无量壽宗要經另提出歸類
宇	50	入於解脫	福祐薩當	3	84	不思議品六 觀衆生品七	

宇	61	德成女還 三十利弗	7	196	不思議品六 觀衆生品七	前與地八十三號 銜接
洪	70	風菩毀禁 木亦衆生	2	62	不思議品六 觀衆生品七	尾有大唐等十八 字
張	84	海本厭慈 已之戒慈	3	77	不思議品六 觀衆生品七	
劒	46	知已之門 不可第七	2	52	不思議品六 觀衆生品七	
闕	78	脫之能爲 說菩著也	3	84	不思議品六 觀衆生品七	前與巨二十三號 接聯
光	7	所見衆生 能解知時	2	49	不思議品六 觀衆生品七	
皇	86	髓血勿謂 金銀仁者	3	63	不思議品六 觀衆生品七	起處破碎
衣	71	不盡故行 脫法性淨	2	43	不思議品六 觀衆生品七	末行殘破 前與 文三十七號 接
月	31	以者宿於 修道有諸	3	58	不思議品六	
月	65	諸新如是 摩詰追菩	3	64	不思議品六	首二行碎損

巨	23	捨若所若	中普議解	3	65	不思議品六	首碎損
珍	42	夫求王求	高廣燈王	2	34	不思議品六	尾碎損
李	51	吾不如來	有謂非彼	2	43	不思議品六	首碎損
乃	23	爲法言唯	子座時維	2	34	不思議品六	首尾碎損
地	18	女身在无	卷中王瀚	9	228	觀衆生品七入不二法門品九	末題奉爲西州僧道蕚寫記經生王瀚
黃	31	來求化作	法忍卷中	9	234	觀衆生品七入不二法門品九	紙尾有來慧二字當是人名
黃	42	何所來功	法忍卷中	11	307	觀衆生品七入不二法門品九	
宇	96	所惓所依	法忍卷中	11	298	觀衆生品七入不二法門品九	
列	6	多羅凡夫	法忍卷中	8	220	觀衆生品七入不二法門品九	

閏	10	第六衆生	法忍卷中	12	334	觀衆生品七 入不二法門品九	
調	60	利弗多羅	法忍卷中	9	222	觀衆生品七 入不二法門品九	首四十行碎損 字甚工整
雲	65	誰有舍利	法忍卷中	9	232	觀衆生品七 入不二法門品九	首碎損
致	12	所依功德	法忍卷中	11	306	觀衆生品七 入不二法門品九	
霜	52	此沒彼生	非肉而此	8	200	觀衆生品七 入不二法門品九	首尾碎損
霜	55	當住何所	法門等是	11	291	觀衆生品七 入不二法門品九	首尾碎損 書法圓勁
巨	26	正法此室	法忍卷中	7	270	觀衆生品七 入不二法門品九	首碎損
夜	5	二年幻師	哉乃法門	10	231	觀衆生品七 入不二法門品九	首尾碎損
光	60	兒如夢所	法忍卷中	12	322	觀衆生品七 入不二法門品九	首行碎損
珍	46	五未積滿	法忍卷中	9	267	觀衆生品七 入不二法門品九	首碎損

海100	衆生法忍	衆生卷中	13	341	觀衆生品七 入不二法門品九	首碎損卷之下端紙質微腐
荒52	羅蜜恚痴	常作識處	3	73	觀衆生品七 佛道品八	尾行碎損
往2	色相戒乃	无在示行	1	29	觀衆生品七 佛道品八	
往62	惱也海不	之法不能	3	89	觀衆生品七 佛道品八	首行碎損前與來二十六號接
劔15	師化而捨	爲正淨戒	2	40	觀衆生品七 佛道品八	
宇75	如來以聲	然慈爲聲	2	54	觀衆生品七	首五行尾行碎損中多殘破
宙86	以因法乎	故我二年	1	27	觀衆生品七	
荒23	所照女身	者不女卽	1	28	觀衆生品七	
日27	故行會不	故行六波	3	64	觀衆生品七	
來26	化毀室入	身衆之所	3	63	觀衆生品七	首行碎損前與張八十四號接

調	87	法此 羅蜜	時天 舍利	1	26	觀衆生品七	
崑	77	爾時 衆生	慈不 慈爲	2	29	觀衆生品七	
岡	89	若此 文殊	能爲 著也	1	30	觀衆生品七	前與崑七十七號接
劔	48	舍利 室如	十二 如幻	2	44	觀衆生品七	前與岡八十九號接
珠	79	舍利 室如	天問 女身	2	56	觀衆生品七	泥污甚厚前與闕七十八號接
光	66	以日 得之	女人 女色	2	28	觀衆生品七	首尾碎損
珍	39	故行 淨故	聲聞 天王	3	53	觀衆生品七	前與光七號接
荒	68	一切 一切	平等 法門	2	60	佛道品八 入不二法門品九	
冬	62	示行 示行	法忍 卷中	7	192	佛道品八 入不二法門品九	紙背題大周廣順捌年七月十一日西川善興大寺西院法主大師往西

天取經流與郡主大傳

律41	維聞法忍	維摩卷中	5	108	佛道品八 入不二法門品九	首十三行碎損
露72	者不法忍	至五經卷	6	162	佛道品八 入不二法門品九	首尾破碎
罔24	甘露智者	摧滅第九	2	33	佛道品八 入不二法門品九	前與崑一百號接
夜90	爾時爲入	此語法門	3	66	佛道品八 入不二法門品九	前與夜七十三號接
日25	爲種和安	種以苦惱	2	51	佛道品八	尾行碎損
來68	生一法忍	爾時第二	6	163	佛道品八	
崑100	乃至大利	行懈覺音	2	56	佛道品八	
珍62	諸天垢至	法皆而具	3	60	佛道品八	前接珍三十九號 後接夜七十三號
夜73	足功不能	離諸智寶	2	37	佛道品八	

雨	29	是菩問答	而去卷下	9	264	入不二法門品九 囑累品二十四	皆大歡喜下硃筆增作禮而去四字
珍	45	是出涅槃	歡喜卷下	7	265	入不二法門品九 囑累品二十四	中卷殘闕數段下卷全
洪	21	則无德守	法忍第三	4	106	入不二法門品九	首二行碎損
月	60	妙意不恚	法忍卷中	2	57	入不二法門品九	
盈	56	滅空識卽	法忍卷中	3	62	入不二法門品九	
劒	52	爾時入不	不二法門	2	41	入不二法門品九	前接岡二十四號
劒	81	電天明亦	者是法門	2	29	入不二法門品九	前接劒五十二號後接劒五十六號
劒	56	上善相身	法忍卷中	2	36	入不二法門品九	
光	27	德頂順於	法忍卷中	4	98	入不二法門品九	前接夜九十號
海	33	異以不二	法忍卷中	3	83	入不二法門品九	首碎損

羽	4	入不德藏	法忍卷中	1	26	入不二法門品九	
夜	45	華嚴起二	二法門得	1	28	入不二法門品九	首碎損
洪	82	香積於是	歡喜卷下	17	454	香積佛品十 囑累品十四	首七行碎損
列	42	維摩於是	而去卷下	16	451	香積佛品十 囑累品十四	完全無缺卷尾多作禮而去一句
列	51	香積於是	歡喜卷下	17	455	香積佛品十 囑累品十四	完好無缺
冬	33	香積於是	歡喜卷下	16	457	香積佛品十 囑累品十四	完好無缺
成	74	香積於是	歡喜卷下	13	363	香積佛品十 囑累品十四	
水	35	香積於是	而去卷下	17	456	香積佛品十 囑累品十四	間有破損
珠	43	維摩於是	而去卷下	17	460	香積佛品十 囑累品十四	卷首殘闕數行
果	66	維摩於是	歡喜卷下	17	452	香積佛品十 囑累品十四	首七行碎損

地	57	諸菩 而語	而去 卷下	17	355	香積佛品十 囑累品十四	
黃	2	可往 起或	歡喜 卷下	15	407	香積佛品十 囑累品十四	卷分兩段
宙	79	忍辱 懈怠	歡喜 卷下	6	352	香積佛品十 囑累品十四	首數行殘破
洪	79	毀禁 禪定	歡喜 卷下	13	355	香積佛品十 囑累品十四	首十六行碎損
洪	94	大衆 言勿	歡喜 卷下	16	440	香積佛品十 囑累品十四	首二十九行碎損
荒	5	說勿 前化	歡喜 卷下	16	442	香積佛品十 囑累品十四	
月	68	時維 飯以	誦解 所擁	15	434	香積佛品十 囑累品十四	首數行碎損
辰	76	小德 飯无	歡喜 第三	15	397	香積佛品十 囑累品十四	
張	70	心念 摩詰	歡喜 卷下	16	463	香積佛品十 囑累品十四	卷首殘闕
來	96	仁者 言勿	歡喜 卷下	16	342	香積佛品十 囑累品十四	

騰	96	無量歡喜天子卷下	17	447	香積佛品十	囑累品十四	後有一行云戊年四月一日寫維摩經一部畢功記之也
露	39	菩薩歡喜樓閣卷下	17	450	香積佛品十	囑累品十四	卷首破碎
爲	35	第十歡喜念日卷下	17	459	香積佛品十	囑累品十四	殘闕甚多
爲	66	門居而去於是卷下	14	392	香積佛品十	囑累品十四	
霜	10	佛爲而去香地卷下	17	450	香積佛品十	囑累品十四	首破碎尾作禮而去四字筆迹不同
淡	34	餘當歡喜得弘卷下	16	437	香積佛品十	囑累品十四	起處殘破
鱗	19	維摩而去文殊卷下	16	446	香積佛品十	囑累品十四	起處殘缺數十字
鱗	48	伏讐而去徹骨卷下	14	364	香積佛品十	囑累品十四	起處破碎
乃	80	爲十而去攝瞋卷下	15	382	香積佛品十	囑累品十四	起處破碎

秋	40	香積 於是	羅三 牟尼	12	306	香積佛品十 見阿閦佛品十二	
張	53	世尊 安不	空六 三垢	8	178	香積佛品十 見阿閦佛品十二	前數行破碎
收	51	犯戒 得罪	手得 誦解	8	230	香積佛品十 見阿閦佛品十二	
結	36	娑婆 爲樂	冥維 明照	9	244	香積佛品十 見阿閦佛品十二	首碎損
闕	97	得无 菩薩	如來 若他	5	140	香積佛品十 見阿閦佛品十二	
潛	29	恆河 士有	光出 衆冥	10	259	香積佛品十 見阿閦佛品十二	首破碎 十一號 末接淡
黃	37	於是 何食	之法 教化	4	170	香積佛品十 菩薩行品十一	
暑	55	是瞋 慳悋	佛與 矣今	2	40	香積佛品十 菩薩行品十一	首尾破損
調	3	餘終 其諸	如維 此飯	3	72	香積佛品十 菩薩行品十一	
騰	71	犯戒 得罪	意食 忍食	2	58	香積佛品十 菩薩行品十一	

生	67	香積於是	觀於不斷	8	224	香積佛品十 菩薩行品十一	
重	12	瞋恚意報	滅而善觀	5	129	香積佛品十 菩薩行品十一	首碎損
乃	30	生斯佛土	此飯聞人	3	45	香積佛品十 菩薩行品十一	首尾碎損
服	34	是瞋亂意	无我觀於	5	137	香積佛品十 菩薩行品十一	碎損
暑	39	而作諸佛	嫉報悋是	3	39	香積佛品十	前十餘行殘破
霜	58	而告佛土	淨土菩薩	2	31	香積佛品十	殘破不堪
號	91	世尊此樂	千天菩薩	3	88	香積佛品十	
柰	11	力安施作	耶離居士	1	31	香積佛品十	
制	30	功德悉飽	生而德盡	2	44	香積佛品十	
文	9	結經求是	意是戒是	3	87	香積佛品十	

宇	16	万師菩薩	報是是貪	2	33	香積佛品十	破爛
服	69	彼佛敬无	離城土等	1	28	香積佛品十	起處殘破
黃	55	遠離於无	歡喜卷下	9	236	菩薩行品十一 囑累品十四	
陽	73	色身諸佛	歡喜卷下	12	285	菩薩行品十一 囑累品十四	首碎損
雨	11	生得以樂	歡喜卷下	11	249	菩薩行品十一 囑累品十四	字體工秀
水	7	云何非度	歡喜卷下	14	326	菩薩行品十一 囑累品十四	
光	28	爲謂以无	歡喜卷下	8	242	菩薩行品十一 囑累品十四	
果	19	千諸即以	而去卷下	11	452	菩薩行品十一 囑累品十四	首碎損
騰	1	有以佛事	小刼阿耨	4	122	菩薩行品十一 法供養品十三	
辰	41	就衆名爲	滅衆闍耳	4	108	菩薩行品十一 見阿閦佛品十二	

往	39	解脫寧沒	菩薩說諸	2	35	菩薩行品十一　見阿閦佛品十二	後接署八十四號
律	3	離而喜國	无生三蕤	3	84	菩薩行品十一　見阿閦佛品十二	首二十行碎損
陽	56	難白神通	忽然彼得	7	176	菩薩行品十一　見阿閦佛品十二	
服	78	種諸說不	法不定不	2	56	菩薩行品十一　見阿閦佛品十二	
盈	35	劣想行如	佛言住无	1	29	菩薩行品十一	
寒	13	煩惱不厭	而作四攝	2	34	菩薩行品十一	
來	86	諸菩此法	正是入此	2	40	菩薩行品十一	
來	92	常念爲諸	種諸是名	2	37	菩薩行品十一	
制	13	詰從无盡	皆香法何	2	56	菩薩行品十一	
黃	44	欲以歡喜	雖生卷下	7	179	見阿閦佛品十二　囑累品十四	

辰81	彼國……而去	弗汝……一部	3	82	見阿閦佛品十二 囑累品十四	多作禮而去一句
秋81	摩詰……佛所	來及……而去	8	173	見阿閦佛品十二 囑累品十四	首尾殘破
冬5	佛即……歡喜	土所……卷下	6	148	見阿閦佛品十二 囑累品十四	
冬43	釋其……歡喜	供養……卷下	5	141	見阿閦佛品十二 囑累品十四	前接收五十一號
霜42	无爲……歡喜	忍不……卷下	8	203	見阿閦佛品十二 囑累品十四	極破碎
鹹17	爭佛……及天	國時……藐三	4	112	見阿閦佛品十二 囑累品十四	淨字氵旁擦去
淡11	維摩……羅一	照爲……而去	7	179	見阿閦佛品十二 囑累品十四	
來70	弗汝……若有	佛不……一刼	2	30	見阿閦佛品十二 法供養品十三	
呂84	三菩……養即	起之……來當	2	59	見阿閦佛品十二 法供養品十三	前接律三號後接呂五十一號
乃32	无衆……入无	欲以……至生	4	112	見阿閦佛品十二 法供養品十三	破碎

暑	84	法如何問 舉衆皆見	2	43	見阿閦佛品十二	
乃	98	不定出不 羅三牟尼	2	54	見阿閦佛品十二	首碎損
秋	9	聖一法寶 祇劫付囑	2	35	法供養品十三 囑累品十四	首尾碎損
呂	51	廣爲王如 羅三經則	2	53	法供養品十三 囑累品十四	
巨	57	轉成入大 歡喜卷下	3	86	法供養品十三 囑累品十四	首碎損
鳥	53	聳聞王寶 利舍口聞	2	51	法供養品十三 囑累品十四	殘破
鳥	59	聖所樂十 而去卷下	3	78	法供養品十三 囑累品十四	首碎損
暑	37	恭敬讚歎 闔婆諸賢	2	35	法供養品十三	前接來七十號
餘	67	夫天佛壽 生而義不	1	32	法供養品十三	首三行碎損
蓋	48	修行城邑 蓋與五劫	1	28	法供養品十三	

成 26 失善 有心 開導 是經 1 28 囑累品十四

出 90 菩提 善利 歡喜 卷下 2 40 囑累品十四

羽 96 佛所 阿僧 歡喜 卷下 1 20 囑累品十四

菜 38 維摩 如是 此國 衆皆 9 251

此卷除第六七八三紙外餘紙起訖不相聯屬第一紙佛國品第一第二紙方便品第二第三紙問疾品第五第四紙觀衆生品第七佛道品第八第五紙佛道品第八第六七八三紙菩薩行品第十一第九紙見阿閦佛品第十二

維摩經義記

原號	起	止	紙	行	品次
辰32	佛地儀軌	瓊許寫訖	32	752	問疾品五觀衆生品七
生9	從无或可	發何准知	2	63	方便品二

附記

首缺數行尾題曰維摩經義記卷第三其下署名曰釋瓊許大統三年正月十九日寫訖紙色薑黃與常不同前半破但釋名相未及經義與辰卷體例不類紙背標名曰義記或另一種姑附於此

維摩詰經雜釋

原號	起	止	紙	行	品次	附記
河 99	寶積前約	難分不約	20	614	佛國品一 弟子品三	首六行碎但釋名相末及經義與義記中生九號詳略不同紙背雜寫無關本經全卷草書後有紅字
始 78	在毗子三	州云形也	2	50	佛國品一	
潛 43	拔劍綺羅	得爲刀也	3	73	方便品二	首二行碎損雜釋方便品名相不全
服 91	釋方法雖	痛俱陵雲	2	45	方便品二	尾碎損似緊接潛四十三號之前
帝 86	相不降伏	樂也定故	5	105		尾有碎半截者雜釋名相淩亂不完

維摩經疏

原號	起	止	紙	行	品次	附記
昃26	解不結惑	也若不滿	10	223	問疾品五 佛道品八	起處破爛疏義未完體例與義記彷佛而詞氣不同卷首無名姑題曰維摩經疏
昃24	故言法化	有三人道	5	123	佛道品八 菩薩行品十一	此卷緊接昃二十六號後惟佛道品第八偈頌未完
昃23	難當法藥	種諸礙也	2	39	菩薩行品十一	此卷緊接昃二十四號後
夜43	入慧念者	伏以自之	8	64	佛國品一 弟子品三	前四行殘缺體例與昃卷相似姑附於此

羽 19 禪則如園 本迹實相 4 89 菩薩行品十一 見阿閦佛品十二 起處缺三行與昃卷不類當另一種

師 77 一句無玄 句之故今 2 43 弟子品三

帝 41 得失利物 有一明壞 2 46 弟子品三 未完

鳥 87 尊廣同故 半月一片 1 84 佛國品一 首尾不具不審與以上數卷爲一種

否紙背所寫皆釋如是我聞等義

維摩經義疏

原號　起　止　紙　行　品次

呂　96　相世不受　39　937　弟子品三
　　　　涅槃教人　　　　　菩薩品四

附記

首紙破碎疏義未完　此疏雖無科判而析義頗精且有辨正俗筆之說

本無題名姑名之義疏

維摩經解

原號	起	止	紙	行	品次
昃 50	又言方便	二者此愧	11	302	方便品二弟子品三
爲 86	上言維摩	中國蘊爲	18	117	方便品二弟子品三

附記

末三紙空白并不完備姑名之曰解

此卷寫於紙背其正面爲金光明經

前十四紙皆空白紙背維釋句義正

面維寫造像供佛功德諸經論

維摩經鈔

原號	起	止	紙	行	品次	附記
淡76	入初辱尊	性然之醜	21	603	佛國品一 弟子品三	卷中每云如疏未知爲何疏背面有字

維摩詰經頌

原號	起	止	紙	行	附記
羽3	維摩口心	无量乘音	2	29	每品作頌共十四頌

淨名經集解關中疏

原號	起	止	紙	行	品次
薑94	集解殊師	不念我遺	6	154	文殊師利問疾品五
洪34	肇曰也時	之耳卷上	25	703	弟子品三 菩薩品四
秋72	是厭摩詰	之耳卷上	28	761	弟子品三 菩薩品四
柰82	未度悲心	修奉卷下	36	1264	文殊師利問疾品五 囑累品十四

附記

此卷疏文恰可補柰八十二號之缺然中間仍缺兩行紙質堅整標題曰淨名經集解關中疏卷下資聖寺沙門道液述諸卷標題無此詳備

背硃書沙門法曇疏五字標題爲淨名經關中疏卷上可補洪卷所無惜太殘破似曾受潮破爛極多起處缺去一半不能與洪

							字秋字兩卷銜接紙質半腐
致	71	一名佛爲	之耳卷上	58	1670	釋題菩薩品四	起處殘缺然較洪秋兩卷多第一第二品紙質完好背雜寫品名相數行
致	72	歡曰之所	之耳卷上	54	1598	釋題菩薩品四	紙質完好卷末題名曰乙巳年三月廿一日比丘談哲記
薑	70	治豈解脫	師幻生也	2	68	菩薩品十一見阿閦佛品十二	卷末破爛但可據以校補柰字卷
河	53	難順德而	以隆是法	5	159	方便品二弟子品三	起處破爛可與洪秋致等卷互校
位	48	無以者標	好稻菓似	3	79	肇序佛國品一	肇序爲致卷所無但破爛不堪
往	91	悉以三此	稽首道也	5	159	佛國品一	小有殘缺
始	13	應物今報	盲也輪除	3	72	佛國品一	

字	號	首	尾	紙	行	品	備考
始	36	云有舉手	梵天衆肇	1	30	佛國品一	
字	53	辨佛辨聽	眞淨人而	2	39	佛國品一	此卷前後恰與始 字制字兩卷緊接
乃	54	信不益二	物德曰法	2	35	佛國品一	
岡	62	此二初獻	所歸四歎	3	92	佛國品一	疏文末了背有蕃 文兩行餘
歲	17	摩詰所說	前文勝而	6	180	釋題 佛國品一	疏義未完
淡	51	雖思將來	有苦着也	9	258	釋題 佛國品一	
霜	16	時也論云	二著明因	18	529	佛國品一 方便品二	前半破碎幾難上 手
制	32	見土利弗	以善益物	2	55	佛國品一 方便品二	
夜	71	疾說對治	極耳身乎	2	60	方便品二	此卷前與霜字卷 銜接但破爛
皇	3	有眞爲主	諸入樂想	1	26	方便品二	

重	20	飾茾曰欲 佛道非靜	2	42	佛道品八	首尾多殘缺
帝	90	則失即記 之境彼國	2	16	見阿閦佛品十二	有殘破但可據以校補杂字卷
潛	98	此諸衆[illegible] 釋不造有	[illegible]	6[illegible]	菩薩行品十一	疏義未完可補杂字卷脫字
裳	73	是故大乘 問疾凡夫	2	30	弟子品三	兩面有字
洪	14	滅即之耳 此實卷上	7	184	菩薩品四	首六行碎損卷尾署乙丑年三月六日七字下有花押作擾形

淨名經關中釋鈔

原號	起	止	紙	行	品次
生24	淨名 大台	自成 了本	21	495	五重釋題 佛國品一

附記

文義未了卷端標題曰淨名經關中釋鈔卷 沙門道液撰集上卷中有云爰至皇朝時移九代此經翻傳總有六譯第一後漢劉氏靈帝代臨淮清信士嚴佛調於雒陽白馬寺譯二卷名維摩詰經第二吳朝孫氏大皇帝月支國優婆塞支謙於武康譯三卷名維摩詰所說不思議法門

經　第三西晉司馬氏武帝沙門竺法護西域人解三十六國語於維陽譯一卷名維摩詰所說法門經　第四東晉惠帝西域沙門竺叔蘭元康六年維陽譯三卷名毗摩羅詰經　第五後秦姚興弘始八年三藏沙門鳩摩羅什於長安大寺譯三卷名維摩詰所說經即今所釋之本是也　第六唐朝三藏沙門玄奘貞觀二十一年於長安大慈恩寺譯六卷名無

垢稱經六譯中今惟第二五六吳秦唐三譯存餘均佚紙背寫大乘無生方便門一卷先敎發願三皈懺悔後敎觀心

閏 96 關中明也經不卷上 14 404 釋序文方便品二

標題爲關中釋鈔卷上後與藏字卷接惜起處殘破序文爲僧肇作通行本維摩經註前載之

藏 2 淨明多分弟子脫分 15 503 弟子品三觀衆生品七

卷首標題爲淨明經關中釋鈔卷下沙門道液述卷中每以關中天台二家疏義兩兩對勘

洪 11 苦可行故 當已道品 13 373 菩薩品四 觀衆生品七 首殘破末比藏字 卷完備

河 80 淨名天台 名者末了 14 365 五重釋題 第五判教相 較整齊可以校補 生字卷訛脫

崑 99 大慈問根 焉然意焉 11 315 五重釋題 第五判教相 書法嚴整

閏 100 已同現女 俯耳卷下 7 250 觀衆生品七 囑累品十四 前接藏第二號

淨名經科要

原號	起	止	紙	行	品次
騰 47	功成等覺	護行久義	7	146	文殊師利問疾品五 囑累品十四
致 62	敬承就初	悟斯斯通	8	164	佛國品一 文殊師利問疾品五

附記

此釋各品要義訖囑累品文義未了姑名爲科要

緊接騰字卷之前筆跡紙質皆同細按此兩卷文相蓋判第一第二兩品爲序分第三至第十二品分爲正宗分第十三十四兩品爲流通分每分中先詳釋各品生起次第之理趣品次略釋各品之要義頗精確

敦煌刧餘錄

新會 陳垣 校錄

第四帙

金光明經 北涼曇無讖譯 四卷

原號	起	止	紙	行	品次	附記
藏62	諸處而去	五道第四	30	992	序品一 囑累品十九	首四行碎損卷首錄有懺悔金光明經冥報傳尾有木軸
日11	滅罪異物	昔溫第一	17	449	序品一 空品五	首四行碎損卷首錄有懺悔滅罪金光明經冥報傳尾有木軸
爲69	明經異物	昔溫卷一	14	460	序品一 空品五	首四行碎損卷首錄有懺悔滅罪

金光明經冥報傳

成 13 張騎 文馬 第異 一物 17 454 空序 品品 五一 卷首 首十 錄九 有行 懺碎 悔損 滅

傳罪 金 光 明 經 冥 報

列 55 遭張 刀君 卷異 一物 16 433 空序 品品 五一 首首 錄九 有行 懺碎 悔損 滅 罪卷

金光明經冥報傳

昃 61 換驚 之怕 第異 一物 16 436 空序 品品 五一 首首 錄六 有行 懺碎 悔損 滅 罪卷

金光明經冥報傳

騰 62 一序 時品 第異 一物 14 378 空序 品品 五一

生 99 昔金 溫光 衆清 生淨 14 377 讚序 歎品 品一 四 損首 九 卷行 首尾 錄六 有行 懺碎

冥悔 報滅 傳罪 金 光 明 經

北涼譯金光明經

水39	金光如是	億生之言	4	112	序品一 懺悔品三	
河66	命故煞害	阿閦妙聲	3	75	序品一 壽量品二	首二行碎損 卷首錄懺悔滅罪金光明經冥報傳
鹹88	言之利益	異物第一	11	325	壽量品二 空品五	首二行碎損
光39	怖畏十方	德成諸切	6	159	懺悔品三 讚歎品四	首十七行尾五十五行碎損
金83	是金遠離	門等此偈	5	140	懺悔品三	
鱗27	於正生行	不現十八	18	671	四天王品六 捨身品十七	首十一行碎損
海83	金光爾時	無餘第二	17	459	四天王品六 堅牢地神品九	
崑31	著地微妙	无餘第二	16	444	四天王品六 堅牢地神品九	首十六行碎損
秋44	着地經典	无餘第二	17	446	四天王品六 堅牢地神品九	首八行碎損

闕	67	其宿求他	无餘第二	13	377	四天王品六 堅牢地神品九	首十二行碎損
盈	7	尊前佛月	資生无所	3	61	四天王品六 功德天品八	尾行碎損
光	33	佛月如來	世尊如來	3	66	四天王品六 功德天品八	
字	54	金光爾時	護世侵境	1	23	四天王品六	尾四行碎損
人	5	金光爾時	各各訟心	3	83	四天王品六	
珍	25	是經一切	浮提當知	3	67	四天王品六	首八行碎損
日	42	苦惱宣說	經時國土	3	52	四天王品六	首十三行尾行碎損
柰	80	所流諸國	奪如心貪	1	28	四天王品六	
日	54	世尊異怨	聚以女中	2	36	四天王品六	尾行碎損
珍	6	此闇等各	已種衆生	3	66	四天王品六	

洪	92	宮眷德現 熾盛德勢	2	52	四天王品六	首尾各碎一行
餘	1	養於无餘 在諸第二	13	353	四天王品六	首十五行碎損 背後有字
張	68	典於量功 采女萬億	7	152	四天王品六	首三行碎損
夜	95	等度微妙 已得故人	3	65	四天王品六	
月	66	力成復遇 爾時他佛	3	55	四天王品六	
律	51	想天是金 三天光明	4	82	四天王品六	全卷碎損
制	71	十方皆悉 佛異國當	2	42	四天王品六	
日	61	爾時即從 經典合掌	3	78	四天王品六	首尾各碎損一行
果	73	王若於世 无量讚曰	3	77	四天王品六	
張	56	那由護口 千萬第二	3	62	四天王品六	首行碎損

師	90	等故斷絕	米牙種種	1	28	大辯天神品七 功德天品八	
荒	12	令心含思	多得提內	3	72	功德天品八 堅牢地神品九	首尾各碎損一行
光	13	應供御文	无餘第二	5	106	功德天神品八 堅牢地神品九	尾有木軸
日	9	成辯安隱	无餘第二	2	44	堅牢地神品九	首行碎損
月	81	隨侍城郭	除差第三	15	413	散脂鬼神品十 除病品十五	首十七行碎損
律	81	言辭力心	天復即共	16	398	散脂鬼神品十 除病品十五	首六行碎損
呂	33	宣流經已	已得第三	11	216	散脂鬼神品十 善集品十二	首十三行碎損
致	43	護世汝今	寶勝善集	3	84	正論品十一 善集品十二	
鹹	53	於虛寶實	除差卷三	11	255	善集品十二 除病品十五	首十二行碎損 尾有木軸
始	63	尊善正法	身是第四	8	174	除病品十五 流水長者子品十六	首四行碎損

柰	63	佛告國內	而去第四	16	436	流水長者子品十六 囑累品十九	首十七行碎損
洪	89	佛告治一	而去第四	16	431	流水長者子品十六 囑累品十九	
麗	90	金光佛告	而去第四	12	437	流水長者子品十六 囑累品十九	首三十九行碎損
寒	28	時流借索	而去第四	15	297	流水長者子品十六 囑累品十九	首十七行碎損
柰	14	如來解脫	而去第四	14	378	流水長者子品十六 囑累品十九	首五行碎損
雲	76	金光佛告	其子信來	11	292	流水長者子品十六 捨身品十七	
鱗	16	者子己令	隨落愛子	10	278	流水長者子品十六 捨身品十七	首十四行碎損
盈	16	空譯无量	甚深緣令	1	28	流水長者子品十六	此卷分二段其一為法華經
重	35	復為勝如	身是第四	2	39	流水長者子品十六	此卷字體猶存隸書風味尾有木軸
歲	50	不足目未	而去第四	10	272	捨身品十七 囑累品十九	首九行碎損

河	100	夢二 而去 / 爾時 第四	6	152	捨身品十七 / 囑累品十九	
水	99	哀號 而去 / 以離 第四	3	73	捨身品十七 / 囑累品十九	首行碎損
河	85	多棄 是言 / 叉復 第五	9	242	捨身品十七 / 讚佛品十八	首二十二行碎損此卷經文之末較今本少四句尾有木軸
陽	61	必定 欲見 / 三子 賜我	5	118	捨身品十七 / 讚佛品十八	首七行尾六行碎損
玉	41	微妙 暫起 / 任作 舉手	3	69	捨身品十七	首十三行尾行碎損
鱗	25	金時 阿脩 / 已五 而去	2	65	讚佛品十八 / 囑累品十九	尾九行碎損
號	86	菩提 是言 / 南无 第五	2	29	讚佛品十八	全卷碎損尾有大統七年等字與羽三十五號同
海	69	懺悔 生人 / 昔溫 試之	3	82		此卷係錄懺悔滅罪金光明經冥報

傳首尾完具

寒 77 着探誡之不可經傳 2 53 首行碎損此卷係錄懺悔滅罪金光明經冥報傳

玉 55 懺悔誡之溫州經傳 3 83 首十三行碎損此卷係錄懺悔滅罪金光明經冥報傳

合部金光明經

隋釋寶貴合北涼曇無讖譯 八卷

原號		起	止	紙	行	品次	附記
閏	44	我今億百	於世第一	16	340	序品一 三身分別品三	首行碎損
律	32	以无如是	樂第二	18	494	懺悔品四 業障滅品五	首行碎損
張	39	尊去子菩	於世第三	12	345	陀羅尼最淨地品六	首十二行碎損
冬	35	志有現在	亦當不異	11	270	讚歎品七 依空滿願品九	首九行碎損
致	31	金光爾時	作五新淨	3	80	銀主陀羅尼品十一 大辯天品十二	首四行尾行碎損
雨	95	法高大㬈	身是第七	14	374	善集品十七 流水長者子品廿一	首五行碎損
崑	40	象背子還	歡喜第八	15	409	流水長者子品廿一 付囑品廿四	首九行碎損
黃	96	十千不久	歡喜第八	16	427	流水長者子品廿一 付囑品廿四	首行碎損

號	起	止	紙數	行數	起品	止品	附記
黃23	子還歡喜	物散第八	15	408	流水長者子品廿一	付囑品廿四	首五行碎損尾有木軸
往52	白佛歡喜	時具第八	13	347	捨身品廿二	付囑品廿四	首十八行碎損

金光明最勝王經

十卷 唐義淨譯

原號	起	止	紙	行	品次	附記
河 82	大雲破翳	第五稔甚	31	965	序品一 四天王觀察人天品十一	首七行碎損附有音義此卷小楷
字 88	金光爾時	悅歎无數	14	356	序品一 如來壽量品二	尾二十六行碎損
律 54	大唐蓋聞	鷄簫蛭日	17	471	序品一 如來壽量品二	第九至第十四行碎損此卷前有大唐中興三藏聖教序附音義
罔 78	最勝是我	少惱如來	6	159	序品一 如來壽量品二	首八行尾行碎損
官 81	金光如是	鷄簫蛭日	15	381	序品一 如來壽量品二	首二十一行尾五行碎損
號 59	制譯城鷲	四佛壽量	6	148	序品一 如來壽量品二	首五行尾三行碎損
玉 8	於最大苾	鷄簫蛭日	14	380	序品一 如來壽量品二	首三行碎損附有音義

闕	53	序品伽梵	无上舍利	8	222	序品一　如來壽量品二	首九行碎損
出	81	迦攝唯阿	二大事已	10	265	序品一　如來壽量品二	首二行尾九行碎損
日	48	常樂念現	時童頌曰	8	220	序品一　如來壽量品二	全卷寸斷
騰	70	如大行精	牟尼哉善	8	177	序品一　如來壽量品二	首八行碎損背面有字
爲	64	慈心般發	鷄簫蛭日	13	359	序品一　如來壽量品二	首八行碎損附有音義
洪	17	蜜之日無	顯現喜踊	6	110	序品一　如來壽量品二	首十三行碎損爲此係前段後段法華經
芥	25	薩淨堅固	等不非人	5	108	序品一　如來壽量品二	首十行碎損
夜	39	清淨薩大	宅之蛭日	13	338	序品一　如來壽量品二	首二行碎損附有音義
秋	26	種智轉法	舍利舍利	9	232	序品一　如來壽量品二	首三十四行碎損紙背雜寫有字

淡	1	子大菩童 矩設復作	3	64	序品一 如來壽量品二	首二十二行尾行碎損
騰	38	菩薩雲除 第說差別	9	213	序品一 如來壽量品二	卷多碎損
藏	97	僧護童子 妙幢承事	2	59	序品一 如來壽量品二	首四行尾行碎損
宇	33	晡時金光 鶴遙蛭日	11	299	序品一 如來壽量品二	首行碎損 附有音義
巨	100	佛所復有 鵝簫蛭日	3	309	序品一 如來壽量品二	首十一行碎損 附有音義
劍	67	合掌勝妙 憍慢靜讚	10	276	序品一 如來壽量品二	首十二行尾二十四行碎損
張	17	受持无不 名曰與无	5	119	序品一 如來壽量品二	首三行尾二行碎損
位	43	能爲常爲 色界千億	1	30	序品一 如來壽量品二	
金	52	若欲若以 善男衆生	3	85	序品一 如來壽量品二	尾行碎損
餘	86	法王籠於 供養恭敬	7	185	序品一	首九行碎損 前段係序文

洪	32	金光慧菩 如是不斷	2	36	序品一		尾四行碎損
雨	40	金光二乘 如是能敷	2	32	序品一		尾五行碎損此卷內分二段
淡	14	金光无量 如是壽命	4	92	序品一		全卷碎損
宙	94	金光慧菩 如是不斷	3	82	序品一		首十一行碎損
餘	83	壽阿於日 婆具頌曰	3	86	序品一		首十行碎損
麗	50	舍利子光 是等童子	2	41	序品一		首十二行碎損
金	63	如大苦難 樂奉悲意	4	89	序品一		首十八行尾行碎損
師	29	薩大連訶 薩極龍王	3	65	序品一		首八行尾十九行碎損
月	17	爾時除罪 量事之因	8	298	如來壽量品二	夢見金鼓懺悔品四	首十八行尾二十五行碎損
呂	32	有窮等諸 等舍天共	5	90	如來壽量品二	夢見金鼓懺悔品四	全卷下端碎損

藏	77	東方 四如	想憂 讀誦	2	43	如來壽量品二	首尾行碎損
光	3	威力 帝青	鷖然 行无	9	245	如來壽量品二	全卷碎損
麗	64	所作 嚴淨	故名 男子	8	210	如來壽量品二	首十八行尾二行 碎損
衣	67	有能 復不	師授 世尊	3	60	如來壽量品二	首七行尾十行碎 損
翔	87	爾時 量无	養无 何以	3	66	如來壽量品二	卷多碎損
昃	81	現斯 以故	鷉簫 蛭日	8	214	如來壽量品二	首二行尾十一行 碎損附有音義
冬	67	譬如 詣王	遙鷂 蛭日	5	115	如來壽量品二	全卷寸斷附有 音義
張	4	王家 盈滿	子許 衆生	3	81	如來壽量品二	卷多碎損
雲	11	饑饉 樂爾	鴝尤 蛭日	7	178	如來壽量品二	首二行碎損附 有音義
致	36	哉彼 我宣	紫委 蛭日	7	163	如來壽量品二	附有音義

律　88　速入以如　者於不失　7　178　如來壽量品二　首五十三行尾三十四行碎損

地　71　上世故我　一切分別　4　101　如來壽量品二　全卷碎損

潛　8　時童子即　鶴籥蛭日　6　47　如來壽量品二　首行碎損附有音義

冬　47　假使假令　分敎益有　4　93　如來壽量品二　尾六行碎損

收　60　答一善哉　益有說乃　4　89　如來壽量品二

來　83　諸佛世尊　本處第一　5　124　如來壽量品二　首六行碎損

重　65　世尊佛非　鶴遙蛭日　5　126　如來壽量品二　首十九行尾卅五行碎損附有音義　背面有字

盈　28　諸佛邊今　時四從座　4　108　如來壽量品二

推　95　一者果不　諸煩諠鬧　2　47　如來壽量品二　首十一行碎損

黃	86	往昔 說乃	本處 第一	2	39	如來壽量品二	首尾碎損
重	81	現前 有情	鵂反 蛭反	2	23	如來壽量品二	首四行碎損 附有音義
出	15	具足 婆羅	羅寶 衣裳	1	24	如來壽量品二	
騰	15	佛身 自依	耨多 除滅	5	152	分別三身品三 滅業障品五	首十九行碎損
歲	6	增不 生境	犯極 增長	8	227	分別三身品三 滅業障品五	首四十行尾三行 碎損
闕	11	金光 爾時	貌悉 世間	14	371	分別三身品三 夢見金鼓懺悔品四	首九行碎損
致	68	金光 分別	第二 羂縣	16	383	分別三身品三 夢見金鼓懺悔品四	首二十四行碎損 附有音義
寒	30	金光 爾時	歸依 懺悔	11	272	分別三身品三 夢見金鼓懺悔品四	首二十七行尾三 十行碎損
夜	54	白佛 深秘	奉行 卷二	17	404	分別三身品三 夢見金鼓懺悔品四	首四十四行碎損 尾有木軸
秋	76	昔在 修習	第二 羂縣	15	399	分別三身品三 夢見金鼓懺悔品四	首七十二行尾三 十行碎損附有

音義

崑　88　生怖卷二　相應羂縣　15　391　分別三身品三　夢見金鼓懺悔品四　首行碎損附有音義

列　75　不過第二　種種羂縣　15　395　分別三身品三　夢見金鼓懺悔品四　首九行碎損附有音義尾有木軸

劍　86　等障法輪　法身諸業　13　362　分別三身品三　夢見金鼓懺悔品四

霜　76　王經羂縣　藏菩斌寫　15　353　分別三身品三　夢見金鼓懺悔品四　首二十四行碎損附有音義末題比丘道斌寫

洪　81　不過羂縣　種種勘定　15　396　分別三身品三　夢見金鼓懺悔品四　首十一行碎損尾有弘建勘定四字附有音義

夜　79　法身福田　等障喜福　15　268　分別三身品三　夢見金鼓懺悔品四　首四行尾五行碎損

生　93　善男第二　自利果羂　16　282　分別三身品三　夢見金鼓懺悔品四　首二行尾行碎損附有音義

宙	28	中除便障	奉行第二	7	161	分別三身品三 夢見金鼓懺悔品四	首行碎損
淡	69	以故法一	依佛千生	9	237	分別三身品三 夢見金鼓懺悔品四	首三十二行尾二行碎損
闕	100	於自用故	羂縣勘了	14	378	分別三身品三 夢見金鼓懺悔品四	首二十三行碎損附有音義
劍	66	入於如如	奉行第二	14	365	分別三身品三 夢見金鼓懺悔品四	首四行碎損
暑	69	法如復次	第二羂縣	14	368	分別三身品三 夢見金鼓懺悔品四	首七行碎損附有音義尾有木軸
宙	32	在事菩薩	就宿悉皆	9	220	分別三身品三 夢見金鼓懺悔品四	首尾碎損各二十行
昃	42	十二子云	第二羂縣	15	389	分別三身品三 夢見金鼓懺悔品四	尾三十九行碎損尾有木軸
洪	87	依法爲第	第二羂縣	14	374	分別三身品三 夢見金鼓懺悔品四	首十九行碎損附有音義
餘	4	依此故不	第二銷果	3	354	分別三身品三 夢見金鼓懺悔品四	首十行尾三行碎損附有音義
盈	85	一切身說	第二羂縣	12	329	分別三身品三 夢見金鼓懺悔品四	首三十行尾四十七行碎損附有

音義

號	起	止	紙數	行數	品名	附記
河63	淨故第二	法身羂縣	13	319	分別三身品三　夢見金鼓懺悔品四	首十三行碎損附有音義尾有木軸
岡46	非明尊我	非有出大	6	140	分別三身品三　夢見金鼓懺悔品四	首二行碎損背面粘補之紙雜寫有陰社長等字
閏62	現不第二	心如羂縣	11	300	分別三身品三　夢見金鼓懺悔品四	首六行尾七十七行碎損附有音義
列82	非化第二	者二羂縣	13	311	分別三身品三　夢見金鼓懺悔品四	首十一行碎損
張38	之心奉行	皆悉第二	13	287	分別三身品三　夢見金鼓懺悔品四	粘補之紙有蓄文
日3	善男第二	金處羂縣	11	280	分別三身品三　夢見金鼓懺悔品四	首二行碎損附有音義
珍21	是法能知	分別海岸	8	210	分別三身品三　夢見金鼓懺悔品四	首十行碎損
宿93	身譬第二	能現羂縣	9	243	分別三身品三　夢見金鼓懺悔品四	

成 78 若作來之 勝尊妙法 7 175 分別三身品三 夢見金鼓懺悔品四

張 33 若作來之 第二羂縣 10 266 分別三身品三 夢見金鼓懺悔品四 首五行碎損附有音義

寒 23 如是如如 奉行第二 7 174 分別三身品三 夢見金鼓懺悔品四 首六行碎損

劍 78 根分修行 諸佛善品 2 52 分別三身品三 夢見金鼓懺悔品四 尾行碎損

陽 67 王所羅門 第二羂縣 7 189 分別三身品三 夢見金鼓懺悔品四 首四十七行尾二十一行碎損附

有音義後有蕃字

光 90 四大傷害 千界極重 1 28 分別三身品三 夢見金鼓懺悔品四 尾行碎損

裳 65 品第爾時 如離佛智 2 26 分別三身品三 首行碎損

李 69 金光爾時 故於善男 2 52 分別三身品三

麗 61 金光爾時 別法滅盡 1 27 分別三身品三 尾七行碎損

張	98	金光爾時　如離佛智	1	29	分別三身品三	首七行碎損
崑	32	金光爾時　是故三身	3	73	分別三身品三	首十八行碎損
雲	79	金光爾時　歸敬四種	8	226	分別三身品三	首十三行尾二十六行碎損
光	84	三身薩摩　身說依此	2	53	分別三身品三	全卷碎損
帝	32	三十善男　故衆出現	2	28	分別三身品三	首九行尾四行碎損
夜	69	是爲難思　之心法皆	3	74	分別三身品三	
張	41	得現是受　性是而得	3	61	分別三身品三	首十五行碎損
金	36	身說依此　故善善男	1	28	分別三身品三	
玉	84	善男第二　淨金諸用	3	61	分別三身品三	
麗	19	成就淨故　穢爲與煩	4	92	分別三身品三	首十七行尾四行碎損

珍	75	悉顯顯現	如是正法	1	28	分別三身品三	
劍	34	金性復次	不輕種善	3	79	分別三身品三	尾行碎損
重	48	性不解脫	於世策一	4	96	分別三身品三	
果	25	即便心修	現應現法	1	28	分別三身品三	
師	87	除見相障	清淨自在	2	35	分別三身品三	首二行碎損
果	62	身譬能現	怖畏死壽	1	28	分別三身品三	尾行碎損
果	23	命无散動	樂无時中	1	28	分別三身品三	
生	5	心思光明	能知能知	4	93	夢見金鼓懺悔品四	首十九行碎損
劍	40	音聲持唯	諸惡故我	2	40	夢見金鼓懺悔品四	首尾碎損 背面雜寫有字
宙	38	執桴伽他	第二緝縣	7	168	夢見金鼓懺悔品四	首七行碎損 附有音義

光	41	及以惡業	由此諸惡	1	29	夢見金鼓懺悔品四	首行碎損
崑	5	斷除諸惡	佛於諸惡	1	27	夢見金鼓懺悔品四	
地	90	能斷業難	若有集欲	3	54	夢見金鼓懺悔品四	首七行尾行碎損
珠	42	悉皆方佛	由聞家財	5	118	夢見金鼓懺悔品四	全卷碎損
號	38	一切法輪	得聞露味	3	78	夢見金鼓懺悔品四	
海	15	由聞界中	悉能隨喜	5	128	夢見金鼓懺悔品四	首七行尾二行碎損
始	26	我先諸塵	我不苦熱	2	50	夢見金鼓懺悔品四	首二行碎損
珍	77	親近懺悔	雖不隨喜	1	28	夢見金鼓懺悔品四	
龍	7	恒作歡喜	或因供養	5	99	夢見金鼓懺悔品四	首廿一行尾四十三行碎損
劍	7	我於安樂	唯願圓滿	3	56	夢見金鼓懺悔品四	卷中碎損十二行

始	91	我有我先	圓滿衆苦	3	45	夢見金鼓懺悔品四	
羽	86	常願生在	奉行第二	2	32	夢見金鼓懺悔品四	卷多碎損
李	3	願離我以	能知海岸	1	28	夢見金鼓懺悔品四	
翔	48	根速我今	所漂永竭	1	21	夢見金鼓懺悔品四	首二行尾四行碎損
地	69	常起此世	第二縃縣	4	99	夢見金鼓懺悔品四	首二行碎損附有音義
致	34	佛日牟尼	第二縃縣	4	89	夢見金鼓懺悔品四	首三行碎損附有音義
李	40	盡此毛端	所之苦惱	1	28	夢見金鼓懺悔品四	
崑	80	猶如滅諸	奉行第二	3	66	夢見金鼓懺悔品四	尾有木軸
珍	67	一切悉皆	奉行第二	2	46	夢見金鼓懺悔品四	
推	2	无塹及以	第二縃縣	3	54	夢見金鼓懺悔品四	首八行碎損附有音義

師 36	受用念水	奉行第二	1	33	夢見金鼓懺悔品四	
字 93	燒香每日	第二羂縣	2	37	夢見金鼓懺悔品四	首行碎損
皇 30	以此願此	奉行第二	1	17	夢見金鼓懺悔品四	首二行碎損末雜寫丙子年八卷月廿四日等字似係借貸帳目
淡 47	金光爾時	受持第三	12	333	滅業障品五	首末完具
芥 61	金光爾時	受持第三	12	335	滅業障品五	背面雜寫法華經
推 37	金光爾時	意稽以眞	1	27	滅業障品五	
玉 50	金光爾時	羅漢作敎	3	34	滅業障品五	尾七行碎損此係前段
玉 50	生毀一切	德亦者法	5	120	滅業障品五	全卷碎損此係後段
罔 71	三藏持正	由身和合	2	32	滅業障品五	首二行碎損

闕 3 金光 爾時 上法 如上 8 222 滅業障品五 首四行碎損

巨 27 光明 爾時 衆生 諸法 3 83 滅業障品五 首八行碎損

盈 3 最勝 爾時 受持 第三 14 334 滅業障品五 首十行碎損

張 92 經滅 分別 受持 第三 12 333 滅業障品五 首十二行碎損

月 89 金光 爾時 第三 斌寫 12 234 滅業障品五 首十行碎損附有音義尾題比丘道斌寫之五字

號 76 障品 正分 第三 暨器 12 334 滅業障品五 首十行碎損附有音義

重 92 能及 業五 第三 暨器 12 332 滅業障品五 首十九行碎損附有音義

珍 23 所住 安樂 第三 暨器 12 332 滅業障品五 首二十二行碎損附有音義

雲 93 三寶 墮地 第三 暨器 13 329 滅業障品五 首二十行碎損附有音義

宿15	佛告爲无	受持第三	12	320	滅業障品五	首七行碎損
鹹23	爾時右鄰	第三暨器	12	326	滅業障品五	首二十四行碎損附有音義
水53	佛告爲无	受持第三	12	317	滅業障品五	首七行碎損
鱗2	提者鼓吹	受持第三	11	311	滅業障品五	首行碎損
昃73	天帝欲爲	第三暨器	12	322	滅業障品五	首九行碎損附有音義
呂31	樂諸證常	第三暨器	13	310	滅業障品五	首三十行尾卅九行碎損附有音義
珍94	淸淨生由	第三暨器	12	320	滅業障品五	首八行碎損附有音義
藏15	脫安業障	第三暨器	12	317	滅業障品五	首十五行碎損附有音義尾有
						木軸
稱37	稽首殊勝眞實切衆		3	84	滅業障品五	

夜	60	衆乃希有	第三暨器	11	306	滅業障品五	首四十行碎損
列	78	利一應當	受持第三	11	323	滅業障品五	首二十七行尾七 行碎損
夜	84	勵畫合掌	益去常為	12	296	滅業障品五	首十三行碎損
呂	30	進羣以身	受持第三	13	309	滅業障品五	首十三行碎損
來	17	最勝爾時	第三暨器	12	335	滅業障品五	三十七行尾四 十八行碎損附
							有音義
暑	53	實慧悉見	受持第三	11	307	滅業障品五	
水	10	意三諸苦	受持第三	11	302	滅業障品五	首三十七行碎損
昃	32	六道窣堵	第三暨器	14	298	滅業障品五	首十五行碎損 附有音義
水	59	滅所如過	等菩滿中	4	100	滅業障品五	首行碎損

夜 85 如來悔我 依於足是 10 270 滅業障品五 尾四行碎損

調 67 已作未來 第三暨器 12 284 滅業障品五 首二行碎損附有音義

宙 63 障悉不敢 三藐爾時 9 209 滅業障品五 首尾各九行碎損

列 84 不受悉已 第三暨器 12 236 滅業障品五 首九行碎損附有音義

翔 74 菩提亦懺 法雨悉得 3 63 滅業障品五 首三行碎損

致 28 造罪多時 功德此福 5 278 滅業障品五 首五行碎損末題弟子李眶敬寫此金光明經一部十卷從乙丑年已前所有負債負命怨家債主願乘慈功德速證菩提願得解怨釋結府君等同霑此福等語

張	19	業障受持 輪王第三	10	270	滅業障品五	首行碎損
鹹	52	之罪第三 在十暨器	10	281	滅業障品五	首十二行碎損附有音義尾有木軸
果	97	王七常爲 善男小國	10	249	滅業障品五	首七行碎損
服	52	无量由其 福生自他	3	84	滅業障品五	尾二行碎損
稱	96	皆依迴施 有善出寶	4	112	滅業障品五	
列	4	不還如是 願求羅三	5	105	滅業障品五	首十五行尾六行碎損
月	35	德四如來 根悉生汝	8	188	滅業障品五	首尾碎損各二行
師	59	薩行生種 處如植衆	3	60	滅業障品五	首六行碎損
鹹	91	功德第三 德者暨器	9	217	滅業障品五	附有音義
柰	90	在安第三 之境暨器	7	261	滅業障品五	首八行碎損附有音義

月	83	爾二 不出	第三 暨器	5	180	滅業障品五	首十六行尾三行碎損附有音義
羽	44	願迴 說我	樂无 福是	6	139	滅業障品五	首四行尾五十行碎損
騰	82	隨喜 施一	第三 暨器	6	146	滅業障品五	首五行碎損附有音義
稱	51	施一 滿衆	彼世 當得	3	84	滅業障品五	
號	84	滿衆 皆无	應禛 國中	5	140	滅業障品五	
玉	9	七寶 輪所	中勸 淨修	4	100	滅業障品五	
制	41	二者 出欲	度九 盡三	5	118	滅業障品五	尾三行碎損
潛	41	於往 於世	行住 及諸	6	44	滅業障品五	首五行尾行碎損
薑	78	尊重 山此	第三 暨器	4	112	滅業障品五	首十五行碎損附有音義
海	75	界一 勸發	七種 時正	4	92	滅業障品五	首五行尾九行碎損

龍	48	畏苦一切	沙門時初	1	26	滅業障品五	首行碎損
裳	34	妙音光明	是名得四	3	56	滅業障品五	首五行尾二行碎損
制	43	說法已盡	汝等光明	3	61	滅業障品五	首三行尾行碎損
騰	76	三會他廣	何以守護	1	24	滅業障品五	
稱	66	作佛逝世	第三暨器	2	57	滅業障品五	附有音義
巨	74	所有子如	受持第三	1	26	滅業障品五	
巨	37	生所薩發	不住以過	3	84	滅業障品五	
光	77	金光爾時	姜里從木	9	369	最淨地陀羅尼品六	首十二行碎損附有音義
光	61	金光爾時	依五薩成	3	74	最淨地陀羅尼品六	首二十八行尾二十五行碎損
岡	20	金光爾時	一切者无	3	82	最淨地陀羅尼品六	首三十四行碎損

號42	金光爾時	皆當无諸	15	361	最淨地陀羅尼品六	尾七行碎損
水16	幾因世尊	者无悲定	3	78	最淨地陀羅尼品六	首九行尾行碎損
岡83	可得得過	姜里從木	16	367	最淨地陀羅尼品六	首六行碎損附有音義
乃84	金光爾時	悉見有諸	5	138	最淨地陀羅尼品六	首五十二行碎損
秋51	世尊得過	姜里從木	14	365	最淨地陀羅尼品六	首四十二行碎損附有音義
閏78	亦无可得	姜里從木	14	363	最淨地陀羅尼品六	首十六行碎損附有音義
生35	事業菩提	智波切境	1	26	最淨地陀羅尼品六	首二行尾四行碎損
服3	以故皆平	法菩切衆	4	68	最淨地陀羅尼品六	全卷碎損
淡10	得故善根	姜里從木	8	345	最淨地陀羅尼品六	首卅四行碎損附有音義尾有木軸
鳥39	一切根而	一切過一	3	67	最淨地陀羅尼品六	

鳥	43	照如羣生　醫藥者依	2	34	最淨地陀羅尼品六	首四行水漬尾四行碎損
果	7	一切根而　姜里從木	14	374	最淨地陀羅尼品六	附有音義尾有木軸
乃	9	花香言世　復依羅蜜	3	65	最淨地陀羅尼品六	首二十行尾二行碎損
宇	25	佛言皆不　於世第四	14	359	最淨地陀羅尼品六	首十九行碎損
地	50	菩提不可　於世第四	15	349	最淨地陀羅尼品六	首十行碎損第五紙尾空三行
列	40	善男心利　里反從木	14	344	最淨地陀羅尼品六	首九行碎損附有音義
秋	47	者不衆生　法等二相	5	107	最淨地陀羅尼品六	首二十行碎損
列	57	菩薩行不　於世第四	13	347	最淨地陀羅尼品六	首十行碎損
珠	23	二相菩提　從木暨器	14	352	最淨地陀羅尼品六	首三十六行碎損附有音義
秋	19	善根善男　於世第四	13	344	最淨地陀羅尼品六	首十四行碎損尾有木軸

閏	48	善根善男	姜里從木	14	344	最淨地陀羅尼品六	首十六行碎損附有音義
月	76	五靜速能	世第四	12	333	最淨地陀羅尼品六	首四十八行碎損
李	11	羅蜜來吹	王經師令	12	328	最淨地陀羅尼品六	首六行碎損
宿	54	來非不可	姜里從木	9	353	最淨地陀羅尼品六	首十五行碎損附有音義
夜	15	方便心能	五者摩訶	2	24	最淨地陀羅尼品六	首二行尾三行碎損
裳	76	生死羅蜜	蜜云心行	3	60	最淨地陀羅尼品六	首行尾四行碎損
盈	15	波羅提心	法雲惡趣	5	122	最淨地陀羅尼品六	首十三行碎損
寒	26	菩提善男	姜里從木	13	324	最淨地陀羅尼品六	首四行碎損附有音義
騰	85	一切名妙	出世所願	4	100	最淨地陀羅尼品六	首七行碎損
餘	78	心四善男	揭鞞憚你	10	248	最淨地陀羅尼品六	首十四行碎損

夜 13	善男…現三	羅蜜…種妙	3	66	最淨地陀羅尼品六	首二行尾三行碎損
制 1	波羅…一切	持戒…菩薩	4	92	最淨地陀羅尼品六	首三十八行碎損
藏 71	靜慮…詞辯	法菩…大神	5	106	最淨地陀羅尼品六	全卷寸斷
雨 73	諸善…香花	爲斷…護令	12	290	最淨地陀羅尼品六	首五行尾行碎損
岡 85	量諸…佛所	出入…尼咒	5	143	最淨地陀羅尼品六	首行尾二行碎損
水 34	出入…法雲	熟滿…死惡	3	84	最淨地陀羅尼品六	
鱗 44	見修…於世	諸法…第四	12	292	最淨地陀羅尼品六	首七行碎損尾有木軸
往 89	切相…姜里	住四…從木	11	279	最淨地陀羅尼品六	首八行尾十五行碎損附有音義
師 74	心得…地第	羅蜜…三摩	4	101	最淨地陀羅尼品六	首五行尾十二行碎損
崑 85	摩他…羅蜜	是名…義施	2	23	最淨地陀羅尼品六	全卷碎損

號	起	止	紙數	行數	品名	附記
文92	執著初地	正觀我聞	1	28	最淨地陀羅尼品六	兩面多係雜寫
秋50	道來於世	義能第四	10	248	最淨地陀羅尼品六	尾十二行碎損　尾有木軸
宙16	子菩於世	无量第三	8	214	最淨地陀羅尼品六	首二行碎損
陽33	悉皆九地	諸微尼名	6	142	最淨地陀羅尼品六	尾二行碎損
地68	品是於世	極難第四	8	213	最淨地陀羅尼品六	中多碎缺
水26	趣无滿智	明發毗從	3	84	最淨地陀羅尼品六	尾行碎損
鳥41	於六宅枳	无明莎訶	2	50	最淨地陀羅尼品六	卷中碎十七行
藏64	通未勝行	解事引噌	4	84	最淨地陀羅尼品六	尾行碎損
餘44	金光於世	爾時第四	14	368	最淨地陀羅尼品六	首百九十九行碎損
餘14	他嗢於世	里嗢第四	7	157	最淨地陀羅尼品六	全卷多破

金	26	摩哩 嚕嚕	思議 上處	3	63	最淨地陀羅尼品六	尾行碎損
海	10	人非 五障	姜里 從木	2	50	最淨地陀羅尼品六	首九行碎損　附有音義
蓋	26	障不 爾時	得見 冥貪	5	112	最淨地陀羅尼品六	尾行碎損
生	84	勺訶 阿蜜	不可 膝著	2	47	最淨地陀羅尼品六	
潛	11	无盡 怛好	恒河 誦持	2	32	最淨地陀羅尼品六	
騰	60	頞主 跋嚧	從木 眞勘	3	71	最淨地陀羅尼品六	首六行碎損　附有音義　尾題還眞勘三字
麗	32	不生 不壞	於世 第四	3	57	最淨地陀羅尼品六	首行碎損　尾有木軸
巨	39	罪障 常得	姜里 從木	2	38	最淨地陀羅尼品六	首四行碎損　附有音義
龍	20	謂無 滅通	姜里 從木	2	35	最淨地陀羅尼品六	首八行碎損

劍	85	通達无垢	姜里從木	2	34	最淨地陀羅尼品六	首行碎損附有音義
裳	24	行印現陁	於世第四	1	27	最淨地陀羅尼品六	首六行碎損
芥	63	金光爾時	受持第五	15	400	蓮華喻讚品七　四天王觀察人天品十一	
成	50	夜夢法此	第五稔任	17	401	蓮華喻讚品七　四天王觀察人天品十一	首七行碎損附有音義
月	6	夜夢法此	第五稔甚	15	399	蓮華喻讚品七　四天王觀察人天品十一	首二十五行碎損
盈	23	一切髮採	受持第五	15	392	蓮華喻讚品七　四天王觀察人天品十一	首八行碎損
宇	34	金光爾時	第五稔任	15	402	蓮華喻讚品七　四天王觀察人天品十一	首十五行碎損附有音義尾有木軸
騰	13	齒白目淨	第五稔任	15	392	蓮華喻讚品七　四天王觀察人天品十一	首九行碎損附有音義
月	71	轉旋平正	第五稔甚	15	392	蓮華喻讚品七　四天王觀察人天品十一	首十六行碎損附有音義
辰	31	毛端耎右	第五稔甚	15	384	蓮華喻讚品七　四天王觀察人天品十一	首二行碎損附有音義

果 17 眉細鼻高 受持第五 10 391 蓮華喩讚品七 四天王觀察品八 天品十一 首十行尾五行碎損末雜寫數行

蘁 39 流光佛身 受持第五 14 368 蓮華喩讚品七 四天王觀察品八 天品十一 首八行碎損

光 78 金光爾時 第五稔任 17 403 蓮華喩讚品七 四天王觀察品八 天品十一 首三十四行碎損附有音義

律 90 流光佛身 受持第五 15 368 蓮華喩讚品七 四天王觀察品八 天品十一

結 57 千古思議 第五稔甚 13 362 蓮華喩讚品七 四天王觀察品八 天品十一 首二行碎損附有音義

稱 14 量劫勝甚 第五稔甚 14 364 蓮華喩讚品七 四天王觀察品八 天品十一 首九行碎損附有音義

宙 84 我當然後 第五稔甚 13 348 蓮華喩讚品七 四天王觀察品八 天品十一 首三行碎損附有音義

㞎 84 我於三有 第五稔甚 14 341 蓮華喩讚品七 四天王觀察品八 天品十一 附有音義首十二行碎損

重 24 讚品神善 愚痴眼未 7 287 蓮華喩讚品七 依空滿願品十 首卌五行尾一行碎損背面雜寫

騰 17 行步譬肘 着二說於 7 196 蓮華喩讚品七 依空滿願品十 首十二行碎損

菜	84	以妙五蘊因斯生何	6	168	蓮華喻讚品七 依空滿願品十	首七行碎損 尾七行焦脆
成	51	既得惡業願我身形	4	96	蓮華喻讚品七 重顯空性品九	
闕	7	王經薩善佛告善女	3	82	蓮華喻讚品七 金勝陀羅尼品八	首十九行碎損
辰	88	未來朽木我以衆生	5	130	蓮華喻讚品七 金勝陀羅尼品八	首六行尾二十行碎損
羽	99	我當善女然後供養	1	29	蓮華喻讚品七 金勝陀羅尼品八	
衣	64	夢中所記讚佛懺悔	1	29	蓮華喻讚品七	首三行碎損
鱗	88	金光稔甚爾時敬寫	12	325	金勝陀羅尼品八 四天王觀察人天品十一	首三行碎損 附有音義 末題佛弟子陰性奉爲先亡父母及合家大小報願平安敬寫
重	64	心願第五金光稔任	12	323	金勝陀羅尼品八 四天王觀察人天品十一	首十五行尾一行碎損 附有音義

背面粘補之紙係雜寫

玉	5	尊復男子	第五稔任	12	320	金勝陀羅尼品八四天王觀察人天品十一	首尾碎損各三十行附有音義
潛	26	南謨南謨	受持第五	11	289	金勝陀羅尼品八四天王觀察人天品十一	字體頗秀
盈	59	過去此陀	第五稔甚	12	320	金勝陀羅尼品八四天王觀察人天品十一	首二十二行碎損附有音義
爲	26	南謨南謨	第五稔甚	13	300	金勝陀羅尼品八四天王觀察人天品十一	首二行碎損附有音義
罔	45	南謨南謨	受持第五	11	307	金勝陀羅尼品八四天王觀察人天品十一	首六十四行碎損
夜	53	讚歎阿耨	受持第五	11	292	金勝陀羅尼品八四天王觀察人天品十一	首八行碎損
珠	98	塢能求无	喜即一心	5	118	金勝陀羅尼品八依空滿願品十	首十五行碎損
呂	28	今此願求	非解眞如	6	145	金勝陀羅尼品八依空滿願品十	首十行尾七行碎損
闕	72	八欲者應	供給正覺	4	110	金勝陀羅尼品八重顯空性品九	

鳥	61	應當　嫉他	現未　折囑	1	28	金勝陀羅尼品八	
岡	8	德威　第五	意重　稔甚	10	271	重顯空性品九　四天王觀察人天品十一	首五行碎損附有音義
盈	22	今復　受持	於諸　第五	11	263	重顯空性品九　四天王觀察人天品十一	首二行碎損
稱	84	根亦　受持	託根　第五	11	252	重顯空性品九　四天王觀察人天品十一	首三十行碎損附有音義
夜	16	我故　諸法	假使　聞而	3	83	重顯空性品九　依空滿願品十	
寒	53	光耀　受持	從座　第五	8	193	依空滿願品十　四天王觀察人天品十一	首尾碎損各四行
騰	49	法界　受持	不從　第五	7	179	依空滿願品十　四天王觀察人天品十一	
雨	39	蘊能　法海	故若　勸定	7	199	依空滿願品十　四天王觀察人天品十一	首十四行碎損附有音義末題

大周長安三年歲次癸卯十月己未朔四日壬戌三藏法師義淨等翻經

						人名最末有弘義勘定四字
珠86	可執善解	第五稔甚	5	27	依空滿願品十 四天王觀察人天品十一	附有音義
調79	等衆无智	饉疫四王	4	104	依空滿願品十 四天王觀察人天品十一	首行尾五行碎損
收54	藥乂於此	第五稔甚	2	49	依空滿願品十 四天王觀察人天品十一	附有音義
劍28	阿躾功德	第五稔甚	4	81	依空滿願品十 四天王觀察人天品十一	首行碎損附有音義尾有木軸
裳100	假使所有	葉等衆車	4	85	依空滿願品十	全卷碎損
劍33	有了量行	心作廻向	2	27	依空滿願品十	全卷碎脆附有音義尾有木軸
月7	金光爾時	内人我等	8	212	四天王護國品十二	尾二行碎損
號22	金光爾時	若末受持	2	56	四天王護國品十二	
夜50	金光爾時	十善若末	2	55	四天王護國品十二	首十二行尾一行碎損

雲　48　金光　爾時　菩提　第六　16　427　四天王護國品十二　首十五行碎損　背面雜寫有字

日　57　等應　眷屬　歷可　叡芮　16　420　四天王護國品十二　首三十二行碎損　附有音義

翔　30　眷屬　持去　得第　世中　3　63　四天王護國品十二　首九行碎損

稱　42　世尊　擁護　呬致　叡芮　16　428　四天王護國品十二　首十二行碎損　附有音義

闕　5　諸佛　幷諸　樂其　功德　8　387　四天王護國品十二　首十行碎損背面粘補之紙似帳目

雲　20　饑饉　誦此　叟矩　叡芮　15　416　四天王護國品十二　附有音義

雲　30　國王　者恭　菩提　第六　13　405　四天王護國品十二　首十七行碎損

荒　19　敵自　有兵　提　第六　15　390　四天王護國品十二　首行碎損

珠　90　得有　爾時　臘盡　叡芮　15　393　四天王護國品十二　附有音義

歲　16　无量　彼怨　歷摩　叡芮　15　394　四天王護國品十二　首二十行碎損　附有音義

辰	98	合掌於未　窣孫歠芮	16	411	四天王護國品十二	首三十四行尾六十六行碎損
金	68	擁護刼修　大海殿見	4	100	四天王護國品十二	首十二行碎損
珍	72	業若來世　小卑正念	1	28	四天王護國品十二	首行碎損
收	19	思是一切　世論論世	7	158	四天王護國品十二	首二十九行碎損
文	63	王位量无　福聚量功	2	31	四天王護國品十二	
宇	30	重顯殊深　衆瞻甘露	6	158	四天王護國品十二	
夜	88	聽是妃王　王界千万	1	30	四天王護國品十二	尾二行碎損
鹹	37	亂當最勝　臘盍歠芮	14	355	四天王護國品十二	首七行碎損附有音義尾有木軸
致	18	者世生恭　自稱已名	8	193	四天王護國品十二	首十九行尾八行碎損
重	84	事尊超越　安寧賊盜	11	297	四天王護國品十二	首二行尾行碎損

果	78	來現 地獄	大法 護是	3	84	四天王護國品十二	
珍	56	來現 地獄	善男 苦行	2	56	四天王護國品十二	首二行碎損
巨	68	千萬 无邊	山王 可測	10	264	四天王護國品十二	首五行尾三行碎損
官	72	堅牢 神大	舊善 惡事	1	28	四天王護國品十二	此係前段
官	72	大將 海龍	佛土 是時	1	17	四天王護國品十二	此係後段
玉	96	辯才 十八	拏加 叡芮	13	195	四天王護國品十二	首三行碎損 附有音義
水	63	彼香 光明	經王 眷屬	4	113	四天王護國品十二	尾行碎損
雲	31	億四 世界	一心 烟不	7	150	四天王護國品十二	首二行尾六行碎損
光	24	具足 坐菩	大法 護是	1	28	四天王護國品十二	
來	38	男子 具足	鞞般 叡芮	10	266	四天王護國品十二	首三十五行碎損 附有音義

珍	91	王除 諸惡	以故 切是	2	55	四天王護國品十二	
爲	3	輪帝 世尊	與供 兒形	5	128	四天王護國品十二	
玉	27	內所 大威	先當 施財	3	49	四天王護國品十二	首六行尾五行碎損
歲	100	仙人 世尊	朧盡 歡芮	9	207	四天王護國品十二	全卷上端碎損附有音義
致	59	俱胝 諸瞻	於月 八日	5	99	四天王護國品十二	首尾碎損
光	42	故名 爾時	矩麼 歡芮	7	179	四天王護國品十二	附有音義
霜	92	爾時 无量	之聚 樂心	7	176	四天王護國品十二	首行尾六十二行碎損
冬	99	爾時 如意	讌咸 歡芮	7	170	四天王護國品十二	首行碎損尾有餘紙
翔	1	五通 衆生	蹇矩 歡芮	8	187	四天王護國品十二	全卷碎損
柰	62	喇拽 咒誦	呬致 歡芮	8	53	四天王護國品十二	首二行碎損附有音義

霜	5	是禮尼寶	致鞭叡留	6	147	四天王護國品十二	首行碎損　附有音義
雲	74	王即南謨	盡不諂害	1	29	四天王護國品十二	
裳	29	王即南謨	閣也耶囊	2	52	四天王護國品十二	首七行尾行碎損
玉	62	天王南謨	於佛像於	2	42	四天王護國品十二	首行尾二行碎損
罔	30	怛姪羯囉	一足一切	7	225	四天王護國品十二	尾四行碎損
雲	77	之心又持	雙足功德	2	56	四天王護國品十二	
位	33	常無通自	未那莎訶	2	27	四天王護國品十二	
致	16	日於膠雜	違惱此經	3	69	四天王護國品十二	首行尾四行碎損
藏	50	養即或作	窶矩叡芮	4	80	四天王護國品十二	附有音義
玉	68	咒皆无不	安隱憂怖	3	44	四天王護國品十二	首尾碎損

光 54	持咒叉祁	致鞔叡芮	3	67	四天王護國品十二	
雲 13	佛面目淨	樂具功德	1	28	四天王護國品十二	尾三行碎損
文 30	持咒叉人	唲致叡以	3	67	四天王護國品十二	首四十七行碎損附有音義
雲 1	譬如最勝	菩提第六	1	29	四天王護國品十二	尾四行碎損
騰 79	大自眷屬	爲人百千	2	40	四天王護國品十二	全卷碎損
致 17	使退是念	灾厄亂當	2	47	四天王護國品十二	全卷碎損
字 11	德具恭敬	養過三世	2	41	四天王護國品十二	全卷碎損
重 82	金光爾時	知之第七	16	396	无染着陀羅尼品十三 大辯才天女品十五之一	首十四行碎損
崑 50	哉善重大	杞已慈光	15	395	无染着陀羅尼品十三 大辯才天女品十五之一	首八行碎損附有音義末題弟子沙彌慈光

唐譯金光明經

巨	30	无染爾時	藉入杞反	15	410	无染着陀羅尼品十三大辯才天女品十五之一	首十六行碎損附有音義
珠	75	說若无異	藉入杞已	15	379	无染着陀羅尼品十三大辯才天女品十五之一	首三十一行碎損附有音義
宇	67	是諸密意	嚴身稱滿	16	368	无染着陀羅尼品十三大辯才天女品十五之一	首三十三行尾二十行碎損
宿	90	阿鞞蘇尼	福无前後	14	365	无染着陀羅尼品十三大辯才天女品十五之一	首五行尾二行碎損
盈	100	蘇阿溫波	蠶作杞已	14	372	无染着陀羅尼品十三大辯才天女品十五之一	首十一行碎損尾有木軸
麗	34	蘇尼阿毘	相依聞響	11	293	无染着陀羅尼品十三大辯才天女品十五之一	首十六行碎損
河	68	婆䭾佛告	知之第七	14	361	无染着陀羅尼品十三大辯才天女品十五之一	首十八行碎損
黄	75	末你訶囉	入蠶杞已	14	371	无染着陀羅尼品十三大辯才天女品十五之一	首廿六行尾卅八行碎損附有音義
雲	81	无異知是	蠶含杞已	15	380	无染着陀羅尼品十三大辯才天女品十五之一	前二百七十五行碎損
爲	92	金光爾時	第七杞已	16	395	无染着陀羅尼品十三大辯才天女品十五	附有音義

列	33	金光无染	皆得善解	6	156	无染着陀羅尼品十二 如意寶珠品十四	尾三十四行碎損
月	15	金光爾時	羅尼終无	5	138	无染着陀羅尼品十三 如意寶珠品十四	首十二行碎損
菜	73	金光金光	彈茹茶哩	4	110	无染着陀羅尼品十三 如意寶珠品十四	
官	56	金光爾時	佛无應知	1	21	无染着陀羅尼品十三	尾行碎損
師	67	金光爾時	是咒遠離	4	103	无染着陀羅尼品十三	首六十一行碎損
冬	8	金光爾時	喇尼那麼	1	27	无染着陀羅尼品十三	全卷碎損
巨	73	人即消殄	善哉通智	10	227	如意寶珠品十四 大辯才天女品十五之一	
宿	56	爾時起偏	千界无畏	9	236	如意寶珠品十四 大辯才天女品十五之一	首十四行尾六行 碎損
號	95	怛姪惡叉	作自舍之	11	268	如意寶珠品十四 大辯才天女品十五之一	首七行碎損附 有音義
月	58	雷電皆遠	莎訶莎訶	3	83	如意寶珠品十四 大辯才天女品十五之一	

皇　92　咄喝鉢喇　天王白佛　2　41　如意寶珠品十四　首尾碎損各一行

制　44　企乂住處　往世世主　12　289　如意寶珠品十四　首九行尾二行碎損

乃　36　咒奉受當　矩覩鼻麗　3　54　如意寶珠品十四　首行碎損

果　11　才摩辯才　第八柱主　16　389　大辯才天女品十五之一正法正論品二十　首五行碎損　附有音義

字　48　曰一咒曰　咒曰呬麗　1　25　大辯才天女品十五之一　首四行碎損

麗　72　方入香湯　等伏益壽　7　209　大辯才天女品十五之一　首二十五行碎損　末題大上府君平等大王五道大神天曹地府伺命伺錄士府水官行病鬼王并役使府君諸郎君及善知識胡使錄公使者檢部歷官舅母關官保人　附有音義

可轉及新三使風伯雨師等伏願哀垂納受功德乞延年益壽

裳 41 若有悉皆 若依諸聽 2 28 大辯才天女品十五之一

月 2 塞建千界 泥攞无畏 3 83 大辯才天女品十五之一

帝 11 塞建生願 尼攞中居 1 28 大辯才天女品十五之一

服 64 者皆思議 爾時所著 3 68 大辯才天女品十五之一

裳 18 諸天亡孔 唯願乃禮 1 25 大辯才天女品十五之一

尾附有河西節度門徒兼攝沙州釋門法師沙門恒安與亡孔侍御寫此金光明經一部癸此一份訖等語

荒 25 諸佛蠶舍 宣說杞已 4 97 大辯才天女品十五之一

附有音義

乃	82	諸佛聞持	若見界中	2	58	大辯才天女品十五之一	尾八行碎損
薑	6	眼他誠心	婆羅門復	2	50	大辯才天女品十五之一	首二行尾三行碎損
淡	67	坑中茸入	怖畏杷已	2	31	大辯才天女品十五之一	首五行尾七行碎損
來	52	是裕知之	內咒第七	8	190	大辯才天女品十五之一	全卷碎損
律	82	金光在力	爾時天上	13	349	大辯才天女品十五之二 正法正論品二十	首九行碎損
調	82	金光散失	爾時法死	14	368	大辯才天女品十五之二 正法正論品二十	首九行碎損
巨	90	妙言第八	滯者柱反	18	409	大辯才天女品十五之二 正法正論品二十	首四行碎損附有音義
歲	35	敬禮第八	獨覺柱主	13	398	大辯才天女品十五之二 正法正論品二十	首二行碎損附有音義
閏	49	金光第八	爾時柱主	15	413	大辯才天女品十五之二 正法正論品二十	首二十行碎損附有音義尾有木軸
崑	60	諸佛奉持	才圣第八	15	391	大辯才天女品十五之二 正法正論品二十	首六行碎損

列 43 諸藥 所有 第八 柱主 14 387 大辯才天女品十五之二 正法正論品二十 附有音義

荒 8 敬禮 敬禮 第八 柱主 14 379 大辯才天女品十五之二 正法正論品二十 首行碎損 附有音義

闕 32 敬禮 願我 第八 柱主 14 378 大辯才天女品十五之二 正法正論品二十 首十行碎損 附有 音義 尾有木軸

雲 33 唯願 願令 第八 柱主 12 379 大辯才天女品十五之二 正法正論品二十 首六行碎損 附 有音義

鹹 85 滯速 辯由 第八 柱主 14 379 大辯才天女品十五之二 正法正論品二十 首七行碎損 附 有音義

珠 45 者天 罪佛 第八 柱主 14 376 大辯才天女品十五之二 正法正論品二十 首十行碎損 附 有音義

人 1 辯才 羅門 不速 量俱 4 126 大辯才天女品十五之二 僧慎爾耶藥叉品十九 首三十行碎損

地 40 所有 敬禮 弭雜 第去 11 271 大辯才天女品十五之二 僧慎爾耶藥叉品十九 首廿九行碎損

往 49 金光 爾時 已著 或有 9 228 大辯才天女品十五之二 堅牢地神品十八 首十四行碎損

黃 29 大士 所說 盛光 是身 5 128 大辯才天女品十五之二 堅牢地神品十八 首尾碎損

李	25	敬禮 獨覺	彼所 念威	3	65	大辯才天女品十五之二 大吉祥天女品十六	首九行尾三行碎損
位	31	已於 者悉	永除 佛世	3	68	大辯才天女品十五之二 大吉祥天女品十六	首八行尾四行碎損
寒	94	日月 斯等	分供 食佈	4	108	大辯才天女品十五之二 大吉祥天女品十六	首尾碎損各一行
成	85	爾時 士若	有瑠 正等	1	24	大辯才天女品十五之二 大吉祥天女品十六	
致	75	金光 爾時	恩語 成就	2	43	大辯才天女品十五之二	
鳥	83	金光 爾時	辯才 辯才	1	21	大辯才天女品十五之二	
官	32	金光 爾時	辯才 辯才	2	54	大辯才天女品十五之二	
皇	69	諸母 諸藥	伽等 礙辯	1	25	大辯才天女品十五之二	
服	20	敬禮 敬禮	成佛 天衆	1	17	大辯才天女品十五之二	
珍	19	來應 諸善	唎使 頞他	2	60	大吉祥天女品十六 天女增長財物品十七	首四行碎損

月	86	世尊已即	第八杜主	10	275	天女增長財物品十七 正法正論品二十	首十行碎損 有音義 附
雲	96	成就衆生	尼隨藏及	3	84	天女增長財物品十七 堅牢地神品十八	首四行碎損
來	5	養三列香	布之或僧	4	103	天女增長財物品十七 僧愼爾耶藥义品十九	首行碎損
鱗	56	共作是攝	第八杜主	8	218	堅牢地神品十八 正法正論品二十	附有音義
陽	11	求神異論	行第八	7	188	堅牢地神品十八 正法正論品二十	
雨	36	處爲緣一	悲哀人王	5	124	堅牢地神品十八 正法正論品二十	首三十二行碎損
海	32	舍利八日	與資食衣	3	73	堅牢地神品十八 僧愼爾耶藥义品十九	尾行碎損
師	3	法師共作	百千逕諸	1	25	堅牢地神品十八	
寒	17	住處部藥	即爲論曰	3	78	僧愼爾耶藥义品十九 正法正論品二十	
芥	17	業者有情	口持第八	5	136	僧愼爾耶藥义品十九 正法正論品二十	首六行碎損

號		起		止		紙數	行數	品		附記
宇	95	訶訶	呼呼	第八	杜主	5	121	僧慎爾耶藥义品十九	正法正論品二十	附有音義
張	95	求令	我當	散失	流行	3	67	僧慎爾耶藥义品十九	正法正論品二十	尾行碎損
果	44	沒彼	明及	义形	方壇	1	27	僧慎爾耶藥义品十九		
闕	71	得聞	保安	惡報	惡報	2	28	正法正論品二十		首尾碎損
來	11	我說	一切	奉持	第八	3	76	正法正論品二十		尾有木軸
成	90	國人	若見	奉行	第八	3	60	正法正論品二十		
制	69	生敎	羅刹	第八	杜主	3	66	正法正論品二十		首九行碎損附有音義
律	35	金光	爾時	歡喜	第九	16	443	善生王品二十一	長者子流水品廿五	首五行碎損尾有木軸
夜	64	生王	世尊	第九	梢交	16	442	善生王品二十一	長者子流水品廿五	首二行碎損附有音義
露	41	金光	爾時	皆當	名號	18	441	善生王品二十一	長者子流水品廿五	尾六十行碎損背面寫有帳目

呂	77	說伽輪王	第九梢交	16	437	善生王品二十一長者子流水品廿五	首四十九行碎損附有音義
鹹	95	又於於彼	第九梢交	16	434	善生王品二十一長者子流水品廿五	首六行碎損附有音義
來	28	處坐爾時	十二如來	15	385	善生王品二十一長者子流水品廿五	首八行尾三行碎損
霜	73	宮往供養	第九梢交	16	427	善生王品二十一長者子流水品廿五	首二十五行碎損
日	12	夜夢處坐	第九梢交	18	428	善生王品二十一長者子流水品廿五	首三百三十一行碎損附有音義
騰	61	時王唯願	第九梢交	18	422	善生王品二十一長者子流水品廿五	首十行碎損附有音義
生	88	復有法師	第九梢交	15	409	善生王品二十一長者子流水品廿五	首七行碎損附有音義
洪	83	天主百千	第九梢交	15	404	善生王品二十一長者子流水品廿五	首十行碎損附有音義
張	14	所有即便	折你枳你	12	317	善生王品二十一長者子流水品廿五	首十二行尾二行碎損
水	70	即我大地	第九梢交	16	388	善生王品二十一長者子流水品廿五	首九行碎損附有音義

岡 35	所有第九 即便梢交	15	393	善生王品二十一 長者子流水品廿五	首十六行碎損 尾有木軸
霜 78	周遍得蠲 王於復有	9	252	善生王品二十一 除病品二十四	首十四行碎損
號 94	又於提同 於彼香山	7	277	善生王品二十一 授記品二十三	首四行碎損
菜 51	光明千善 能持那庾	7	173	善生王品二十一 授記品二十三	首三行尾行碎損
呂 88	時王地神 唯願勤苦	7	175	善生王品二十一 授記品二十三	首八行尾行碎損
暑 28	金光歡喜 爾時是人	5	129	善生王品二十一 諸天藥叉護持品廿二	首六十三行碎損
寒 11	出世思議 王化那爲	5	79	善生王品二十一 諸天藥叉護持品廿二	首二十八行尾三行碎損
張 87	今可充遍 所有池中	5	99	善生王品二十一 諸天藥叉護持品廿二	首二行尾行碎損
河 45	部洲大地 財者令上	4	92	善生王品二十一 諸天藥叉護持品廿二	首八行碎損
衣 95	金光安樂 爾時洲中	2	51	善生王品二十一	

金 96	我於妙法	所愛光明	1	21	善生王品二十一	首二行碎損
闕 98	議廣第九	了三稍交	15	368	諸天藥叉護持品廿二 長者子流水品廿五	附有音義
芥 27	爲聽第九	能滅稍交	14	355	諸天藥叉護持品廿二 長者子流水品廿五	首二十五行碎損 附有音義
服 66	是人如來	隨是記當	5	115	諸天藥叉護持品廿二 授記品廿三	首二行尾行碎損
制 72	是人坐一	如是來世	2	56	諸天藥叉護持品廿二 授記品廿三	
闕 18	此大千菩	如是那庾	3	61	諸天藥叉護持品廿二 授記品廿三	
荒 45	於斯三菩	於此信受	3	54	諸天藥叉護持品廿二 授記品廿三	首三行尾三行碎損
服 54	於斯不離	法師眷屬	2	42	諸天藥叉護持品廿二	
雲 61	及以大地	成就十八	3	45	諸天藥叉護持品廿二	首尾碎損各一行
藏 18	梵王大地	无熱順時	3	54	諸天藥叉護持品廿二	首三十四行碎損

翔	69	蘇羅訶利	大地順時	1	27	諸天藥叉護持品廿二	卷多碎損
皇	12	遍此若此	天子手足	2	35	諸天藥叉護持品廿二	
號	92	爾時三十	是十髮佛	7	159	授記品廿三　長者子流水品廿五	
爲	99	尊是世尊	大慈歡喜	5	156	授記品廿三　長者子流水品廿五	背面記錄布疋長短帳目
藏	16	頭目殿園	計梢口交	11	253	授記品廿三　長者子流水品廿五	尾二十七行碎損附有音義
致	42	善女修己	第九梢交	10	270	授記品廿三　長者子流水品廿五	首尾碎損附有音義
昃	18	大菩因緣	池中魚並	9	223	授記品廿三　長者子流水品廿五	首九行尾二行碎損
闕	91	多佛得受	悉得復有	3	84	授記品廿三　除病品廿四	
柰	3	過无明世	膩甜由生	3	84	授記品廿三	
雨	23	云何衆生	於此已生	3	67	除病品廿四　長者子流水品廿五	首十六行尾三行碎損

霜	69	佛告 之是	歡喜 第九	9	234	除病品廿四 長者子流水品廿五	首二紙碎損
來	48	癐種 於此	子漸 見諸	2	47	除病品廿四 長者子流水品廿五	首尾行碎損
裳	8	其本 吐捻	尼口 僧塞	4	86	除病品廿四 長者子流水品廿五	首五行尾一行碎損
律	9	言慰 知方	第九 梢交	7	168	除病品廿四 長者子流水品廿五	附有音義
雨	67	无量 詣長	王命 緣昨	2	56	除病品廿四 長者子流水品廿五	
夜	34	无量 詣長	及以 時而	2	56	除病品廿四 長者子流水品廿五	
雨	21	佛告 是十	鑿方 中能	2	26	除病品廿四	尾八行碎損
鳥	100	食後 既識	善女 治病	1	25	除病品廿四	
暑	18	爲取 不令	水復 此有	2	42	長者子流水品廿五	首三行尾二行碎損
闕	96	子受 說如	王至 天晚	3	76	長者子流水品廿五	尾九行碎損

餘 100	名然當爲	信髮壽多	3	64	長者子流水品廿五	首尾殘損各一行
往 95	爲池健提	生故徒合	2	34	長者子流水品廿五	首尾碎損各一行
往 77	達沓沒還	頞剌王至	2	24	長者子流水品廿五	尾二行碎損
重 42	子爲相王	彼池二子	1	31	長者子流水品廿五	首行碎損
往 14	天宮第九	天曉梢交	2	32	長者子流水品廿五	首二行碎損 有音義
推 27	諸大第九	瑞相梢交	2	31	長者子流水品廿五	首行碎損附有 音義
鳥 72	陁羅第九	明普梢交	2	37	長者子流水品廿五	首行碎損
雨 63	夜亦歡喜	定應第九	1	24	長者子流水品廿五	尾有年月題名
金 94	金光第十	爾時鯁杏	15	407	捨身品廿六 付囑品三十一	首二十二行碎損 附有音義
爲 100	金光奉行	金光卷十	9	264	捨身品廿六 付囑品三十一	

河	41	金光 爾時	他曰 使天	14	378	捨身品廿六 付囑品三十一	首二行尾三行碎 損
闕	39	金光 爾時	間爾 他曰	13	361	捨身品廿六 付囑品三十一	首三行尾八行碎 損
果	10	一林 其處	第十 技粉	15	405	捨身品廿六 付囑品三十一	首九行碎損 附 有音義
歲	63	名花 可於	第十 鯁杳	15	406	捨身品廿六 付囑品三十一	首十一行碎損
官	61	至般 棘名	第十 枚粉	17	405	捨身品廿六 付囑品三十一	首二十三行碎損
鹹	81	菩薩 尊即	第十 鯁杳	15	400	捨身品廿六 付囑品三十一	首三十四行碎損 附有音義
稱	78	汝等 是无	第十 鯁杳	14	385	捨身品廿六 付囑品三十一	附有音義
岡	82	此是 身心	奉行 第十	14	363	捨身品廿六 付囑品三十一	
藏	91	子亦 於中	第十 鯁杳	14	369	捨身品廿六 付囑品三十一	首十行碎損 附 有音義
雨	92	饑渴 常所	第十 鯁杳	13	359	捨身品廿六 付囑品三十一	首十一行碎損 附有音義

羽	35	身心八天	時諸淨土	15	370	捨身品廿六　付囑品三十一	首九行碎損附有音義尾題大統七年比丘輪伽學陀奉持爲人天懺業永居淨土等語俟考
調	75	常修歡喜	汝等奉行	14	384	捨身品廿六　付囑品三十一	首五十九行碎損
號	97	覺涅第十	死休鯁杏	12	333	捨身品廿六　付囑品三十一	首十二行碎損附有音義
收	90	我聞第十	餓苦枚粉	11	302	捨身品廿六　付囑品三十一	附有音義
秋	69	出城第十	臣前鯁杏	10	277	捨身品廿六　付囑品三十一	首行碎損附有音義
黃	76	游賞第十	灾厄鯁杏	11	268	捨身品廿六　付囑品三十一	首四行碎損
稱	98	不祥第十	夫人鯁杏	11	284	捨身品廿六　付囑品三十一	首八十四行碎損附有音義
署	7	投地他曰	吹倒此經	10	240	捨身品廿六　付囑品三十一	首四十一行碎損

陽 63	禁止我先	第十鯁杏	8	217	捨身品廿六付囑品三十一	首二十七行碎損附有音義
收 69	悶絕俱起	第十枚粉	4	122	捨身品廿六付囑品三十一	首八行碎損附有音義
歲 30	子今餓虎	奉行第十	8	194	捨身品廿六付囑品三十一	首二十三行碎損
辰 7	隨後爾時	第十鯁杏	7	168	捨身品廿六付囑品三十一	首行碎損
鳥 98	議已薩埵	世尊無聞	4	119	捨身品廿六菩提樹讚歎品廿九	首十四行碎損
藏 38	天下界具	圓滿彌功	11	296	捨身品廿六妙幢菩薩讚歎品廿八	首十八行尾五行碎損
玉 12	第二我聞	佛而讚曰	7	150	捨身品廿六妙幢菩薩歎品廿八	首八行碎損
夜 66	金光爾時	斷除一心	2	36	捨身品廿六	尾十行碎損
收 87	三藏此十	身相他曰	4	110	捨身品廿六	首十一行碎損
人 84	寶函藏校	飢渴如是	2	35	捨身品廿六	首五行尾八行碎損

律	61	汝等身无	離憂功德	1	23	捨身品廿六	
皇	11	食我漸近	號大不歸	2	23	捨身品廿六	首五行碎損
文	73	大士大地	于地廿七	3	68	捨身品廿六	首四行碎損
淡	17	三十光明	奉行第十	6	156	十方菩薩讚歎品廿七 付囑品三十一	
調	30	於衆如來	第十綖杳	6	141	十方菩薩讚歎品廿七 付囑品三十一	首五行碎損附有音義
人	100	罪生爾時	廿九尊曰	1	23	十方菩薩讚歎品廿七 菩提樹讚歎品廿九	尾二行碎損
玉	80	牟尼猶如	卷十摺粉	5	112	妙幢菩薩讚歎品廿八 付囑品三十一	附有音義
河	91	令彼光明	第十綖杳	5	120	妙幢菩薩讚歎品廿八 付囑品三十一	首五行碎損附有音義
藏	48	佛告議利	證菩此福	4	116	妙幢菩薩讚歎品廿八 付囑品三十一	首七行碎損附有音義末有題

名文與致字二十八號同

師 37 常得佛身 他曰護令 2 36 菩提樹神讚歎品廿九 付囑品三十一 尾十二行碎損

騰 67 哉善身自 第十鞕杏 4 86 菩提樹神讚歎品廿九 付囑品三十一 首行碎損附有音義尾有木軸

列 41 生悉我常 他曰斯經 4 69 菩提樹神讚歎品廿九 大辯才天女讚歎品三十 首三行尾行碎損

官 88 大悲福資 第十鞕杏 2 50 付囑品三十一 首十行碎損

收 73 若說爾時 第十枚粉 2 31 付囑品三十一 首行碎損附有音義

制 27 金光大唐 王城尚在 2 55 首紙破損此卷係金光明經大唐
聖教序

制 23 末底跋折 莎訶一部 4 70 此卷彙寫金光明經各咒全卷碎損

敦煌劫餘錄

新會 陳垣 校錄

第五帙

大般若波羅蜜多經 唐玄奘譯 六百卷

原號	起	止	紙	行	卷次	品次	
鱗87	大般大唐	第一一面	17	457	1	三藏聖教序 初分緣起品一之一	首五行碎損尾署勘了
李43	我皇御製	處无俱胝	1	28	1	三藏聖教序 初分緣起品一之一	
致53	者得諸有	飾紛西方	1	26	1	初分緣起品一之一	
潛79	菩薩瑞上	猛菩伽沙	1	28	2	初分緣起品一之二	首尾碎損各一行
騰57	天人彼安	其中卷二	11	284	2	初分緣起品一之二	首七行碎損

收	45	復次多以	密多第三	16	437	3	初分學觀品二之一	首行碎損
騰	30	時三天樂	相應第四	18	474	4	初分學觀品二之二 初分相應品三之一	首四十七行碎損尾署智照寫
生	51	能及滿四	相應第四	13	345	4	初分學觀品二之二 初分相應品三之一	首五行碎損
金	38	陀羅五眼	應與波羅	1	22	4	初分學觀品二之二 初分相應品三之一	
官	47	大士相應	不觀相應	1	25	5	初分相應品三之二	卷中碎損五行
荒	31	般若復次	薩修言與	2	56	5	初分相應品三之二	內有朱文校勘
翔	31	著眼舌身	著色法處	1	25	5	初分相應品三之二	
帝	12	意觸爲緣	水火不著	1	25	6	初分相應品三之三	
羽	82	子諸是法	多无密多	5	101	6	初分相應品三之三	首七十一行尾七行碎損
文	23	緣所著因	著无惱寂	1	24	6	初分相應品三之三	

洪	12	老死相應	无明第六	14	384	6	初分相應品三之三	首十五行碎損
官	12	菩薩相應	十力訶薩	1	25	7	初分相應品三之四	
宇	62	力而薩修	恭敬處沒	1	23	7	初分轉生品四之一	
巨	93	薩脩菩提	有情十八	17	454	8	初分轉生品四之二	首二行碎損尾署勘了二字
列	97	利子行不	薩摩故諸	6	168	8	初分轉生品四之二	首二行碎損
闕	87	香與多化	楊與爲諸	1	28	8	初分轉生品四之二	
來	85	種麤菩提	常樂第八	13	312	8	初分轉生品四之二	
辰	27	諸菩天眼	得四摩訶	3	84	8	初分轉生品四之二	
珍	35	羅密摩訶	密多進靜	9	230	9	初分轉生品四之三	首二十四行尾三行碎損
藏	78	舍利伽梵	密多第九	13	329	9	初分轉生品四之三	首三行碎損

字	號	首	尾				品	備註
翔	65	是爾 菩時	无此 量堪	3	50	9	初分轉生品四之三	首十七行尾六行碎損
果	86	土各 功千	第伽 九梵	2	32	9	初分轉生品四之三	首六行碎損
光	91	五第 三十	第伽 十梵	17	468	10	初分讚勝德品五 初分現舌相品六	首七行碎損
張	72	无訶 等薩	第伽 十梵	11	303	10	初分讚勝德品五 初分現舌相品六	尾署智照寫
雨	33	失最 法上	第伽 十梵	11	301	10	初分讚勝德品五 初分現舌相品六	首八行碎損
張	46	是密 上多	薩上 摩正	6	148	10	初分讚勝德品五	首二十二行碎損
稱	39	初大 分般	如不 是滅	2	54	11	初分教誡教授品七之一	首三十二行碎損
帝	94	言假 說法	法得 假故	1	27	11	初分教誡教授品七之一	卷中碎損七行
致	58	若兩 在間	不若 應善	1	24	12	初分教誡教授品七之二	
呂	16	門若 若屬	十可 二得	2	50	12	初分教誡教授品七之二	

第五帙

盈	54	解十力若	世尊十三	18	473	13	初分敎誡敎授品七之三	首十四行碎損
巨	76	力若礙解	十二樂若	3	67	13	初分敎誡敎授品七之三	首三行碎損
闕	56	大般初分	薩不摩訶	3	82	14	初分敎誡敎授品七之四	卷多碎損首有武后新字
皇	38	現所士相	訶薩不不	1	26	14	初分敎誡敎授品七之四	
羽	89	薩非世尊	解脫遍處	2	55	15	初分敎誡敎授品七之五	
闕	68	忘失故況	道相訶薩	1	28	15	初分敎誡敎授品七之五	
巨	67	大般初分	有菩世尊	2	54	16	初分敎誡敎授品七之六	全卷碎損
稱	23	復次一切	中有有菩	2	56	16	初分敎誡敎授品七之六	
露	83	眼眞眼眞	世尊十七	16	417	17	初分敎誡敎授品七之七	首二十九行碎損道普寫
菜	54	語是是菩	訶薩摩訶	1	22	17	初分敎誡敎授品七之七	

衣	98	是薩 菩不	菩薩 薩摩	1	28	17	初分教誡教授品七之七	
昃	12	初大 分般	語是 是菩	1	25	18	初分教誡教授品七之八	
宇	86	是薩 菩不	十世 八尊	21	554	18	初分教誡教授品七之八	首二十行碎損
成	66	是薩 菩不	十世 八尊	15	392	18	初分教誡教授品七之八	首七十四行碎損
羽	72	所語 生是	菩耳 薩鼻	1	22	18	初分教誡教授品七之八	
裳	79	初大 分般	薩薩 薩薩	2	49	19	初分教誡教授品七之九	首行碎損背面懺文
淡	98	菩薩 薩摩	何世 即尊	12	337	19	初分教誡教授品七之九	首行碎損
宿	75	不不 不也	語是 是菩	5	140	19	初分教誡教授品七之九	
崑	17	增也 語世	第世 廿尊	19	519	20	初分教誡教授品七之十	首十六行碎損
服	42	正住 斷常	即道 苦聖	2	54	20	初分教誡教授品七之十	首三十三行碎損

菜	42	摩訶是菩	增語尼門	1	25	21	初分教誡教授品七之十一	
張	49	大般初分	世尊非善	3	79	22	初分教誡教授品七之十二	卷多碎損
洪	52	四无菩薩	相智廿二	19	559	22	初分教誡教授品七之十二	首十五行碎損
調	34	提滅覺菩	訶薩卽諸	1	28	23	初分教誡教授品七之十三	後兩行係雜寫非本卷經文
皇	60	薩耶无願	无爲无爲	1	26	23	初分教誡教授品七之十三	
文	69	增語色若	訶薩廿三	4	110	23	初分教誡教授品七之十三	全卷碎損
鳥	46	大般初分	汝復菩薩	1	26	24	初分教誡教授品七之十四	卷首紙背署張重潤三字
始	80	大般初分	處若身意	1	24	24	初分教誡教授品七之十四	
菜	67	訶薩若无	訶薩廿四	15	401	24	初分教誡教授品七之十四	首四行碎損
稱	30	觸法可言	訶薩廿四	6	145	24	初分教誡教授品七之十四	

餘	2	可得 語此	汝復 菩薩	1	28	24	初分 十四 教誡教授品七之	尾二行碎損
皇	64	意觸 即眼	舌身 故況	2	40	26	初分 十六 教誡教授品七之	首十三行碎損
往	80	訶薩 不空	尊若 界在	5	128	27	初分 十七 教誡教授品七之	首四行碎損
寒	49	內在 況有	非善 非善	5	140	27	初分 十七 教誡教授品七之	
來	50	若等 不可	訶薩 廿七	7	189	27	初分 十七 教誡教授品七之	
調	71	大般 初分	間若 得性	5	138	28	初分 十八 教誡教授品七之	首七行碎損
崑	46	若无 淨不	有故 死有	1	19	28	初分 十八 教誡教授品七之	全卷碎損 小 卷破
崑	45	羅密 薩善	何義 語非	1	25	28	初分 十八 教誡教授品七之	
餘	33	大般 初分	有故 无性	2	37	29	初分 十九 教誡教授品七之	
人	87	增語 相若	非有 至不	2	41	29	初分 十九 教誡教授品七之	首二行碎損

位 74	思議可言	有故乃至	2 45 29	初分教誡教授品七之十九	首尾碎損各一行
盈 74	大般初分	訶薩第卅	17 455 30	初分教誡教授品七之二十	首五十三行碎損
重 8	初分善現	摩訶菩薩	2 53 30	初分教誡教授品七之二十	首行碎損後一紙經文錯簡
地 43	摩訶若不	第定摩訶	1 12 31	初分教誡教授品七之廿一	此係地四十三號之一
荒 92	外在畢竟	訶薩十二	17 455 32	初分教誡教授品七之廿二	首行碎損
翔 94	不寂寂靜	既非間增	4 94 33	初分教誡教授品七之廿三	首十八行碎損
官 25	性非八十	語非空不	1 24 33	初分教誡教授品七之廿三	
昃 16	大般初分	訶薩卅四	17 476 34	初分教誡教授品七之廿四	首十八行碎損
地 43	畢竟雜染	非有性樂	2 57 34	初分教誡教授品七之廿四	首行碎損此係地四十三號之二

字							
露	99	若遠尊若 訶薩卌四	12	333	34	初分教誡教授品七之廿四	首十行碎損
烏	63	在外若一 漢果言即	1	27	34	初分教誡教授品七之廿四	
潛	52	薩摩不還 訶摩卌四	1	25	34	初分教誡教授品七之廿四	
衣	11	大般初分 預流果有	1	26	35	初分教誡教授品七之廿五	首十二行碎損
露	49	不淨語此 薩卌五	17	460	35	初分教誡教授品七之廿五	首九行碎損
地	43	遠離遠離 漢果流果	1	30	35	初分教誡教授品七之廿五	此係地四十三號之三
荒	63	異无界色 不住卅六	6	164	36	初分勸學品八 初分无住品九之一	勸學品末重廿四行
荒	100	有故住世 至知說於	3	62	37	初分无住品九之二	首九行尾行碎損
日	10	空无乃至 離空香味	3	50	37	初分无住品九之二	尾行碎損
洪	99	空不觸法 羅密意識	2	51	37	初分无住品九之二	首二行碎損

第五帙

荒7	意界 界及	世四 尊无	2	43	37	初分无住品九之二	尾行碎損
荒28	故薩 世摩	修空 行即	2	44	37	初分无住品九之二	
帝58	初大 分般	觸界 爲法	1	26	38	初分般若行相品十之一	
師39	非色 所界	耳波 鼻羅	2	61	38	初分般若行相品十之一	全卷碎損三行
羽57	初大 分般	淨布 不施	1	21	41	初分般若行相品十之四	首五行碎損
裳95	初大 分般	不是 空行	1	26	41	初分般若行相品十之四	卷中碎損三行
淡97	眼有 不方	卌智 一智	18	494	41	初分般若行相品十之四	首八行碎損
冬59	相智 是樂	卌智 一智	16	444	41	初分般若行相品十之四	首五行碎損卷尾紙背下角署法堅二字
收74	地惱 開三	至如 以是	2	56	41	初分般若行相品十之四	

出	9	正斷成辨	卌二寫了	17	458	42	初分譬喻品十一之一	首四行碎損 尾署曇貞寫了
羽	59	所生心觀	緣所智智	1	24	42	初分譬喻品十一之一	
服	94	大般初分	不驚不怖	1	26	43	初分譬喻品十一之二	
玉	72	大般初分	可得八聖	1	26	44	初分譬喻品十一之三	
寒	58	復次无所	行般甚深	3	84	44	初分譬喻品十一之三	
露	75	般若善現	有怖卌四	12	324	44	初分譬喻品十一之三	首二十八行碎損
來	49	有願以有	空不耳觸	3	69	45	初分譬喻品十一之四	尾行碎損
來	71	緣所得爲	說耳身界	3	68	45	初分譬喻品十一之四	尾行碎損
來	22	界及可得	可得難相	2	59	45	初分譬喻品十一之四	
往	67	可得有所	相可无相	3	66	45	初分譬喻品十一之四	尾行碎損

暑	47	无願所得	相可相可	3	69	45	初分譬喻品十一之四	首行碎損
寒	69	四无捨十	義无亦如	3	55	45	初分譬喻品十一之四	首尾碎一行
暑	58	是善定句	有不時觀	3	51	45	初分菩薩品十二之一	首行碎損
暑	83	菩薩士法	如是卌五	2	39	45	初分菩薩品十二之一	
水	86	大般初分	得菩薩句	2	54	46	初分菩薩品十二之二	首十三行碎損
洪	96	羅蜜所畏	德鎧卌七	15	349	47	初分摩訶薩品十三之一	首五行碎損
果	39	定力舍利	有情卌八	11	281	48	初分摩訶薩品十三之二	首七行碎損
月	4	八非諸菩	幻故卌九	11	282	49	初分摩訶薩品十三之三　初分大乘鎧品十四之一	首四行碎損
金	50	鎧若神足	亦爲自趣	1	28	49	初分大乘鎧品十四之一	
歲	96	菩薩弟子	提善現如	6	168	49	初分大乘鎧品十四之一	

張	74	大般 初分	空无 相空	4	110	50	初分大乘鎧品十四之二	全卷碎損
盈	26	鼻舌 處相	无解 十五	16	439	50	初分大乘鎧品十四之二	首十九行碎損
辰	39	无上 等覺	十一 義寫	12	322	51	初分大乘鎧品十四之三 初分辯大乘品十五之一	李義寫
河	67	无解 靜故	故无 无所	1	28	51	初分大乘鎧品十四之三	首十行碎損
崑	16	大般 初分	極堅 摩地	2	54	52	初分辯大乘品十五之二	首十一行碎損
露	88	地无 精進	念住 十二	20	538	52	初分辯大乘品十五之二	首八行碎損
河	61	摩地 垢光	如大 地世	3	63	52	初分辯大乘品十五之二	首十四行碎損
崑	38	无熱 救一	如大 地世	1	28	52	初分辯大乘品十五之二	
崑	10	聳云 摩地	无忘 地善	1	28	52	初分辯大乘品十五之二	
崑	8	現謂 是故	普能 故名	1	28	52	初分辯大乘品十五之二	

崑74	爲金照了	三摩何名	1 28 52	初分辯大乘品十五之二	首行碎損
岡3	爲无持功	能發无盡	1 28 52	初分辯大乘品十五之二	
岡14	三摩爲淨	現爲諸等	1 28 52	初分辯大乘品十五之二	
出28	持得善現	淨光性是	1 28 52	初分辯大乘品十五之二	
出49	故名字相	爲棄地善	1 28 52	初分辯大乘品十五之二	
岡21	現謂功德	若住諸定	1 28 52	初分辯大乘品十五之二	
出40	所有是故	一切住三	1 28 52	初分辯大乘品十五之二	
出47	摩所取著	著无法无	1 28 52	初分辯大乘品十五之二	
崑55	所取地善	摩地無不	1 28 52	初分辯大乘品十五之二	尾行碎損
岡13	是故名爲	具摠光三	1 28 52	初分辯大乘品十五之二	

裳	97	地世謂若	无量大乘	3	69	52	初分辯大乘品十五之二	首行尾三行碎損
號	54	摩地有情	爲燒炬三	1	30	52	初分辯大乘品十五之二	尾行碎損
號	60	諸煩摩地	大乘相	1	27	52	初分辯大乘品十五之二	首行碎損
崑	36	復次住何	念住十二	2	47	52	初分辯大乘品十五之二	
調	92	大般初分	麻栗波羅	2	54	53	初分辯大乘品十五之三	
霜	6	六一滿淨	具足十四	18	468	54	初分辯大乘品十五之四	首五行碎損
重	62	菩薩薩摩	具足十四	12	281	54	初分辯大乘品十五之四	首七行碎損
水	95	漢果不住	竟淨大乘	1	28	55	初分辯大乘品十五之五	
衣	18	復次素洛	素洛倒非	1	28	56	初分讚大乘品十六之一	
宙	82	大般初分	妙超眼寶	2	54	57	初分讚大乘品十六之二	首十三行碎損

藏	41	若意法亦　若大无數	1	28	57	初分讚大乘品十六之二	
闕	44	大般當知　初分切法	1	26	58	初分讚大乘品十六之三	
珠	33	數無无相　者若故當	2	55	58	初分讚大乘品十六之三	首十一行碎損
暑	77	不住現鼻　受无鼻觸	1	24	58	初分讚大乘品十六之三	
黃	32	大乘住无　初分无來	2	54	59	初分讚大乘品十六之四	卷首有小綢帶一根約三寸許字亦工楷
闕	19	自相可得　无相十九	17	452	59	初分讚大乘品十六之四	首十四行碎損
宿	58	何以可得　別異十九	15	399	59	初分讚大乘品十六之四	首七行碎損
人	74	善現乃至　眼界在色	1	28	59	初分讚大乘品十六之四	首七行碎損
洪	38	界眼有過　得何有過	1	28	59	初分讚大乘品十六之四	首行微損

鳥	80	過去　識界 性亦　以故	1	25	59	初分讚大乘品十六之四	卷中碎損四行
鳥	78	身界　界意 是空　法界	1	24	59	初分讚大乘品十六之四	卷中碎損四行
露	100	大般　中過 初分　不可	1	26	60	初分讚大乘品十六之五	
黃	77	大乘　可得 初分　空空	2	54	60	初分讚大乘品十六之五	首十行碎損
出	52	願解　可得 脫門　六十	14	367	60	初分讚大乘品十六之五	首三行碎損
翔	66	不可　无二 舍利　際菩	1	26	62	初分无所得品十八之二	
芥	37	薩摩　可得 舍利　十二	5	135	62	初分无所得品十八之二	首四行碎損
淡	71	薩不　智一 訶薩　薩不	1	24	62	初分无所得品十八之二	首二行碎損
始	24	有異　者何 異非　空前	3	83	63	初分无所得品十八之三	
生	12	足五　虛空 何舍　可得	1	25	63	初分无所得品十八之三	

官	24	大般 耳界 / 初分 有不	1	26	64	初分无所得品十八之四
調	5	大般 聖諦 / 无所 摩訶	5	138	64	初分无所得品十八之四　全卷碎損二十一行
成	43	可得 子身 / 受聲 无所	2	56	64	初分无所得品十八之四
潛	99	亦无 於風 / 意界 所有	1	26	65	初分无所得品十八之五
薑	55	空界 靜慮 / 界於 无色	3	84	65	初分无所得品十八之五
昃	94	大般 果法 / 初分 性空	3	82	66	初分无所得品十八之六　首二十六行碎損
辰	75	薩名 假名 / 所從 十六	5	136	66	初分无所得品十八之六
闕	14	解脫 散失 / 世无 十七	17	467	67	初分无所得品十八之七　首十二行碎損
昃	95	不可 可得 / 十方 世无	2	58	67	初分无所得品十八之七　首三行碎損
珠	3	大般 故若 / 初分 何法	3	82	68	初分无所得品十八之八

裳	2	一切三摩	一切性空	2	37	68	初分无所得品十八之八	首四行碎損
霜	68	子諸遠離	散失十八	14	382	68	初分无所得品十八之八	首二行碎損
裳	37	失舍无失	散失失味	3	84	68	初分无所得品十八之八	
李	15	惱亦空内	勝地善亦	1	23	68	初分无所得品十八之八	
昃	97	大般初分	以故現言	3	82	69	初分无所得品十八之九	首四行碎損
夜	96	生諸亦无	无散散失	3	71	69	初分无所得品十八之九	首九行碎損
李	32	諸受生若	異由利子	1	25	69	初分无所得品十八之九	首七行碎損
收	62	此緣畢竟	脫門十九	3	55	69	初分无所得品十八之九	首行碎損
翔	16	大空散空	說若生則	1	26	69	初分无所得品十八之九	
崑	25	不生修行	緣所香界	4	112	70	初分无所得品十八之十 初分觀行品十九之一	首十四行碎損

麗	81	分故修行	不沒若波	3	85	70	初分无所得品十八之十　初分觀行品十九之一	首尾碎損各一行
麗	84	亦不羅蜜	相无設爲	3	84	70	初分无所得品十八之十　初分觀行品十九之一	首尾碎損各一行
昃	98	大般初分	不生所生	3	82	70	初分无所得品十八之十	首二十二行碎損
玉	66	大般初分	畢竟二无	4	111	70	初分无所得品十八之十	首二十六行尾行碎損
衣	4	乃至薩修	憂惱多觀	1	28	70	初分觀行品十九之一	尾三行碎損
麗	88	无相般若	多時羅蜜	3	84	70	初分觀行品十九之一	
劍	77	受不提於	性空七十	8	203	70	初分觀行品十九之一	首三十行碎損
衣	91	世尊不見	識界味界	1	23	70	初分觀行品十九之一	
金	32	多性般若	性空七十	4	109	70	初分觀行品十九之一	
結	83	羅蜜初分	非一空外	6	167	71	初分觀行品十九之二	首五十五行碎損

霜	79	空乃性自	實性於地	10	280	71	初分觀行品十九之二	
皇	80	訶薩時觀	非不所生	4	95	72	初分觀行品十九之三	首行碎損
地	72	遠離諸受	諸法十二	14	354	72	初分觀行品十九之三	首五行碎損
餘	18	法處是聲	空故十四	18	469	74	初分觀行品十九之五 初分无生品二十之一	首三行碎損 比丘道眞受持
出	84	緣所諸受	竟淨薩摩	8	208	74	初分觀行品十九之五 初分无生品二十之一	首二十六行碎損
宇	43	羅蜜盧般	空故十四	14	273	74	初分觀行品十九之五 初分无生品二十之一	
昃	87	訶薩力无	十四照寫	9	235	74	初分无生品二十之一	比丘智照寫
出	76	作意意亦	多非无寔	6	171	76	初分淨道品廿一之二	首七行碎損
月	46	故當多无	意亦覺知	3	69	76	初分淨道品廿一之二	
月	34	舍利通非	非有无上	3	68	76	初分淨道品廿一之二	首尾二行碎損

月	36	提非有聲	提心十六	2	37	76	初分淨道品卄一之二	首行碎損
列	48	大般初分	來身千分	1	26	77	初分天帝品卄二之一	首十行碎損
巨	69	不及如是	香味觸法	3	84	77	初分天帝品卄二之一	
稱	12	處苦我思	鼻識惟鼻	5	140	77	初分天帝品卄二之一	
律	77	思惟受有	耳識唯耳	1	20	77	初分天帝品卄二之一	
律	70	界不所生	所生識界	1	28	77	初分天帝品卄二之一	
律	39	及耳有橫	蜜多十七	8	215	77	初分天帝品卄二之一	
稱	60	界寂緣所	受逼身觸	4	112	77	初分天帝品卄二之一	
闕	30	身蠲惟觸	蜜多十七	3	75	77	初分天帝品卄二之一	
荒	83	識界火風	故十八	17	441	78	初分天帝品卄二之二	首六行碎損

麗 91 品第 復次 便故 十九 16 444 79 初分天帝品廿二之三 首九行碎損

律 71 蜜多 味觸 便故 十九 16 437 79 初分天帝品廿二之三 首十八行碎損

宙 46 不應 我不 應住 至八 1 25 79 初分天帝品廿二之三

洪 56 大般 初分 子一 解者 6 166 81 初分天帝品廿二之五 初分諸天子品廿三之一

位 55 不住 故以 摩訶 非不 2 43 81 初分天帝品廿二之五 首十五行碎損

淡 33 化如 天子 勘了 題寫 15 400 82 初分諸天子品廿三之二 初分受教品廿四之一 首五行碎損末 署比丘法濟勘

了安題寫

玉 7 別生 亦不 訶薩 空不 13 343 83 初分受教品廿四之二 首十五行碎損

麗 6 空分 別空 遠離 十三 3 75 83 初分受教品廿四之二

盈 70 諸受 以无 故 十四 11 275 84 初分受教品廿四之三 初分散華品廿五 首行碎損

地	6	寂靜 地法	而爲 方便	5	140	84	初分受教品廿四之三	首十三行碎損
月	26	空空 无際	空見 迦不	2	57	86	初分學般若品廿六之二	首十行碎損
玉	53	故不 不於	分故 十六	16	411	86	初分學般若品廿六之二	首十三行碎損
推	77	十八 若菩	菩薩 以故	1	25	86	初分學般若品廿六之二	
地	94	故學 薩摩	受壞 故學	6	182	87	初分學般若品廿六之三	
字	12	故學 薩摩	分故 故學	1	28	87	初分學般若品廿六之三	首行碎損
爲	1	不爲 故以	學邪 十七	6	165	87	初分學般若品廿六之三	
荒	46	大般 初分	三佛 薩摩	3	82	88	初分學般若品廿六之四	
閏	8	大般 初分	薩摩 受壞	3	83	88	初分學般若品廿六之四	
帝	45	大般 初分	意界 觸意	1	26	88	初分學般若品廿六之四	卷中碎損五行

制	46	受壞時不	覺支薩摩	1	28	88	初分學般若品廿六之四	
推	76	相智等若	覺果內外	1	25	88	初分學般若品廿六之四	
衣	69	畢竟空自	捨不四无	2	42	89	初分學般若品廿六之五	首三行尾二行碎損
薑	47	是學成辨	不見捨不	3	68	89	初分學般若品廿六之五	首行尾三行碎損
玉	44	不見獨覺	便故多時	2	32	89	初分學般若品廿六之五	首九行尾二行碎損
推	98	來真得非	界乃可得	1	24	90	初分求般若品廿七之二	
字	28	非法來法	真如非如	2	50	90	初分求般若品廿七之二	首尾碎損各一行
往	100	如何勝處	可得十二	18	486	91	初分求般若品廿七之三	首十四行碎損
巨	13	真如如如	不共无所	6	155	91	初分求般若品廿七之三	首七行碎損
雲	32	真如第定	可得可得	12	307	91	初分求般若品廿七之三	首尾碎損各四行

致 51	憍尸可得 无願十一	16	418	91	初分求般若品廿七之三	首十二行碎損
夜 14	畏乃得非 來法向阿	6	168	91	初分求般若品廿七之三	
巨 61	羅漢如來 一來薩眞	3	84	91	初分求般若品廿七之三	
號 69	非不非相 亦非眞如	1	28	92	初分求般若品廿七之四	首十二行碎損
衣 88	非不離淨 亦非相應	1	25	92	初分求般若品廿七之四	
制 10	如來相應 應於法法	1	28	93	初分求般若品廿七之五	
帝 97	大般精進 初分施布	1	26	96	初分求般若品廿七之八	
鱗 65	所生性求 蜜多十七	17	453	97	初分求般若品廿七之九	首八行碎損
稱 99	同一般若 薩所相智	1	25	97	初分求般若品廿七之九	首行碎損
乃 49	初分流果 憍尸者於	4	96	98	初分求般若品廿七之十 初分歎衆德品廿八之一	首十五行尾六行碎損

潛 82	非離聖諦	漢如解脫	1	27	99	初分攝受品廿九之一	首行碎損
陽 38	迦鄔快樂	三十一百	16	443	100	初分攝受品廿九之二	首十七行碎損
劍 2	大般脫門	初分令住	4	110	101	初分攝受品廿九之三	首三十四行碎損
劍 38	佛十想行	大捨蜜多	2	56	101	初分攝受品廿九之三	尾二行碎損
師 34	者自敎他	法歡四神	2	40	101	初分攝受品廿九之三	尾行碎損
推 32	得養界及	不得所得	1	27	102	初分攝受品廿九之四	
出 94	提已恭敬	量无香衣	3	61	103	初分攝受品廿九之五 初分校量功德品卅之一	
潛 19	提已答於	量无於何	1	25	103	初分攝受品廿九之五 初分校量功德品卅之一	
歲 4	戒安化天	羅密天覺	3	78	103	初分攝受品廿九之五	全卷碎損
衣 61	獨覺是一	安樂諸天	1	28	104	初分校量功德品卅之二	首八行尾三行碎損

裳	98	尸迦以无	憍尸无相	1	25	104	初分校量功德品卅之二	
雲	57	斷絕靜慮	遣故百五	15	407	105	初分校量功德品卅之三	首九行碎損
翔	55	大仙忘失	羅蜜明咒	3	53	105	初分校量功德品卅之三	首尾碎損各一行
陽	97	多是如是	向不憍尸	3	55	105	初分校量功德品卅之三	首七行尾四行碎損
果	72	勝利珞及	不異此般	2	33	106	初分校量功德品卅之四	卷多碎損
光	12	若波波羅	法恆讚般	1	28	106	初分校量功德品卅之四	尾行碎損
霜	84	世尊相无	通百六	8	219	106	初分校量功德品卅之四	首行碎損
人	7	也世法界	門可不也	2	56	106	初分校量功德品卅之四	尾十四行碎損
致	37	四无四靜	不虛住實	6	132	106	初分校量功德品卅之四	首二行尾行碎損
霜	38	大般初分	无所內外	2	32	107	初分校量功德品卅之五	尾五行碎損

麗	78	方便智智	提百八	12	313	108	初分校量功德品卅之六	首五十九行碎損
果	77	切智習佛	提百八	11	263	108	初分校量功德品卅之六	首行碎損
闕	37	大般初分	便廻識名	1	26	109	初分校量功德品卅之七	首二行碎損
珍	9	觸受方便	百九瀚勘	16	120	109	初分校量功德品卅之七	首行碎損
光	51	摩地爲方	以法生性	7	196	109	初分校量功德品卅之七	
鹹	45	義空散空	色定百九	9	220	109	初分校量功德品卅之七	
推	80	界法法定	羅尼性不	1	26	109	初分校量功德品卅之七	
辰	16	一切方便	色定百九	2	43	109	初分校量功德品卅之七	首十八行碎損
盈	87	定无爲方	菩提一十	13	352	110	初分校量功德品卅之八	首五行碎損
龍	66	大般初分	爲方切智	1	26	111	初分校量功德品卅之九	

收59	等性菩提	界以十一	16	416	111	初分校量功德品卅之九	首七行碎損
龍61	以一果无	阿羅迴向	1	26	111	初分校量功德品卅之九	卷中碎損五行
師57	喜大菩提	預流十一	2	31	111	初分校量功德品卅之九	首三行碎損
河20	世尊聖諦	所得十二	9	251	112	初分校量功德品卅之十	
閏90	方便觸法	性空二分	1	28	112	初分校量功德品卅之十	
服43	大般以眼	初分方便	4	115	113	初分校量功德品三十之十一	
來9	意處无所	身意十八	2	41	113	初分校量功德品三十之十一	首二十二行尾行碎損
暑56	共法以故	空與二无	2	34	113	初分校量功德品三十之十一	尾行碎損
來13	二分意處	方便身意	1	28	113	初分校量功德品三十之十一	
來45	處性方便	二分切三	2	36	113	初分校量功德品三十之十一	

來	6	摩地 處性	故以 進靜	3	56	113	初分校量功德品三十之一	首行尾四行碎損
暑	17	布施 若波	性空 十三	7	181	113	初分校量功德品三十之一	首四行碎損 比丘談口寫
龍	18	生爲 智修	一切 外空	1	28	113	初分校量功德品三十之一	首七行尾二行碎損
始	75	大般 初分	慶喜 彼眞	3	82	114	初分校量功德品三十之二	首七行碎損
水	29	眞如 以香	彼眞 由此	1	28	114	初分校量功德品三十之二	
盈	6	眼界 无所	捨性 十五	16	438	115	初分校量功德品三十之三	首九行碎損
翔	34	以故 諸受	解脫 此故	2	54	115	初分校量功德品三十之三	全卷碎損
宿	55	恆住 爲緣	捨性 十五	1	22	115	初分校量功德品三十之三	首九行碎損
珠	13	世尊 識界	性空 十六	13	345	116	初分校量功德品三十之四	首九行碎損
稱	9	切陁 尊云	智修 薩行	5	140	116	初分校量功德品三十之四	

夜 35 世尊无所 性空十六 4 116 116 初分校量功德品三十之四

推 62 上正身界 菩提方便 1 26 116 初分校量功德品三十之四

調 83 大般初分 次第便无 2 54 117 初分校量功德品三十之五

推 69 行乃至老 便廻行識 1 25 117 初分校量功德品三十之五 尾三行碎損此號係推六十九之一

珠 54 空共空无 足五道支 4 89 118 初分校量功德品三十之六 首四十四行尾四行碎損

調 77 性空性空 智智七等 1 28 118 初分校量功德品三十之六

稱 74 慶喜爲方 空內法恆 3 68 118 初分校量功德品三十之六 首行碎損

闕 57 住捨外空 聖道性空 7 195 118 初分校量功德品三十之六 尾七行碎損

律 33 大般初分 智方便 2 54 119 初分校量功德品三十之七

調	80	大般初分 智方便	2	54	119	初分校量功德品三十之十七	首十九行碎損
珠	48	无所羅尼 故慶生爲	1	28	119	初分校量功德品三十之十七	尾三行碎損
鹹	84	戒安空與 慮四此故	6	151	120	初分校量功德品三十之十八	首十行尾二行碎損
龍	76	羅蜜生爲 智安空有	1	21	120	初分校量功德品三十之十八	此係龍七十六號之一
龍	30	大般初分 解脫方便	2	54	121	初分校量功德品三十之十九	首四十五行碎損
夜	72	空何无性 共法廿一	14	373	121	初分校量功德品三十之十九	首四行碎損
字	22	捨十以四 道支等覺	1	24	121	初分校量功德品三十之十九	首二行尾二行碎損
收	48	正等所畏 菩提廿三	15	421	123	初分校量功德品三十之廿一	首五行碎損
人	59	相智故以 智无廻向	1	27	123	初分校量功德品三十之廿一	
裳	19	大般初分 自性地門	1	26	124	初分校量功德品三十之廿二	尾六行碎損

宇	51	一切 所得	尼門 惱住	4	112	124	初分校量功德品三十之廿二	首三行碎損
鳥	30	羅尼 正等	爲方 菩提	1	24	124	初分校量功德品三十之廿二	首五行尾行碎損
光	89	慶喜 爲導	生爲 廿五	16	424	125	初分校量功德品三十之廿三	首六行碎損
位	34	切智 二爲	脫門 一切	1	28	125	初分校量功德品三十之廿三	
始	92	門无 於彼	般若 此般	1	28	125	初分校量功德品三十之廿三	
乃	92	蜜多 波羅	爲尊 爲導	1	15	125	初分校量功德品三十之廿三	
收	23	大地 擁護	地與 廿六	14	376	126	初分校量功德品三十之廿四	
宿	86	波羅 若波	无相 如理	3	79	126	初分校量功德品三十之廿四	首五行碎損
龍	6	所觀 法定	蜜多 聞佛	2	44	127	初分校量功德品三十之廿五	全卷碎損
調	54	佛十 飾復	大拾 寶幢	3	77	127	初分校量功德品三十之廿五	首十二行碎損

位	59	損无法不	如是住捨	1	25	127	初分校量功德品三十之廿五	
暑	44	施波憍尸	薩摩精勤	1	27	127	初分校量功德品三十之廿五	
推	18	則爲迦甚	相无蜜多	2	40	127	初分校量功德品三十之廿五	首十五行碎損
致	85	堪受重讚	生性修故	1	26	128	初分校量功德品三十之廿六	
文	8	性離是菩	故憍夜修	1	26	129	初分校量功德品三十之廿七	
河	65	此二无邊	可得百卅	16	435	130	初分校量功德品三十之廿八	首九行碎損
致	84	以无幢幡	如是伽羅	1	26	130	初分校量功德品三十之廿八	尾五行碎損
衣	46	云何不天	妄性實際	1	21	130	初分校量功德品三十之廿八	首行碎損
果	54	蜜藏蜜多	菩提若喜	1	28	130	初分校量功德品三十之廿八	
稱	80	可得說法	可得百卅	11	306	130	初分校量功德品三十之廿八	首七行碎損

日	65	多靜由此	設可法故	1	28	130	初分校量功德品三十之廿八	
珠	81	法故聖諦	可得百卅	10	282	130	初分校量功德品三十之廿八	首十行碎損
潛	95	大般初分	有佛故憍	2	54	131	初分校量功德品三十之廿九	首二行脆碎
稱	44	如是漏法	設可法故	3	64	131	初分校量功德品三十之廿九	首二十七行碎損
號	100	來果伽羅	藏中邊處	3	69	133	初分校量功德品三十之三十一	首廿九行碎損
龍	54	間便設可	藏中施設	1	24	133	初分校量功德品三十之三十一	
衣	47	根五解脫	皆令於意	4	104	133	初分校量功德品三十之三十一	首五行碎損
巨	8	大般初分	訶薩供養	2	54	134	初分校量功德品三十之三十二	全卷碎損
稱	69	大般初分	諦施羅蜜	2	54	135	初分校量功德品三十之三十三	尾行碎損
師	70	化十來不	秘蜜无量	1	31	135	初分校量功德品三十之三十三	首尾碎損各一行

夜	9	行識无上 行識味觸	1	29	136	初分校量功德品三十之三十四	首九行碎損
夜	20	大般受苦 初分爲行	2	54	138	初分校量功德品三十之三十六	首二十行碎損
夜	21	我應蜜多 切相无上	3	68	139	初分校量功德品三十之三十七	首四十行尾行碎損
闕	89	淨戒常應 无常眞如	3	78	140	初分校量功德品三十之三十八	首廿二行尾二行碎損
始	65	所得若常 多悋空若	2	32	140	初分校量功德品三十之三十八	首七行尾九行碎損
推	72	說有所說 復次蜜多	1	24	140	初分校量功德品三十之三十八	
推	20	大般多 初分人等	1	26	141	初分校量功德品三十之三十九	首八行尾三行碎損
闕	16	復作多 應求卌一	13	367	141	初分校量功德品三十之三十九	首十四行碎損
巨	43	似安乃至 是說行安	1	28	141	初分校量功德品三十之二十九	
師	26	求色緣所 應求苦應	1	28	142	初分校量功德品三十之四十	

秋	10	大般初分	受若爲行	2	54	143	初分校量功德品三十之四十一	首二十行碎損
巨	45	復次提心	識界乃至	2	60	143	初分校量功德品三十之四十一	尾行碎損
闕	26	不思求法	正斷若常	3	80	143	初分校量功德品三十之四十一	首尾碎損各一行
珠	53	住捨說恆	切相應求	2	30	143	初分校量功德品三十之四十一	
張	54	大般初分	薩摩法修	2	54	144	初分校量功德品三十之四十二	
秋	8	大般初分	薩摩法修	2	54	144	初分校量功德品三十之四十二	
闕	76	復次菩提	蜜多十八	16	427	144	初分校量功德品三十之四十二	首二行碎損
闕	21	是行人等	苦應若苦	1	24	144	初分校量功德品三十之四十二	
乃	13	求集若苦	若無大捨	3	136	145	初分校量功德品三十之四十三	首十行尾三行碎損
生	13	大般初分	觀色以故	1	24	146	初分校量功德品三十之四十四	

往	66	常若常何	尚无若能	3	84	146	初分校量功德品三十之四十四	
往	63	爲緣是般	自性空是	3	72	147	初分校量功德品三十之四十五	首十六行碎損
生	29	善男若常	蜜多卌七	4	91	147	初分校量功德品三十之四十五	書法頗佳
推	99	以者樂之	无上言汝	1	26	147	初分校量功德品三十之四十五	
往	35	大般初分	四念五根	3	82	148	初分校量功德品三十之四十六	
水	87	十遍是八	蜜多卌八	17	452	148	初分校量功德品三十之四十六	首三十四行碎損
餘	39	是靜男子	非自非自	1	28	149	初分校量功德品三十之四十七	首五行碎損
潛	66	眼處身性	性即若非	1	26	149	初分校量功德品三十之四十七	
餘	41	靜處子慮	靜慮蜜多	1	28	150	初分校量功德品三十之四十八	
地	75	蜜多慮不	共相性自	1	24	150	初分校量功德品三十之四十八	此係地七五號之一

推 19 復次眞如 菩提法界 1 32 150 初分校量功德品三十之四十八 尾行碎損

呂 59 大般蜜多 初分十一 16 441 151 初分校量功德品三十之四十九

裳 69 性亦此等 於此蜜多 2 31 152 初分校量功德品三十之五十 首尾碎損各二行

龍 94 說是此中 復次況有 2 43 152 初分校量功德品三十之五十 首尾碎損各三行

潛 42 復作人等 應觀蜜多 1 29 152 初分校量功德品三十之五十 尾行碎損

龍 84 得聲眼界 可得所生 2 27 152 初分校量功德品三十之五十 首五行尾四行碎損

夜 2 大般觸爲 初分意界 7 194 153 初分校量功德品三十之五十一 首十行碎損

巨 2 精進正精 可得蜜多 3 78 153 初分校量功德品三十之五十一 首四十行碎損

宙 12 性即蜜多 无明十三 7 175 153 初分校量功德品三十之五十一 首三行碎損

水 27 六神至十 空六即是 1 28 154 初分校量功德品三十之五十二

鱗 5 大般 以者／初分 何況 9 250 155 初分校量功德品三十之五十三 首二十六行碎損

雨 2 自性 蜜多／空是 十五 12 317 155 初分校量功德品三十之五十三 首十四行碎損

鱗 61 有彼 蜜多／進波 十五 6 155 155 初分校量功德品三十之五十三

閏 72 大般 蜜多／初分 十六 16 426 156 初分校量功德品三十之五十四 首二十八行碎損

衣 50 自性 爲宣／諸受 蜜多 1 28 156 初分校量功德品三十之五十四

閏 89 即非 蜜多／性非 不淨 1 28 156 初分校量功德品三十之五十四

羽 25 大般 蜜多／初分 十七 16 435 157 初分校量功德品三十之五十五

衣 81 大般 修安／初分 安思 1 24 158 初分校量功德品三十之五十六 首二行碎損

龍 60 至十 住捨／可得 即非 2 56 158 初分校量功德品三十之五十六 首四行碎損

結 72 无我 鼻舌／色色 是耳 2 56 159 初分校量功德品三十之五十七

裳	81	門若性即若常八卷	1	26	161	初分校量功德品三十之五十九	尾署寅年三月廿九日已後欠經十八卷十四字
珠	77	大般意處初分舌身	5	138	162	初分校量功德品三十之六十	首七十四行碎損
水	11	无上蜜多性空十二	14	369	162	初分校量功德品三十之六十	首二十七行碎損
崑	1	界乃十三觸爲虛寂	16	336	163	初分校量功德品三十之六十一	首四行碎損
月	20	故內蜜多勝義十三	5	134	163	初分校量功德品三十之六十一	
闕	62	大般十遍初分自性	2	54	164	初分校量功德品三十之六十二	首十四行碎損
地	11	修布蜜多布施十四	15	412	164	初分校量功德品三十之六十二	首八行碎損
海	99	復作出故不應十五	14	373	165	初分校量功德品三十之六十三	首六行碎損
淡	39	人等瞻部切於人等	8	212	165	初分校量功德品三十之六十三	首十三行碎損

巨	54	復作是般／羅蜜證得	4	112	167	初分校量功德品三十之六十五	首九行碎損
鱗	81	无上相不／多无十八	15	391	168	初分校量功德品三十之六十六	首三十六行碎
鱗	73	對其廻向／十遍十九	12	337	169	初分隨喜廻向品三十之二	首三行碎損
乃	50	大般菩提／初分涅槃	3	82	170	初分隨喜廻向品三十之三	首八行尾行碎損
冬	4	甚深相无／五弟眼已	2	47	170	初分隨喜廻向品三十之三	全卷碎損十七行
海	68	大般墮欲／初分未來	3	82	171	初分隨喜廻向品三十之四	卷中碎損廿六行
翔	63	喜廻善如／不墮善根	1	22	171	初分隨喜廻向品三十之四	
乃	16	大般正斷／初分成无	1	26	173	初分讚般若品三十二之二	首十四行碎損
麗	100	復次蜜多／界不十四	16	442	174	初分讚般若品三十二之三	首十行碎損
芥	60	界不爲綠／生諸界不	1	25	174	初分讚般若品三十二之三	

列	92	靜慮蜜多	想如十五	17	456	175	初分讚般若品三十二之四	首二行碎損
始	31	不作不作	不作佛不	1	26	175	初分讚般若品三十二之四	首六行尾二行碎損
閏	86	智亦非行	道相菩薩	2	26	176	初分讚般若品三十二之五	首十一行尾三行碎損
翔	8	作大力作	於預尊是	1	28	176	初分讚般若品三十二之五	
調	19	作有羅蜜	有力菩提	6	169	178	初分讚般若品三十二之七	
海	88	作有非不	多等薩摩	1	27	178	初分讚般若品三十二之七	
歲	69	八佛蜜多	若作十九	19	517	179	初分讚般若品三十二之八	首十八行碎損
翔	77	住捨力於	是菩力无	1	28	179	初分讚般若品三十二之八	
字	4	住捨力於	是菩力无	1	28	179	初分讚般若品三十二之八	首二十行碎損
薑	3	大般般若	初分知般	2	54	181	初分讚般若品三十二之十	首二十六行尾二行碎損

潛	54	波羅預流 知般有故	2	27	181	初分之十	讚般若品三十二	首八行碎損
字	38	薩摩相菩 覺无正等	1	25	181	初分之十	讚般若品三十二	
調	9	和合作增 有愚我說	6	168	181	初分之十	謗般若品三十三	首七行碎損
光	81	具諸造作 多十一	3	46	181	初分之十	謗般若品三十三	首尾碎損各一行
師	49	大般初分 耳觸界乃	1	26	182	初分之一	難信解品三十四	首四行尾七行碎損
薑	7	故布羅蜜 住爲住非	1	28	182	初分之一	難信解品三十四	
官	47	空識前際 有性際非	1	26	182	初分之一	難信解品三十四	尾行碎損此係官四十七號之二
調	4	身界所有 性故十二	6	151	182	初分之一	難信解品三十四	首三行碎損卷中碎損廿八行
號	6	大般初分 故四性故	1	26	183	初分之二	難信解品三十四	

玉	58	以故 无別	善現 忘失	1	26	183	初分難信解品三十四之二	
薑	8	生諸 无別	現苦 清淨	2	58	184	初分難信解品三十四之三	首尾碎損各八行
往	15	切相 淨與	斷故 十四	7	168	184	初分難信解品三十四之三	首十二行碎損
珠	5	大般 初分	斷故 十五	16	436	185	初分難信解品三十四之四	首十行碎損
薑	4	淨即 香味	淨即 故是	2	43	185	初分難信解品三十四之四	全卷碎損
陽	69	眼界 有情	何以 分无	6	168	185	初分難信解品三十四之四	首七行碎損
騰	72	別无 耳觸	二无 識界	3	84	185	初分難信解品三十四之四	
帝	23	清淨 界清	生諸 淨即	2	32	185	初分難信解品三十四之四	首尾碎損各一行
陽	96	及鼻 至鼻	斷故 十五	4	103	185	初分難信解品三十四之四	比丘福寫記
字	86	所生 清淨	界味 淨味	2	52	185	初分難信解品三十四之四	

宙	9	大般初分	別无身觸	3	54	186	初分難信解品三十四之五
地	39	大般初分	識界乃至	3	82	186	初分難信解品三十四之五
歲	5	受清法界	清淨受者	2	56	186	初分難信解品三十四之五
薑	5	清淨二分	淨與分二	1	28	187	初分難信解品三十四之六
陽	86	二分性不	斷故十七	11	287	187	初分難信解品三十四之六
鹹	28	淨即淨无	斷故十八	6	171	188	初分難信解品三十四之七
荒	54	童清故是	无斷十八	1	24	188	初分難信解品三十四之七
出	66	无二性清	斷故九十	10	283	190	初分難信解品三十四之九
果	16	大般初分	斷故十一	16	426	191	初分難信解品三十四之十

此係荒五四號之一卷後有報恩寺藏經印長方朱文

首十一行碎損

藏 31　无二无忘　斷故十一　7　178　191　初分之十難信解品三十四　首十一行碎損

官 19　即色受清　觸爲故是　1　26　191　初分之十難信解品三十四

金 37　處清清淨　是士清淨　4　106　192　初分之十一難信解品三十四　首十六行尾行碎損

官 48　分无清淨　十八士夫　4　104　192　初分之十一難信解品三十四　首三十八行碎損

玉 29　八勝二无　界清是補　4　94　192　初分之十一難信解品三十四　首尾碎損各一行

玉 59　淨耳特伽　五力八聖　4　104　192　初分之十一難信解品三十四　首二行尾行碎損

來 25　大般初分　斷故生清　1　29　193　初分之十二難信解品三十四　尾行碎損

陽 45　大般初分　別无十力　5　138　193　初分之十二難信解品三十四　首十二行碎損

張 2　二无識清　斷故十三　15　401　193　初分之十二難信解品三十四　首五十行碎損

海 53　即聲緣所　无別觸身　1　22　193　初分之十二難信解品三十四　首行碎損

推	36	意生二无與諸聖諦	4	101	193	初分難信解品三十四之十二	首十七行碎損
玉	86	大般淨與初分清淨	15	396	194	初分難信解品三十四之十三	首十行尾十五行碎損
夜	62	住清斷故作者十四	14	375	194	初分難信解品三十四之十三	首三行尾九行碎損
光	49	別无以故清淨二分	1	28	195	初分難信解品三十四之十四	首八行碎損
服	53	无二耳鼻門清善現	2	31	195	初分難信解品三十四之十四	首行碎損
閏	92	等覺淨即清淨者清	1	26	195	初分難信解品三十四之十四	
光	96	二分以故摩訶切智	1	28	195	初分難信解品三十四之十四	
閏	88	分別若色摩訶別无	1	26	195	初分難信解品三十四之十四	
崑	47	大般斷故初分意界	1	27	196	初分難信解品三十四之十五	首七行尾行碎損
龍	4	大般斷故初分故一	1	27	196	初分難信解品三十四之十五	尾行碎損

律	53	若一有情	斷故十六	16	424	196	初分難信解品三十四之十五	首十八行碎損
珠	96	大般初分	果清清淨	4	110	197	初分難信解品三十四之十六	卷多碎損
生	37	大般初分	界乃故若	1	27	198	初分難信解品三十四之十七	
成	44	至不士夫	若八智淸	1	24	198	初分難信解品三十四之十七	
爲	61	清淨相智	斷故十八	15	399	198	初分難信解品三十四之十七	首六行脆碎
收	76	智清故觸	无二斷故	1	28	199	初分難信解品三十四之十八	
玉	67	智清故觸	斷故十九	13	358	199	初分難信解品三十四之十八	首二十行碎損
冬	52	分无善現	斷故十九	12	330	199	初分難信解品三十四之十八	
官	100	門清无斷	斷故十九	1	22	199	初分難信解品三十四之十八	
秋	90	清淨歎苦	淨故處清	5	140	200	初分難信解品三十四之十九	首十三行碎損

辰 96	淨若 故一	切智 處清	5	131	200	初分難信解品三十四之十九	首三行碎損
闕 79	不思 斷故	受者 二百	11	305	200	初分難信解品三十四之十九	首行碎損
宙 78	无别 斷故	礙解 二百	10	252	200	初分難信解品三十四之十九	首九行碎損
制 35	淨若 分无	故知 門清	6	168	200	初分難信解品三十四之十九	首十三行碎損
收 9	淨若 斷故	故知 二百	7	191	200	初分難信解品三十四之十九	
日 16	一切 故	乃至 百一	15	402	201	初分難信解品三十四之二十	首八行碎損
光 52	无二 斷故	諦清 无願	14	392	202	初分難信解品三十四之二十	首九行碎損
地 1	羅尼 空界	淨與 清淨	4	112	202	初分難信解品三十四之廿一	背有蕃文
芥 29	清淨 百三	一切 明寫	17	453	203	初分難信解品三十四之廿二	首二十三行碎損末署伯明寫
闕 81	故受 斷故	清淨 百四	15	413	204	初分難信解品三十四之廿三	首四十九行碎損

霜	48	是意无斷	諸受緣所	2	56	204	初分難信解品三十四之廿三	
巨	19	无斷色處	斷故百四	14	390	204	初分難信解品三十四之廿三	首四行碎損
裳	88	大般初分	何以若一	2	54	205	初分難信解品三十四之廿四	
重	28	若波淨耳	一切斷故	4	92	205	初分難信解品三十四之廿四	首五行碎損
重	79	共相无性	恆性分二	3	84	205	初分難信解品三十四之廿四	首十二行碎損
重	80	別无智清	以故若一	7	196	205	初分難信解品三十四之廿四	
柰	72	復次清淨	眼觸爲緣	1	30	206	初分難信解品三十四之廿五	全卷碎損
露	58	蜜多无二	智勘曜寫	17	463	206	初分難信解品三十四之廿五	首五行碎損福 智勘張曜寫
水	13	切智若聲	故若切智	2	33	206	初分難信解品三十四之廿五	首四行碎損
霜	46	水火一切	清淨蜜多	2	56	206	初分難信解品三十四之廿五	

河	18	水火一切　无別外空	1	25	206	初分難信解品三十四之廿五	
文	60	蜜多智清　无二淨故	2	51	206	初分難信解品三十四之廿五	首五行碎損
芥	33	淨何淨若　以故若一	1	28	207	初分難信解品三十四之廿六	
霜	45	清淨斷故　清淨淨何	3	62	207	初分難信解品三十四之廿六	首七行碎損
霜	44	大般初分　行乃清淨	3	82	208	初分難信解品三十四之廿七	首二十一行碎損
翔	36	身界以故　淨行清淨	1	28	208	初分難信解品三十四之廿七	首八行碎損
號	83	无斷界淸　斷故百八	15	398	208	初分難信解品三十四之廿七	首六行碎損
生	27	識界淨法　斷故百八	15	397	208	初分難信解品三十四之廿七	首六行碎損
宿	42	觸爲淨法　斷故百九	16	436	209	初分難信解品三十四之廿八	首四行碎損
柰	4	分无淨身　淨若无斷	1	25	210	初分難信解品三十四之廿九	

盈	11	大般初分	二无善現	5	101	211	初分難信解品三十四之三十	此係盈十一號之一
翔	93	大般初分	一切切陁	2	54	211	初分難信解品三十四之三十	
潛	14	清淨諸受	分无五根	3	72	211	初分難信解品三十四之三十	首十二行尾六行碎損
律	31	清淨分无	斷故十一	9	267	211	初分難信解品三十四之三十	碎損甚多
翔	91	復次一切	空解意觸	3	67	212	初分難信解品三十四之三十一	首三十八行尾五行碎損
辰	94	智清空清	斷故十二	17	454	212	初分難信解品三十四之三十一	首十行碎損
宙	45	善現故一	二分脫門	6	163	212	初分難信解品三十四之三十一	首八行碎損
師	47	大般初分	法性法定	1	26	213	初分難信解品三十四之三十二	
裳	44	大般初分	通清故若	3	79	213	初分難信解品三十四之三十二	首二十六行尾行碎損
金	8	故若一切	智智三摩	2	56	213	初分難信解品三十四之三十二	首十八行尾六行碎損

金	39	十力无斷	智智三摩	1	28	213	初分難信解品三十四之三十二	
出	95	現本切智	門清无斷	6	154	213	初分難信解品三十四之三十二	
崑	3	善現淨故	斷故十三	5	115	213	初分難信解品三十四之三十二	
珠	37	无變得空	斷故十四	16	441	214	初分難信解品三十四之三十三	首十五行碎損
雨	50	故善清淨	淨何一切	9	224	214	初分難信解品三十四之三十三	首十四行尾二行碎損
玉	28	无二无願	斷故住捨	1	28	214	初分難信解品三十四之三十三	首七行尾四行碎損
張	52	二无无願	无別空清	4	112	214	初分難信解品三十四之三十三	首三行尾六行碎損
水	73	色界智智	无別舌界	1	21	214	初分難信解品三十四之三十三	首行碎損
寒	34	大般初分	切智十力	2	54	215	初分難信解品三十四之三十四	
成	61	大般初分	清淨切智	1	24	215	初分難信解品三十四之三十四	

珠	32	清淨故耳	鼻舌切智	8	214	216	初分難信解品三十四之三十五	首四行尾二行碎損
位	47	智清若身	波羅若自	2	40	216	初分難信解品三十四之三十五	全卷碎損
帝	98	現无清淨	无別力清	1	28	217	初分難信解品三十四之三十六	
文	95	大般初分	脫清淨若	1	26	218	初分難信解品三十四之三十七	
裳	6	法界智智	故法清淨	3	65	218	初分難信解品三十四之三十七	
海	96	清淨清淨	一切妄性	14	374	218	初分難信解品三十四之三十七	首四行尾十九行碎損
劍	8	无二性清	清淨淨何	1	32	218	初分難信解品三十四之三十七	首九行尾三行碎損
寒	55	若法切智	性清切智	2	56	218	初分難信解品三十四之三十七	
珍	14	淨若分无	斷故十八	5	137	218	初分難信解品三十四之三十七	
宙	9	大般初分	智清觸法	3	82	219	初分難信解品三十四之三十八	此係宙九號之二

歲	28	何以切智	斷故清淨	1	24	219	初分難信解品三十四之三十八	
冬	15	色界智智	若五无別	5	140	219	初分難信解品三十四之三十八	此係冬十五號之一
珠	95	變異議界	清淨苦道	10	280	220	初分難信解品三十四之三十九	
皇	42	覺菩淨何	无斷香味	1	29	220	初分難信解品三十四之三十九	尾四行碎損
暑	3	善現門清	斷故十一	10	272	221	初分難信解品三十四之四十	首五行碎損
字	40	一切若實	斷故廿一	1	23	221	初分難信解品三十四之四十	
成	4	大般初分	淨何爲緣	2	54	222	初分難信解品三十四之四十一	
麗	33	大般初分	不思緣所	9	250	222	初分難信解品三十四之四十一	尾十二行碎損此卷實第二百廿二原作第二百二當係脫寫
服	81	清淨斷故	淨若故虛	3	78	222	初分難信解品三十四之四十一	首十四行碎損

始19	无二界眼	淨若故虛	2	57	222	初分難信解品三十四之四十一	首行碎損
李68	淨故捨十	議界受清	3	84	222	初分難信解品三十四之四十一	
律17	大般初分	淨何爲緣	2	54	223	初分難信解品三十四之四十二	首九行碎損
羽9	故若清淨	一切界乃	1	20	224	初分難信解品三十四之四十三	尾四行碎損
盈89	智清淨故	斷故廿四	8	201	224	初分難信解品三十四之四十三	首八行碎損
宙72	淨故捨十	斷故廿五	13	349	225	初分難信解品三十四之四十四	首行碎損
餘38	大般初分	念住以故	2	54	226	初分難信解品三十四之四十五	
潛46	思議何以	念住以故	1	27	226	初分難信解品三十四之四十五	首八行碎損
出99	故若智智	聖諦清淨	8	211	226	初分難信解品三十四之四十五	首七十四行碎損
律28	清淨斷故	智智三摩	1	28	226	初分難信解品三十四之四十五	尾署左盈建三字

出	58	二若 无集	盈廿 建六	7	180	226	之初 四分 十難 五信 解品三十四	
芥	23	脫清 門淨	无門 斷清	2	45	226	之初 四分 十難 五信 解品三十四	尾行碎損
裳	3	善若 現一	清淨 淨故	1	28	226	之初 四分 十難 五信 解品三十四	
盈	80	初大 分般	无勝 二處	2	54	227	之初 四分 十難 六信 解品三十四	
律	26	初大 分般	智故 智若	2	54	228	之初 四分 十難 七信 解品三十四	首五行碎損
鹹	30	淨覺 何菩	唐廿 開八	13	368	228	之初 四分 十難 七信 解品三十四	首六行碎損
霜	63	四若 念一	一四 切念	2	56	228	之初 四分 十難 七信 解品三十四	
海	14	空住 色清	一二 切无	4	112	228	之初 四分 十難 七信 解品三十四	六首 行二 碎十 損七 行 尾
芥	75	初大 分般	切若 智一	2	46	229	之初 四分 十難 八信 解品三十四	全卷碎損
餘	13	鼻故 舌一	清生 淨諸	2	56	229	之初 四分 十難 八信 解品三十四	

號	數	起	止	紙	行	卷	品	附記
宇	18	淨若清淨	故四淨何	2	56	229	初分難信解品三十四之八	首三行碎損
寒	60	行乃法定	清淨乃至	1	28	229	初分難信解品三十四之八	首行碎損
餘	20	淨故乃至	何以故若	2	56	230	初分難信解品三十四之九	
推	14	淨四四无	清淨智智	1	28	230	初分難信解品三十四之四十九	
文	45	大慈故	无所卅一	2	50	231	初分難信解品三十四之五十	
日	66	大般淨若	初分分二	1	26	232	初分難信解品三十四之五十一	
暑	21	別无斷故	觸法卅二	17	434	232	初分難信解品三十四之五十一	首二十行碎損
列	95	智清斷故	聲香卅二	17	432	232	初分難信解品三十四之五十一	首十行碎損
服	80	故一現无	无相故一	8	226	232	初分難信解品三十四之五十一	首十一行碎損
辰	97	風空斷故	分无卅二	14	371	232	初分難信解品三十四之五十一	首五行碎損

宙	58	相智别无 現无故一	2	54	232	初分難信解品三十四之五十一	首行碎損
地	5	切智眼界 斷故多清	3	69	232	初分難信解品三十四之五十一	尾行碎損
羽	6	斷故清淨 智智解脱	1	24	232	初分難信解品三十四之五十一	
推	96	淨若一切 神通智清	1	28	233	初分難信解品三十四之五十二	
地	87	淨一淨何 界眼色界	9	246	234	初分難信解品三十四之五十三	首七行尾六行碎損
闕	34	性平思議 斷故卅四	8	213	234	初分難信解品三十四之五十三	首行碎損
鳥	35	一切世界 斷故卅四	2	36	234	初分難信解品三十四之五十三	首六行尾行碎損
成	58	大般初分 二无斷故	2	54	235	初分難信解品三十四之五十四	第八行碎損
淡	49	智智現大 斷故卅六	16	432	236	初分難信解品三十四之五十五	首三行碎損
稱	13	故若切相 斷故卅六	15	387	236	初分難信解品三十四之五十五	首五行碎損

薑	20	清淨	淨故	斷故	卅六	4	88	236	初分難信解品三十四之五十五	首行碎損
黃	85	大般	初分	諸受	淨故	3	82	237	初分難信解品三十四之五十六	
菜	82	无二	切相	大喜	无上	1	28	237	初分難信解品三十四之五十六	
服	44	大般	初分	清淨	法清	2	54	238	初分難信解品三十四之五十七	首十六行碎損
師	13	善現	布施	淨无	故四	2	57	238	初分難信解品三十四之五十七	首行碎損
宇	53	界清	智清	智清	二分	16	425	239	初分難信解品三十四之五十八	首三十四行碎損
乃	81	一切	以故	切智	道相	3	68	239	初分難信解品三十四之五十八	首八行尾行碎損
重	78	无別	及眼	卅九	威勘	2	33	239	初分難信解品三十四之五十八	末有勝威勘三字
冬	15	味界	清淨	斷故	卅九	1	6	239	初分難信解品三十四之五十八	此係冬十五號之二
翔	62	三藏	善現	乃至	二无	2	53	240	初分難信解品三十四之五十九	首二十三行碎損

結	85	无二界清	清淨波羅	10	251	240	初分難信解品三十四之五十九	首二行尾三行碎損
洪	5	內空智智	二分淨故	9	234	240	初分難信解品三十四之五十九	首十行碎損
水	21	故若智清	緣所二分	4	92	240	初分難信解品三十四之五十九	首九行碎損
果	2	无二門清	斷故百卌	10	258	240	初分難信解品三十四之五十九	首二十行碎損
金	89	多性般若	性空七十	5	133	240	初分難信解品三十四之五十九	
黃	21	眞如若一	斷故百卌	6	146	240	初分難信解品三十四之五十九	
推	87	切陀處清	羅尼清淨	1	30	240	初分難信解品三十四之五十九	尾二行碎損
麗	86	无二善現	斷故百卌	4	93	240	初分難信解品三十四之五十九	首行碎損
地	4	生諸若一	斷故卌一	15	423	241	初分難信解品三十四之六十	首十二行碎損
李	21	无別无明	以故一切	1	22	241	初分難信解品三十四之六十	

辰71	切三三摩	道相諸佛	1	27	241	初分難信解品三十四之六十	首五行碎損
潛70	淨若淨何	故善清淨	1	22	241	初分難信解品三十四之六十	首行尾二行碎損
官54	以故斷故	清靜卌一	2	33	241	初分難信解品三十四之六十	
騰5	界清斷故	清淨果清	6	155	242	初分難信解品三十四之六十一	首二行碎損
騰11	淨故故	預流卌一	10	271	242	初分難信解品三十四之六十一	
水19	靜慮无二	以故靜故	1	25	243	初分難信解品三十四之六十二	首二行碎此係水十九號之一
制95	淨色斷故	菩薩卌三	3	53	243	初分難信解品三十四之六十二	首三十三行碎損
結18	大般訶薩	初分緣所	1	26	244	初分難信解品三十四之六十三	
劍6	大般斷故	初分卌四	18	496	244	初分難信解品三十四之六十三	首十二行碎損
閏94	生諸无二	清淨行清	1	28	244	初分難信解品三十四之六十三	

人	86	淨若故一	智清菩薩	1	21	244	初分難信解品三十四之六十三	
推	24	大般初分	清淨別无	1	23	245	初分難信解品三十四之六十四	
閏	85	切智无上	多清淨若	1	28	245	初分難信解品三十四之六十四	
歲	33	舌身何以	斷故卌六	9	236	246	初分難信解品三十四之六十五	首三行尾十二行碎損
閏	2	諸受分无	安忍淨若	5	139	246	初分難信解品三十四之六十五	
閏	1	无忘无二	斷故卌六	2	60	246	初分難信解品三十四之六十五	
裳	90	淨故蜜多	波羅分无	1	24	247	初分難信解品三十四之六十六	尾行碎損
位	60	淨戒清淨	捨性分无	3	65	247	初分難信解品三十四之六十六	首尾碎損各二行
宿	29	切智清淨	斷故卌七	5	117	247	初分難信解品三十四之六十六	
珠	69	淨无淨故	斷故卌八	9	248	248	初分難信解品三十四之六十七	首五十一行碎損

號	7	淨何空空　斷故卌九	8	213	249	初分難信解品三十四之六十八	全卷碎損四行
結	22	大般初分　空內畢竟	2	54	250	初分難信解品三十四之六十九	
位	18	大般初分　諸受斷故	1	26	250	初分難信解品三十四之六十九	
李	60	切智清淨　斷故五十	15	415	250	初分難信解品三十四之六十九	首十二行碎損
生	80	故八以故　淨故淨故	2	56	250	初分難信解品三十四之六十九	首十四行碎損
成	69	大空陁羅　清淨若勝	2	56	250	初分難信解品三十四之六十九	首九行尾行碎損
推	60	故若空清　无別法清	2	56	250	初分難信解品三十四之六十九	
皇	72	无二淨故　无別法清	1	28	250	初分難信解品三十四之六十九	全卷碎損八行
師	48	大般初分　乃至若一	2	36	251	初分難信解品三十四之七十	全卷碎損
始	69	无二淨故　智智清淨	1	24	251	初分難信解品三十四之七十	首五行尾四行碎損

衣	13	切智智清 淨故若智	2	33	251	初分難信解品三十四之七十	
閏	77	大般初分 故一以故	16	446	252	初分難信解品三十四之七十一	
露	55	二百初分 十二三校	18	452	252	初分難信解品三十四之七十一	首十一行碎損 尾署張曜寫第一校第二校第三校十三字
號	25	淨若分无 故眼故若	2	40	252	初分難信解品三十四之七十一	首十四行碎損
帝	84	一切无二 識界乃至	1	28	252	初分難信解品三十四之七十一	
閏	74	若一淨无 斷故十二	2	33	252	初分難信解品三十四之七十一	
羽	56	六神智智 變異相智	1	24	253	初分難信解品三十四之七十二	
歲	83	色處若一 清淨切智	4	74	254	初分難信解品三十四之七十三	全卷焦脆
珠	39	布施羅蜜 門清无斷	4	111	254	初分難信解品三十四之七十三	卷多碎損

師75	門清何以	諸受智清	2	59	254	初分難信解品三十四之七十三	首六行碎損
騰93	空清性清	相空提清	1	28	254	初分難信解品三十四之七十三	
衣7	大般初分	淨何觸爲	1	26	255	初分難信解品三十四之七十四	首十二行碎損
月28	无別清淨	明清斷故	1	26	256	初分難信解品三十四之七十五	
羽2	何以空清	一切取有	1	17	256	初分難信解品三十四之七十五	首二行碎損
出41	大般初分	生諸切智	1	26	257	初分難信解品三十四之七十六	
乃22	大般初分	斷故淨无	4	120	258	初分難信解品三十四之七十七	首十一行碎損
往42	清淨智智	智智二无	3	80	258	初分難信解品三十四之七十七	首二十九行碎損
暑88	清淨愁歎	无斷變異	1	28	258	初分難信解品三十四之七十七	
羽91	別无羅漢	淨耳以故	1	27	258	初分難信解品三十四之七十七	

地	23	无斷漢果	淨耳以故	1	28	258	初分難信解品三十四之七十七	
日	58	大般初分	眼界眼界	2	32	259	初分難信解品三十四之七十八	此係日五十八號之一
稱	38	不妄无別	清淨若淨	3	67	259	初分難信解品三十四之七十八	首十一行碎損
巨	79	獨覺分无	別无空大	4	112	259	初分難信解品三十四之七十八	
夜	3	空勝空无	切智淨故	2	58	259	初分難信解品三十四之七十八	尾二行碎損
闕	23	不變菩薩	行清智清	2	56	259	初分難信解品三十四之七十八	首二紙碎損
珍	50	一切无別	无二一切	1	25	259	初分難信解品三十四之七十八	
珠	84	淨若淨无	斷故十九	4	93	259	初分難信解品三十四之七十八	
闕	59	若一性清	清淨何以	5	126	260	初分難信解品三十四之七十九	首十三行碎損
珠	1	故若清淨	无二斷故	4	112	260	初分難信解品三十四之七十九	

珠 57	善現清淨	若一法空	4	112	260	初分難信解品三十四之七十九	
珠 8	清淨智清	斷故六十	3	74	260	初分難信解品三十四之七十九	
衣 55	清淨智清	法定切智	1	24	260	初分難信解品三十四之七十九	
金 25	大般初分	脫門斷故	2	54	261	初分難信解品三十四之八十	
往 23	智智性平	清淨淨若	1	29	261	初分難信解品三十四之八十	
翔 26	四无法清	无耳鼻識	3	84	261	初分難信解品三十四之八十	首八行碎損
律 69	若預別無	實際鼻舌	1	29	261	初分難信解品三十四之八十	
衣 15	智智淨无	切智无二	1	28	261	初分難信解品三十四之八十	
位 42	大般初分	忘失无斷	2	54	262	初分難信解品三十四之八十一	首六行碎損
淡 73	何以切智	何以空界	3	75	262	初分難信解品三十四之八十一	首二行碎損

列	65	若一……清淨 界乃……无二	6	161	262	初分難信解品三十四之八十一	首行碎損
昃	13	尼門……清淨 无斷……斷故	1	26	262	初分難信解品三十四之八十一	
李	83	尼門……斷故 无斷……清淨	1	25	262	初分難信解品三十四之八十一	
芥	66	分无……斷故 識界……十二	2	67	262	初分難信解品三十四之八十一	首八行碎損
暑	66	善現……斷故 脫門……十三	16	439	263	初分難信解品三十四之八十二	
呂	21	淨故……以故 淨若……淨若	10	279	263	初分難信解品三十四之八十二	卷末一紙非本卷經文
露	16	大般……清淨 初分……斷故	8	216	264	初分難信解品三十四之八十三	卷末兩行非本卷經文背有字
芥	98	智清……故若 无二……若滅	8	224	264	初分難信解品三十四之八十三	首九行碎損
列	23	无斷……斷故 清淨……十四	13	361	264	初分難信解品三十四之八十三	首二行碎損
光	29	舌觸……斷故 以故……十四	11	316	264	初分難信解品三十四之八十三	首二十八行碎損

皇	98	清淨若滅	淨故若眞	1	28	264	初分難信解品三十四之八十三	
衣	54	大般初分	清淨切智	1	26	265	初分難信解品三十四之八十四	
鱗	35	一切諸受	切三分无	5	140	265	初分難信解品三十四之八十四	
辰	83	故眼故若	諸受智清	1	28	265	初分難信解品三十四之八十四	
闕	60	清淨淨故	四无智智	2	56	265	初分難信解品三十四之八十四	
日	55	善現故四	提清无斷	10	275	266	初分難信解品三十四之八十五	首十四行碎損
衣	52	何以滅道	无色一切	1	53	266	初分難信解品三十四之八十五	首尾碎損各二行
月	8	定清智智	斷故十六	10	258	266	初分難信解品三十四之八十五	首二行碎損
師	81	大般初分	清淨淨故	1	26	267	初分難信解品三十四之八十六	首九行碎損
陽	98	大般初分	爲緣二分	2	55	268	初分難信解品三十四之八十七	首十五行碎損

李	47	鼻界若一	斷故十九	15	439	269	初分難信解品三十四之八十八	首二行碎損
露	80	大般初分	斷故七十	16	449	270	初分難信解品三十四之八十九	首九行碎損
柰	56	大般初分	故若淨无	2	54	270	初分難信解品三十四之八十九	
鳥	2	善現故五	故若淨无	2	46	270	初分難信解品三十四之八十九	首七行尾四行碎損
裳	56	大般初分	一切諸受	1	25	270	初分難信解品三十四之八十九	
金	29	現一七等	斷故七十	3	77	270	初分難信解品三十四之八十九	首三行碎損
水	82	大般初分	二无故眞	1	22	271	初分難信解品三十四之九十	
河	60	大般初分	无斷四念	2	54	271	初分難信解品三十四之九十	
藏	94	妄性離生	斷故十一	15	425	271	初分難信解品三十四之九十	首行碎損
爲	6	離生淨法	等覺十力	2	56	271	初分難信解品三十四之九十	卷中碎損七行

千字文	號	起	止	紙數	行數	卷	品	附注
爲	2	清淨斷故	覺支三摩	1	28	271	初分難信解品三十四之九十	
金	69	地門別无	斷故一切	4	113	271	初分難信解品三十四之九十	尾行碎損
河	29	觸爲以故	斷故十一	9	257	271	初分難信解品三十四之九十	首行碎損
雨	71	初分善現	故十二	15	424	272	初分難信解品三十四之九十一	首十二行碎損
麗	5	諸受淨故	故十二	8	231	272	初分難信解品三十四之九十一	
位	41	智智相解	无願若耳	1	28	272	初分難信解品三十四之九十一	
薑	80	大般初分	願解集滅	2	54	273	初分難信解品三十四之九十二	
雨	27	切智清淨	斷故十三	15	418	273	初分難信解品三十四之九十二	
果	29	无忘无二	淨故羅漢	1	25	273	初分難信解品三十四之九十二	首三行碎損
日	18	五眼乃至	切智五眼	4	112	274	初分難信解品三十四之九十三	

珠	91	淨无 故斷	解斷 脫故	6	169	274	之初 九分 十難 三信 解品三十四	首十二行碎損
衣	43	清清 淨淨	智通 智清	2	56	274	之初 九分 十難 三信 解品三十四	
巨	83	淨清 若淨	清淨 淨无	4	95	274	之初 九分 十難 三信 解品三十四	
巨	52	淨十 故遍	十斷 五故	15	416	275	之初 九分 十難 四信 解品三十四	損首四十八行碎
始	6	捨切 十智	陁分 羅无	1	28	275	之初 九分 十難 四信 解品三十四	首九行碎損
劍	70	淨尼 何門	无十 上力	1	26	275	之初 九分 十難 四信 解品三十四	
皇	85	淨尼 何門	色斷 清故	1	28	275	之初 九分 十難 四信 解品三十四	碎首 損二行尾八行
騰	81	善无 現斷	十斷 五故	5	140	275	之初 九分 十難 四信 解品三十四	首三行碎損
日	8	二智 分清	十斷 七故	18	484	277	之初 九分 十難 六信 解品三十四	損首三十一行碎
珠	65	薩大 十悲	清故 淨若	2	56	277	之初 九分 十難 六信 解品三十四	首行碎損

律	72	无忘清淨	斷故十七	6	248	277	初分難信解品三十四之九十六	首十二行碎損 比丘遵戒
藏	28	无二行識	上正二分	16	441	278	初分難信解品三十四之九十七	尾十九行碎損
潛	77	大般初分	清淨法清	5	138	278	初分難信解品三十四之九十七	首十行碎損
金	82	不共智智	清淨清淨	9	252	278	初分難信解品三十四之九十七	
推	69	切智羅尼	故諸菩提	1	24	278	初分難信解品三十四之九十七	此係推六十九號之二
張	73	分无界及	清淨若一	4	123	279	初分難信解品三十四之九十八	首六行碎損
餘	48	二无清淨	斷故十九	8	226	279	初分難信解品三十四之九十八	首十八行碎損
鹹	70	眼識界乃	善現解脫	12	336	280	初分難信解品三十四之九十九	首十行尾七行碎損
巨	77	智淸死愁	八十一勘	13	312	280	初分難信解品三十四之九十九	
冬	88	內空智清	斷故八十	12	337	280	初分難信解品三十四之九十九	首六行碎損

字	序	文	文				品	备注
盈	97	清淨斷故	智清八十	11	295	280	初分難信解品三十四之九十九	
制	25	切相无二	忘失一來	1	27	280	初分難信解品三十四之九十九	首七行碎損
制	38	羅蜜善現	初分界清	2	53	281	初分難信解品三十四之一百	首行尾四行碎損
字	17	何以解脫	切陁无二	13	355	281	初分難信解品三十四之一百	首行碎損
位	73	羅尼尼門	智智智清	1	28	281	初分難信解品三十四之一百	
收	18	性情以故	淨何緣所	2	77	281	初分難信解品三十四之一百	首二行尾行碎損
烏	24	无別一切	脫門淨若	1	28	281	初分難信解品三十四之一百	
盈	53	无忘斷故	无二十一	3	78	281	初分難信解品三十四之一百	
結	6	智智清淨	无二智清	6	195	282	初分難信解品三十四之一〇一	首五行尾行碎損
始	70	一切流果	清淨阿羅	1	24	282	初分難信解品三十四之一〇一	

閏	31	淨故淨若	內空別无	7	191	283	初分難信解品三十四之一○二	首十二行碎損
列	30	大般初分	淨若无別	2	54	284	初分難信解品三十四之一○三	首有絲帶一條
閏	87	現一一切	生諸二无	2	56	284	初分難信解品三十四之一○三	
霜	27	智智薩摩	淨何清淨	1	28	284	初分難信解品三十四之一○三	
海	46	清淨分无	二分如清	2	56	284	初分難信解品三十四之一○三	
宿	65	上正善現	斷故十四	7	182	284	初分難信解品三十四之一○三	首十一行碎損
文	6	淨眞以故	八佛淨无	3	75	284	初分難信解品三十四之一○三	首十一行碎損
露	32	大般初分	利子深无	2	54	285	初分讚清淨品三十五之一	首二十六行碎損
玉	52	大般初分	爲甚諸受	1	26	285	初分讚清淨品三十五之一	首十六行碎損
皇	44	大般初分	爲甚諸受	1	26	285	初分讚清淨品三十五之一	

字	番号	文脈（右行／左行）	巻	頁	段	品名	備考
推	45	畢竟／畢竟　子空／深无	1	28	285	初分之一讚清淨品三十五	
衣	83	空畢／相空　明了／爲明	1	28	285	初分之一讚清淨品三十五	
藏	14	界性／性无　竟淨／十六	12	340	286	初分之二讚清淨品三十五	首五行碎損
暑	29	所生／空想　門謂／想著	1	28	286	初分之二讚清淨品三十五	
露	35	大般／初分　智起／於一	1	26	287	初分著不著相品三十六之一	尾行碎損
露	28	想著／獨覺　造作／十八	10	428	288	初分著不著相品三十六之二	首五行碎損
露	36	行眼／行耳　行耳／行聲	2	56	288	初分著不著相品三十六之二	首十一行碎損
雨	62	若无／所有　淨／十九	14	373	289	初分著不著相品三十六之三	首十三行碎損
露	38	大般／初分　蜜多／是行	3	82	290	初分著不著相品三十六之四	首二十二行碎損
藏	8	大般／初分　羅蜜／著相	1	26	291	初分著不著相品三十六之五	

制	18	大般 初分	生諸 善現	2	54	291	初分說著不著相品三十六之五	首二十三行碎損
果	75	捨性 菩薩	香城 十一	16	435	291	初分說著不著相品三十六之五	首十三行碎損
光	76	乃至 亦不	法 十二	13	355	292	初分說著不著相品三十六之六	首三行碎損
							初分說般若相品三十七之一	
珠	38	幻乃 亦不	諸法 是尋	1	28	292	初分說著不著相品三十六之六	
藏	4	大般 初分	畢竟 淨法	1	26	293	初分說般若相品三十七之二	
霜	40	波羅 般若	十三 下經	16	456	293	初分說般若相品三十七之二	首八行碎損
雲	88	爾時 羅蜜	法處 清淨	1	25	293	初分說般若相品三十七之二	
餘	40	羅蜜 无染	清淨 多清	3	74	293	初分說般若相品三十七之二	首十二行碎損
崑	93	聖諦 諦无	清淨 多清	5	140	293	初分說般若相品三十七之二	

餘	31	淨四无染 若波及舌	4	112	293	初分說 七之二	般若相品三十	
巨	84	淨色无明 无染老死	2	70	293	初分說 七之二	般若相品三十	首二行尾四行 碎損
呂	6	觸舌清淨 蜜多十三	3	93	293	初分說 七之二	般若相品三十	
鹹	41	淨八蜜多 蜜多羅蜜	4	107	294	初分說 七之三	般若相品三十	首二行碎損
鹹	43	多清清淨 蜜多多清	10	280	294	初分說 七之三	般若相品三十	尾行碎損
致	79	羅蜜波羅 若波羅蜜	1	28	294	初分說 七之三	般若相品三十	
律	42	淨香清淨 般若十四	4	107	294	初分說 七之三	般若相品三十	首七行碎損
來	15	般若勝處 不可蜜多	1	26	294	初分說 七之三	般若相品三十	
珠	21	緣所故不 由此清淨	2	56	295	初分說 七之四	般若相品三十	首四十行爛碎
地	75	生諸愁歎 滅不羅蜜	1	24	295	初分說 七之四	般若相品三十	第二行脫十八 字此係地七十八

							五號之二
光 23	波羅還故	卅八般若	1	20	296	初分說般若相品三十七之五	首尾碎損各一行
						初分波羅蜜多品三十八之一	
藏 5	大般初分	忘失捨性	1	26	296	初分說般若相品三十七之五	
果 34	不染若波	羅蜜量殊	1	44	296	初分說般若相品三十七之五	首二行尾十行碎損
人 94	天樂量无	覺菩離生	1	35	296	初分說般若相品三十七之五	首三行尾二行碎損
位 75	脩學无數	大慈不捨	2	56	296	初分說般若相品三十七之五	全卷碎損
果 50	得空善現	法不捨獨	1	33	296	初分說般若相品三十七之五	首一行尾二行碎損
果 37	大悲現如	空故卅八	3	85	296	初分說般若相品三十七之五	首行碎損
雲 59	法不善現	量四以八	2	31	296	初分說般若相品三十七之五	首二行尾三行碎損

果	58	八勝處九 自性般若	2	22	296	初分說般若相品三十七之五	首二行尾三行碎損
宇	98	善現蜜多 波羅尊如	1	25	296	初分波羅蜜多品三十八之一	首尾行碎損
宇	98	蜜多言如 多佛尊如	1	24	296	初分波羅蜜多品三十八之一	首尾碎損各二行
裳	64	蜜多是般 羅蜜如是	1	32	296	初分波羅蜜多品三十八之一	首尾碎損各一行
黃	65	般若是破 世尊多佛	1	28	296	初分波羅蜜多品三十八之一	首一行尾三行碎損
藏	7	大般初分 多佛般若	1	26	297	初分波羅蜜多品三十八之二	
來	57	大般初分 難可測量	11	300	298	初分難聞功德品三十九之二	
秋	78	大般初分 憍尸處前	1	26	298	初分難聞功德品三十九之二	
爲	41	後中若波 生諸利子	9	242	298	初分難聞功德品三十九之二	首六行碎損
張	75	故般上正 通故大八	7	202	298	初分難聞功德品三十九之二	

藏	10	大般 前相	初分 念城	1	26	300	初分難聞功德品三十九之四	尾行碎損
騰	51	大般 是若	初分 如理	2	54	300	初分難聞功德品三十九之四	
柰	5	行般 羅蜜	現在 若波	1	26	300	初分難聞功德品三十九之四	首十六行碎損
盈	93	善現 神通	思惟 能與	5	140	301	初分難聞功德品三十九之五	
玉	34	丗之 魔事	爾時 百三	18	507	303	初分魔事品四十之一	首二十五行碎損
服	87	大般 去當	初分 世尊	2	67	303	初分魔事品四十之一	首三十六行尾二行碎損
收	93	苦憂 魔事	性是 諸善	1	23	303	初分魔事品四十之一	首行碎損
鱗	40	勝義 證无	无變 人等	2	65	303	初分魔事品四十之一	
鱗	64	弃捨 魔事	俗書 百三	3	89	303	初分魔事品四十之一	
秋	59	臥十 魔事	十二 百三	2	61	303	初分魔事品四十之一	

師	18	法者持讀	深般魔事	1	28	303	初分魔事品四十之一	
乃	69	佛功深般	界及眼觸	1	25	305	初分佛母品四十一之一	
果	45	智眞相智	如无別善	1	25	306	初分佛母品四十一之二	首六行尾三行碎損
潛	92	大般初分	舌界不緣	1	26	307	初分佛母品四十一之三	
文	67	大般初分	舌界不緣	1	26	307	初分佛母品四十一之三	
洪	43	空相處世	諸佛遍處	1	28	307	初分佛母品四十一之三	
服	7	脫門間不	受世聲界	1	28	307	初分佛母品四十一之三	首行碎損
月	22	間遠示知	寂靜觸法	1	22	307	初分佛母品四十一之三	
文	90	大般初分	性中七等	3	82	310	初分不思議品四十二之三	
重	96	行識間不	世尊取著	2	62	310	初分辦事品四十三之一	首五行碎損

冬 96	性自 見有	蜜多 著外	1	26	311	初分辦事品四十三之二	
裳 71	有情 切智	精進 書寫	2	56	312	初分衆喻品四十四之二	首四行尾一行碎損卷中又碎行
							損八行
辰 26	若不 智若	畏四 共法	1	28	312	初分衆喻品四十四之二	碎七行
羽 97	復能 能攝	第定 正斷	2	56	312	初分衆喻品四十四之二	
地 15	妄性 際虛	空故 十三	10	287	313	初分衆喻品四十四之三 初分眞善友品卌五之一	
昃 88	如彼 非至	不執 執由	2	65	313	初分衆喻品四十四之三	首三行碎損
宙 20	中无 至此	證无 不虛	5	139	313	初分衆喻品四十四之三	首八行碎損此卷分兩段
岡 86	大般 初分	空識 風空	1	32	315	初分眞善友品四十五之三	全卷碎損
重 52	大般 初分	非趣 是趣	3	82	316	初分眞善友品四十五之四	首十二行碎損

列	3	超越可超現一趣可	1	20	316	初分眞善友品四十五之四	背面有字
致	5	趣非不可減爲有趣	7	183	316	初分眞善友品四十五之四	首十行碎損
調	45	非趣見者趣不十六	8	224	316	初分眞善友品四十五之四	
閏	61	大般蜜多初分十七	17	463	317	初分趣智品四十六之二	
崑	9	外空不退薩摩羅蜜	12	344	317	初分趣智品四十六之二	首十九行尾二行碎損
重	4	以故多脩說彼多世	3	82	317	初分趣智品四十六之二	卷多碎損
雨	74	水火窮盡界證十八	13	357	318	初分趣智品四十六之三 初分眞如品四十七之一	首二行碎損
位	69	大般淨戒初分是菩	1	26	318	初分趣智品四十六之三	首十三行碎損
結	90	薩摩菩薩大空聖諦	2	51	318	初分趣智品四十六之三	全卷碎損
鳥	65	集滅證善摩訶不可	1	31	318	初分趣智品四十六之三	全卷碎損九行

重	56	大般初分	故說十九	17	475	319	初分眞如品四十七之二	全卷蟲蝕四十五行
麗	57	薩不礙解	相智百廿	10	268	320	初分眞如品四十七之三	
露	91	安忍內空	空空際空	1	24	320	初分眞如品四十七之三	
文	72	法界性法	異性不思	1	24	321	初分眞如品四十七之四	
珍	83	現在平等	來生廿一	6	159	321	初分眞如品四十七之四	首行碎損
律	80	如來復次	眞如等如	2	56	321	初分眞如品四十七之四	
秋	65	復以以天	由聲觸法	1	21	322	初分眞如品四十七之五	首六行碎損
龍	13	大般初分	由聲觸法	1	26	322	初分眞如品四十七之五	
往	68	不由不離	思議界眞	3	70	322	初分眞如品四十七之五	全卷碎損
閏	64	念住來生	得此大捨	12	342	322	初分眞如品四十七之五	首二行尾二行碎損

位	24	十八佛不 聞果廿二	2	45	322	初分眞如品四十七之五	首五行碎損
宿	63	至般有退 氣者廿四	17	477	324	初分眞如品四十七之七 初分菩薩住品卌八之一	首十四行碎損
翔	11	多經卅七 空自有退	1	26	324	初分眞如品四十七之七	首三行碎損
裳	11	語雜語恒 无量无量	1	17	324	初分菩薩住品四十八之一	
辰	89	觸得眼觸 故若斷集	7	184	325	初分菩薩住品四十八之二	首五行尾六行碎損
字	37	鼻舌善現 生老受則	1	28	325	初分菩薩住品四十八之二	
巨	92	則非爲空 脫門可攝	1	27	325	初分菩薩住品四十八之二	
珠	4	自性自性 見有勝義	4	119	325	初分不退轉品四十九之一	首四行尾一行碎損
列	68	故亦必无 空亦空无	1	28	326	初分不退轉品四十九之二	首十二行碎損
騰	87	菩提集我 退轉廿六	14	387	326	初分不退轉品四十九之二	首十行碎損

龍 12	是菩受想	退轉廿六	1	23	326	初分之二不退轉品四十九	
師 43	大般初分	菩薩轉於	1	26	327	初分之三不退轉品四十九	
官 11	大般初分	現色亦名	2	45	328	初分巧方便品五十之一	尾五行碎損
夜 67	不可薩摩	涅槃廿八	18	486	328	初分巧方便品五十之一	首二行碎損
露 25	住此此殊	涅槃廿八	17	487	328	初分巧方便品五十之一	首行碎損
律 65	遺四妙方	薩行轉地	1	28	328	初分巧方便品五十之一	
師 51	大般初分	學速如深	1	28	329	初分巧方便品五十之二	
歲 1	是故證无	菩提廿九	16	449	329	初分巧方便品五十之二	
潛 53	是故證无	彼何羅蜜	1	28	329	初分巧方便品五十之二	
結 16	迴向甚深	菩提百卅	15	437	330	初分巧方便品五十之三 初分願行品五十一之一	首十二行碎損

果 92	皆得形像	菩提卌一	17	475	331	初分願行品五十一之二 初分善學品五十三之一	
陽 70	處執舌身	菩提卌一	9	264	331	初分願行品五十一之二 初分善學品五十三之一	王瀚寫
稱 19	有情多逺	云何云何	3	84	331	初分願行品五十一之二 初分善學品五十三之一	
文 13	法空空安	佛土中諸	2	55	331	初分願行品五十一之二	
騰 95	膿血此事	受想著色	6	156	331	初分願行品五十一之二	首七行碎損
稱 50	空解脫門	界合无邊	3	84	331	初分願行品五十一之二	
制 39	空解脫門	羅蜜受想	1	26	331	初分願行品五十一之二	
巨 1	入无念住	漏盡无妙	3	84	331	初分善學品五十三之一	
巨 70	大智念今	菩提卌一	1	38	331	初分善學品五十三之一	
潛 73	少利歎彼	前箭多時	1	30	332	初分善學品五十三之二	全卷碎損

稱	92	提利男子	應學獨覺	4	115	337	初分巧便學品五十五之一	全卷碎損
成	41	所生勤修	言說卅七	2	49	337	初分巧便學品五十五之一	
果	65	嚴淨一切	羅漢薩摩	5	140	338	初分巧便學品五十五之二	首八行碎損
衣	97	摩訶等學	次善薩平	1	25	338	初分巧便學品五十五之二	
李	61	訶薩上正	法界摩訶	3	84	338	初分巧便學品五十五之二	
光	50	薩爲香味	滅故布施	4	112	338	初分巧便學品五十五之二	
珍	37	波羅爲淨	智不卅八	3	96	338	初分巧便學品五十五之二	
珠	83	波羅分巧	學是智離	4	110	339	初分巧便學品五十五之三	首六行碎損
河	73	四念乃至	智智卅九	17	463	339	初分巧便學品五十五之三	首十七行碎損
夜	27	故學離故	故學離故	4	112	339	初分巧便學品五十五之三	

珠	17	學是 學一	學一 智智	5	140	339	初分巧便學品五十五之三
巨	18	佛言 故學	智智 卅七	4	105	339	初分巧便學品五十五之三
皇	83	菩薩 智智	是學 來寂	1	25	340	初分巧便學品五十五之四
盈	60	訶薩 復次	菩提 卌一	14	388	341	初分巧便學品五十五之五 首行碎損
							初分願喻品五十六之一
日	99	空外 次善	修善 行	3	93	341	初分巧便學品五十五之五
帝	70	一生 迴向	安忍 內空	1	25	341	初分願喻品五十六之一
劍	99	卷第 初分	界不 不思	3	82	342	初分願喻品五十六之二 首三十行碎損
律	73	爲空 空自	畢竟 善現	1	21	342	初分願喻品五十六之二 首五行尾一行 碎損
致	94	身意 色界	支離 冊三	16	445	343	初分堅等讚品五十七之二 首十六行碎損

生	16	身意情離	支離卌三	16	448	343	初分之二 堅等讚品五十七	首十二行碎損
張	62	有情性空	支離卌三	15	434	343	初分之二 堅等讚品五十七	首十行碎損
成	48	故空極喜	意識波羅	1	25	343	初分之二 堅等讚品五十七	
珠	41	故空極喜	故諸故諸	1	23	343	初分之二 堅等讚品五十七	
河	27	地界大悲	羅蜜慮般	5	128	344	初分之三 堅等讚品五十七	首七行碎損
生	97	明離處觸	蜜多精進	3	92	344	初分之三 堅等讚品五十七	全卷碎損 下端火燒
生	39	若波天子	定離定十	2	68	344	初分之三 堅等讚品五十七	全卷碎損 下端火燒
鹹	66	若波復次	離卌四	12	331	344	初分之三 堅等讚品五十七	
生	79	界乃第定	四靜故獨	4	116	344	初分之三 堅等讚品五十七	全卷碎損 下端火燒
帝	69	門三不還	定十正斷	1	26	344	初分之三 堅等讚品五十七	首七行碎損

日	71	定法 无色	智離 卌四	16	182	344	初分堅等讚品五十七之三	
生	92	提離 行雖	故一 離	6	151	344	初分堅等讚品五十七之三	下端火燒
生	2	大般 初分	復次 若波	4	110	344	初分堅等讚品五十七之三	
生	89	羅蜜 諸佛	故觀 集滅	7	196	346	初分堅等讚品五十七之五	
							初分囑累品五十八之一	
生	61	道聖 壽善	意趣 卌六	6	164	346	初分囑累品五十八之一	
冬	27	羅蜜 慮精	可盡 十力	1	27	347	初分囑累品五十八之二	
重	93	多善 故菩	應引 蜜多	2	65	347	初分无盡品五十九之一	首二行碎損
閏	13	大般 初分	蜜多 卌八	16	437	348	初分无盡品五十九之二	首三十五行碎損
金	31	大般 初分	得如 復作	1	24	349	初分相引攝品六十之一	

翔	76	佛言心施 心脩精進	1	22	349	初分相引攝品六十之一	
月	85	世界蜜多 或白卌九	10	306	349	初分相引攝品六十之一	
鳥	28	訶薩波羅 定具薩摩	1	20	349	初分相引攝品六十之一	背後六門陀羅尼
巨	95	淨佛蜜多 聲聞五十	12	341	350	初分相引攝品六十之二	
寒	79	善根蜜多 地但卌九	6	173	350	初分相引攝品六十之二	
水	28	大般法住 初分安住	1	26	351	初分多問不二品六十一之一	首八行碎損
位	23	大般陽焰 初分用眞	4	118	351	初分多問不二品六十一之一	
致	48	若有相布 施等欲趣	1	34	351	初分多問不二品六十一之一	首三行碎損
收	95	爾時菩提 皆空十一	13	348	352	初分多問不二品六十一之二	
水	14	大般若波 初分亦不	1	26	352	初分多問不二品六十一之二	首十八行尾一行碎損

霜 85	不思 相亦	菩提 十二	17	489	352	初分多問不二品六十一之二	首十四行碎損
致 2	切所 不思	不思 性自	1	28	352	初分多問不二品六十一之二	首行碎損
閏 20	空乃 性空	菩提 十二	16	455	352	初分多問不二品六十一之二	首七行碎損
騰 99	大般 初分	思惟 欲界	1	26	353	初分多問不二品六十一之三	
水 74	大般 初分	思惟 欲界	1	26	353	初分多問不二品六十一之三	
劍 84	波羅 摩訶	脩學 法善	2	52	353	初分多問不二品六十一之三	首廿七行尾七行碎損
秋 49	大般 初分	遠離 十二	18	484	354	初分多問不二品六十一之四	首六行碎損
結 20	大般 初分	空內 畢竟	1	26	354	初分多問不二品六十一之四	
重 94	空空 際空	正斷 於四	1	28	354	初分多問不二品六十一之四	
月 95	經卷 十一	薩如 相應	13	363	355	初分多問不二品六十一之五	首三行尾一行碎損

水	25	不遠波羅　若樂苦若	1	16	355	初分多問不二品六十一之五	
師	95	羅蜜菩薩　門亦薩摩	1	25	355	初分多問不二品六十一之五	首二行碎損
日	79	多常波羅　恆作摩訶	2	51	356	初分多問不二品六十一之六	首四行碎損
水	18	大般善現　初分共相	1	26	356	初分多問不二品六十一之六	首行碎損
洪	6	善現訶薩　眼觸十六	16	447	356	初分多問不二品六十一之六	首六行碎損
荒	49	薩恆方便　滅道證无	2	67	356	初分多問不二品六十一之六	
皇	71	相應漢果　善現薩能	3	74	356	初分多問不二品六十一之六	首四十八行尾二行碎損
文	35	我不道聖　菩薩无色	2	51	356	初分多問不二品六十一之六	首九行碎損
日	75	上正若菩　善現學甚	2	74	356	初分多問不二品六十一之六	
月	3	善現處九　時便諸佛	3	67	356	初分多問不二品六十一之六	尾行碎損

荒	53	護念便爲	得故薩摩	2	55	356	初分多問不二品六十一之六	尾行碎損
日	14	爲過訶薩	色定去未	2	70	356	初分多問不二品六十一之六	首行碎損
月	30	來現薩摩	訶薩十六	3	77	356	初分多問不二品六十一之六	
劍	71	知耳一切	眞如學於	3	84	357	初分多問不二品六十一之七	首十行碎損
劍	1	一切眞如	空內畢竟	3	84	357	初分多問不二品六十一之七	
岡	72	空无相空	知當世尊	3	84	357	初分多問不二品六十一之七	
號	35	云何眞如	之相十七	7	192	357	初分多問不二品六十一之七	
寒	99	法如內空	切法知略	6	158	358	初分多問不二品六十一之八	首十七行尾一行碎損
龍	80	大般初分	是名訶薩	1	26	358	初分多問不二品六十一之八	首六行碎損
張	86	廣之實了	之相十八	11	303	358	初分多問不二品六十一之八	首行碎損

位	46	摩訶菩提	思議集滅	1	32	359	初分多問不二品六十一之九	首七行尾五行碎損
爲	60	道聖慮四	沙等情類	2	54	359	初分多問不二品六十一之九	首九行尾二行碎損
號	67	施淨若或	成就隨所	1	41	359	初分多問不二品六十一之九	首行碎損
始	48	樂爲薩摩	意善意善	2	56	359	初分多問不二品六十一之九	
巨	87	息道善知	善知安立	1	23	359	初分多問不二品六十一之九	
翔	17	何當蜜多	堅實薩觀	1	25	359	初分多問不二品六十一之九	卷中碎損二行
結	25	大般初分	現善眼學	2	54	360	初分多問不二品六十一之十	首八行碎損
寒	9	若波於耳	故學六十	16	459	360	初分多問不二品六十一之十	首十行碎損
金	46	味觸薩行	解大法不	4	124	360	初分多問不二品六十一之十	首二十七行尾二行碎損
霜	96	大悲不滅	故學應於	3	84	360	初分多問不二品六十一之十	首三行碎損

麗	23	佛十 无所	故學 六十	4	113	360	初分多問不二品六十一之十	
歲	39	大般 初分	訶薩 空故	1	26	361	初分多問不二品六十一之十一	
巨	98	觀諸 般若	菩提 十一	11	290	361	初分多問不二品六十一之十一	首二行碎損
翔	96	香味 識界	自相 空无	1	42	362	初分多問不二品六十一之十二	首十九行尾行碎損
文	46	大般 初分	處九 陁羅	1	26	362	初分多問不二品六十一之十二	
衣	79	著內 空有	法界 念耳	1	25	362	初分多問不二品六十一之十二	
收	63	薩脩 具壽	地界 十三	15	419	363	初分多問不二品六十一之十三	首行碎損
							初分實說品六十二之一	
荒	51	若一 有有	地界 十二	9	251	363	初分多問不二品六十一之十三	首行碎損
							初分實說品六十二之一	

日	51	我雖 然不	忘失 此是	4	103	363	初分多問不二品六十一之十三	首五行碎損
盈	72	恆住 性此	相智 有差	4	113	363	初分多問不二品六十一之十三	尾行碎損
皇	82	四无 如施	有爲 如施	1	28	364	初分實說品六十二之二	
服	67	道支 解脫	和合 性爲	2	56	364	初分實說品六十二之二	此係服六十七號之一
皇	88	際虛 爲增	爲染 忘失	1	25	365	初分巧便行品六十三之一	全卷碎損四行
皇	1	切法 空云	菩提 十五	1	27	365	初分巧便行品六十三之一	
制	19	方便 現如	動能 還阿	2	56	366	初分巧便行品六十三之二	
							初分徧學道品六十四之一	
乃	93	大般 大般	受集 蜜多	1	22	366	初分巧便行品六十三之二	
藏	42	无常 常是	味觸 論善	1	26	367	初分徧學道品六十四之二	

荒	34	應觀戲論	若苦若无	1	30	368	初分徧學道品六十四之三	
文	18	善現觀眼	不可若苦	2	48	368	初分徧學道品六十四之三	尾三行碎損
皇	56	觀四論應	若无解脫	1	23	368	初分徧學道品六十四之三	尾二行碎損
芥	54	知若陁羅	戲論十八	3	85	368	初分徧學道品六十四之三	
宿	96	大般初分	性空性空	1	26	370	初分徧學道品六十四之五	全卷碎損
海	87	不相法毗	眼識法界	1	17	370	初分徧學道品六十四之五	
衣	53	不相法毗	清淨切智	1	26	370	初分徧學道品六十四之五	
文	44	有伺脩遣	脩遣遣此	1	26	370	初分徧學道品六十四之五	
推	70	現若般若	脩遣蜜多	2	44	371	初分徧學道品六十四之六	首二十行碎損
珠	71	能圓智由	攝受十三	13	356	373	初分三漸次品六十五之二	首八行碎損

號	起	止	紙數	行數	卷	品	附記
						初分无相无得品六十六之一	
制14	受所般若	羅蜜大捨	3	80	374	初分无相无得品六十六之二	首五行碎損
淡46	若波忘失	法恆切一	5	140	374	初分无相无得品六十六之二	首二行碎損
河51	切智定攝	十四芭斌	9	243	374	初分无相无得品六十六之二	
推91	大般初分	忘失一切	1	26	375	初分无相无得品六十六之三	
成99	大般初分	切佛戒波	4	110	376	初分无相无得品六十六之四	首五十四行碎損
龍79	薩脩无漏	十力住无	1	33	376	初分无相无得品六十六之四	首五行碎損
淡20	漏心法世	功德十六	14	388	376	初分无相无得品六十六之四	
藏56	不攝攝受	菩提十八	14	391	378	初分无相无得品六十六之六	首二行碎損
						初分无雜法義品六十七之一	

皇	96	大般 初分	士相 提道	1	26	378	初分无相无得品六十六之六	
推	17	慈大 无忘	以者 爲欲	1	24	378	初分雜法義品六十七之一	
師	7	大般 初分	空无 无說	1	26	379	初分雜法義品六十七之二	
薑	42	事如 空識	風空 所緣	2	52	379	初分諸功德相品六十八之一	全卷上端破損
推	35	渴等 受敬	梵天 仙汝	1	25	380	初分諸功德相品六十八之二	尾行碎損
字	100	无相 尼門	十力 八十	3	99	380	初分諸功德相品六十八之二	首四行碎此係字一百號之二
鱗	46	大大 大般	種方 進靜	8	224	381	初分諸功德相品六十八之三	
柰	47	正斷 道支	空畢 空共	4	112	381	初分諸功德相品六十八之三	首尾碎損各十一行
騰	55	行四 力七	轉越 十二	17	474	382	初分諸功德相品六十八之四	首八行碎損
岡	34	大般 初分	或令 諸佛	1	33	382	初分諸功德相品六十八之四	首九行尾二行碎損

帝	59	為方 无脫	竟淨 所緣	1	41	382	初分諸功德相品六十八之四	首二十三行碎損
麗	21	非大 无縛	轉越 十二	11	329	382	初分諸功德相品六十八之四	卷首七十九行火燒
水	47	眞如 實際	滅无 諦中	7	210	383	初分諸功德相品六十八之五	首四十八行碎損
巨	44	无實 變化	議界 十四	16	455	384	初分諸法平等品六十九之二	首二行碎損
珍	92	大般 初分	意界 觸為	13	364	384	初分諸法平等品六十九之二	首四行碎損
露	89	无淨 乃至	无淨 薩摩	2	47	385	初分諸法平等品六十九之三	全卷下端破損
鹹	35	正斷 自性	色定 十五	15	428	385	初分諸法平等品六十九之三	首廿二行碎損
始	35	羅蜜 多即	法界 道聖	1	25	385	初分諸法平等品六十九之三	
稱	73	第定 不離	大捨 界即	1	25	386	初分諸法平等品六十九之四	全卷焦脆
秋	14	鼻舌 觸為	羅蜜 即是	1	28	388	初分不可動品七十之三	

麗
35
行一殊勝
能證菩提
11
313
390
初分不可動品七十之五
初分成熟有情品七十一
之一
首十六行碎損

生
26
果獨行本
菩提九十
7
202
390
初分不可動品七十之五
初分成熟有情品七十一
之一

柰
63
脩行慮般
菩提九十
2
62
390
初分成熟有情品七十一之一
首三行碎損

成
36
大般初分
倒十一
17
465
391
初分成熟有情品七十一之二
首十六行碎損

果
42
大般初分
利樂十二
16
438
392
初分成熟有情品七十一之三
首八行碎損

芥
46
若菩名麤
四念等覺
1
28
393
初分嚴淨佛土品七十二之一
背面有字

成
59
若波初分
種天獨覺
1
26
394
初分嚴淨佛土品七十二之二
首四行碎損

水
58
三百云何
生至相頗
2
65
396
初分无性自性品七十四之二
首廿二行碎損

歲36	語意般若	可得十六	6	196	396	初分勝義瑜伽品七十五之一	首百四十行碎損
收24	大般初分	非化十七	17	489	397	初分勝義瑜伽品七十五之二	
水64	大般初分	圓滿无所	3	82	399	初分常啼菩薩品七十七之二	
水72	畏四共法	情嚴我寶	1	28	399	初分常啼菩薩品七十七之二	
光87	當受尊教	行四百	10	290	400	初分法湧菩薩品七十八之二	
						初分結勸品七十九之一	
服67	不執知彼	來无和合	2	42	400	初分法湧菩薩品七十八之二	此係服六十七號之二
服67	多善摩訶	地諸常啼	1	23	400	初分法湧菩薩品七十八之二	此係服六十七號之三
光1	忍復心復	菩薩我者	1	32	400	初分法湧菩薩品七十八之二	首三行尾一行碎損
字18	諸眷大師	若波若波	1	25	400	初分法湧菩薩品七十八之二	

龍	97	如是與大	願无常能	1	24	401	第二分緣起品一之一	首十行碎損
荒	21	不可摩地	及故百二	15	431	402	第二分歡喜品二 第二分觀照品三之一	首七行碎損
龍	93	三藏尊與	亦行故生	1	25	404	第二分觀照品三之三	首七行碎損
宿	83	菩薩薩肉	色界界繫	1	21	404	第二分觀照品三之三	
制	9	訶訶薩薩	往來行如	5	127	404	第二分觀照品三之三	首二行碎損
羽	79	大般第二	唯除薩脩	1	26	405	第二分觀照品三之四	
闕	38	等之凡所	是學百六	17	472	406	第二分善現品六之一	首八行碎損
推	38	此諸故	如是若此	1	29	406	第二分善現品六之一	
律	24	薩摩是善	世尊百七	18	513	407	第二分善現品六之二	首十五行碎損
騰	69	所生世尊	世尊百七	11	310	407	第二分善現品六之二	首十行碎損

始	61	摩訶何鼻	摩訶界鼻	1	26	407	第二分善現品六之二		
月	13	般若若波	薩摩若波	1	27	408	第二品善現品六之三	第二分入離生品七	
宇	57	大般摩訶	第二語是	1	26	408	第二分善現品六之三		
淡	44	大般等故	第二百九	17	470	409	第二分勝軍品八之二	第二分行相品九之一	首五行碎損
衣	70	諸法住色	常无受想	1	24	409	第二分勝軍品八之二		
珍	90	類游上首	當覺心佛	1	26	411	第二分譬喩品十一		
乃	25	大般飲與	第二花鬘	1	26	413	第二分縛解品十五		
結	96	皆趣乘相	等趣十四	13	391	414	第二分三摩地品十六之二	第二分念住等品十七之一	首八行碎損
龍	78	名爲諸愛	諸等无愛	1	28	414	第二分三摩地品十六之二		首十九行碎損

芥	85	於一薩於 轉故十六	17	463	416	第二分修治地品十八 之二	首十一行碎損
						第二分出住品十九之 一	
龍	59	益有菩薩 樹吠皆以	1	28	416	第二分修治地品十八 之二	
餘	24	智智舌身 一切空乃	1	28	416	第二分出住品十九之一	
重	70	根五四正 一來自性	1	28	416	第二分出住品十九之一	
水	44	爲何如是 勝最虛空	10	276	417	第二分出住品十九之二 第二分超勝品二十之一	首二十五行碎 損
盈	57	還阿諸佛 洛等十七	10	283	417	第二分出住品十九之二 第二分超勝品二十之一	
玉	40	大般第二 眼觸如耳	2	54	417	第二分出住品十九之二	首十二行碎損
罔	67	皆空一切 十一如是	1	46	418	第二分超勝品二十之二 第二分无所有品二十一 之一	首尾碎損各九 行

羽	65	无所來亦	識界諸受	1	28	419	第二分无所有品二十一之二	首四行碎損
龍	77	去亦猶如	所去虛空	1	25	419	第二分无所有品二十一之二	
師	45	大般可得	第二空未	1	27	420	第二分无所有品二十一之三	
始	94	大般善現	第二未來	2	55	420	第二分无所有品二十一之三	首十二行碎損
龍	76	若集四念	若外五根	1	21	420	第二分隨順品二十二之一	全卷碎損二行 此係龍七十六號之二
藏	40	大般說何	第二生乃	1	26	421	第二分无邊際品二十三之一	
帝	64	有不得種	无所可得	1	28	422	第二分无邊際品二十三之三	
李	12	法處靜慮	菩薩多若	1	27	422	第二分无邊際品二十三之三	
文	65	薩摩蜜多	竟不廿二	2	60	422	第二分无邊際品二十三之三	

制	29	大般第二	果見漢果	1	26	424	第二分遠離品二十四之二	
果	85	諸天與无	所解卄五	16	437	425	第二分帝釋品二十五之一	首百十七行碎損
岡	17	三藏爾時	惟色思惟	2	53	425	第二分帝釋品二十五之一	首八行尾一行碎損
岡	11	界乃眼觸	如是空菩	3	85	425	第二分帝釋品二十五之一	首行碎損
號	62	薩菩空如	尸迦覺乘	2	56	425	第二分帝釋品二十五之一	
歲	51	迦无空若	不應常乃	4	108	425	第二分帝釋品二十五之一	首尾各碎二行
盈	11	散亂方便	所若類若	1	28	427	第二分攝受品二十九之一	此係盈十一號之二
稱	100	大般第二	正斷正斷	1	26	428	第二分攝受品二十九之二	首七行碎損
帝	42	大般第二	能是情嚴	2	54	428	第二分攝受品二十九之二	首四行碎損
桊	56	大般第二	攝故羅蜜	3	82	429	第二分福生品三十一 第二分功德品三十二	

官 14 間佛有內 波羅乃至 1 27 429 第二分福生品三十一 第二分功德品三十二

列 59 无色及由 多若諸有 2 56 429 第二分功德品三十二 第二分外道品三十三 首八行碎損

列 58 大般永斷 第二方无 2 54 430 第二分天來品三十四 之二

羽 18 羅令供養 供養深般 1 21 430 第二分天來品三十四 之二

乃 29 大王洲諸 法廣諸有 3 67 431 第二分經文品三十六 之一 首十五行碎損

閏 93 善男以故 故憍漢及 1 28 431 第二分經文品三十六 之一

騰 22 若善分別 情若卅二 15 433 432 第二分經文品三十六 之二 首十六行碎損 沙門玄淨校定
第二分隨喜回向品三 十七之一

水 37 上妙大士 具供諸福 5 140 432 第二分經文品卅六之二 第二分隨喜回向品卅七 首尾碎損各一 行
之一

麗	76	大般第二	男子門巧	4	98	432	第二分經文品三十六之二	首五十九行碎損
羽	73	大般第二	善女多世	1	26	432	第二分經文品三十六之二	首五行碎損
麗	54	妙文別義	應以應以	3	97	432	第二分經文品三十六之二	首行碎損
麗	51	事廻向此	卌一一校	4	119	432	第二分隨喜廻向品三十七之一	
鱗	62	大般第二	摩訶波羅	1	26	433	第二分隨喜廻向品三十七之二	首十六行碎損
陽	93	顛倒不取	一切卌三	14	399	433	第二分隨喜廻向品三十七之二	首二行碎損
文	7	淨即摩訶	淨即智清	1	26	435	第二分地獄品三十九之一	
張	81	波羅尊如	法一覺故	2	55	437	第二分不可得品四十二	
羽	76	覺若若波	色云至習	1	27	438	第二分東北方品四十三之一	
鳥	25	他入亦敎	勸无能攝	1	26	438	第二分東北方品四十三之一	

芥77	乃至 不可	可思 受不	1	25	438	第二分東北方品四十三之一	
重91	友是 蜜多	一切 切相	3	76	439	第二分東北方品四十三之二	首行碎損
羽78	大般 第二	處自 分別	1	26	439	第二分東北方品四十三之二	
月94	說此 樂亦	爲菩 尊何	5	133	440	第二分東北方品四十三之三	首行及下半卷碎損
						第二分魔事品四十四之一	
光74	故出 无取	菩提 卌四	15	412	444	第二分成辦品四十八 第二分船等喻品四十九	首三行碎損
						之一	
張26	第八 甚深	人若 定知	5	140	444	第二分成辦品四十八 第二分船等喻品四十九	
						之一	
爲11	大般 第二	相无 辦事	3	82	444	第二分成辦品四十八	首十行碎損

帝	52	大般第二	色處香味	2	47	444	第二分成辦品四十八　尾十七行碎損
師	22	有得彼類	多是法行	1	28	444	第二分成辦品四十八
律	59	大般第二	子善布施	3	69	445	第二分船等喻品四十九之二　首十五行碎損
制	42	大般第二	是趣不趣	1	26	446	第二分初業品五十之二
茱	88	大般第二	是趣不趣	1	26	446	第二分初業品五十之二
制	54	贍部天不	无上聲執	1	24	447	第二分眞如品五十二之二
位	54	正稱法歡	自起勸他	1	28	448	第二分眞如品五十二之三　尾行碎損
始	50	解脫想有	入欲即隨	2	56	449	第二分轉不轉品五十四　首十行碎損
珍	74	汝等切有	樂觀何是	6	168	449	第二分轉不轉品五十四
師	94	大般第二	幾欲現若	2	54	450	第二分甚深義品五十五之二　首十九行碎損

果	89	福與等福提所生不	1	35	450	第二分甚深義品五十五之二	尾三行碎損
翔	19	大般知諸第二若覺	1	26	451	第二分夢行品五十六	
文	31	言便佛果男子十二	1	32	452	第二分增上慢品六十之一	
荒	41	輕是至不功德脩學	1	28	453	第二分增上慢品六十之二	
珍	97	眞喧慈悲其心起過	1	24	453	第二分增上慢品六十之二	
光	10	受愛由此內空摩訶	1	24	453	第二分增上慢品六十之二	第二行脫寫
鱗	77	色定見覺羅蜜十四	10	279	454	第二分增上慢品六十之三	首十行碎損
						第二分同學品六十一	
閏	38	勝利之心何甚十五	16	449	455	第二分同學品六十一之二	首十六行碎損
						第二分同性品六十二之一	

位	26	受得便能	菩薩蜜多	1	27	455	第二分同學品六十一之二	
來	81	大般第二	情離十六	17	465	456	第二分同性品六十二之二	
							第二分堅非堅品六十四之一	
陽	99	次善波羅	情離十六	16	452	456	第二分同性品六十二之二	首二行碎損 後署曇眞
							第二分堅非堅品六十四之一	
宇	29	相智故諸	亦空實虛	1	23	456	第二分堅非堅品六十四之一	首六行碎損
始	88	耳鼻施波	至般一切	1	31	456	第二分堅非堅品六十四之一	首二行尾行碎損
鳥	88	薩摩切如	行行摩訶	2	44	457	第二分堅非堅品六十四之二	
薑	54	大般第二	其罪善受	2	54	458	第二分實語品六十五之二	首三行碎損
衣	100	大般第二	通脩脩行	1	39	458	第二分實語品六十五之二	尾七行碎損

劍	89	乃至不散 无斷忘失	1	28	461	第二之一 分巧便品六十八	
宙	65	法恆菩提 相智聚勝	3	84	461	第二之一 分巧便品六十八	首十六行碎損
人	66	大般淨界 第三內空	1	26	462	第二之三 分巧便品六十八	首五行碎損
裳	62	壽善淨戒 行深內空	1	23	462	第二之三 分巧便品六十八	首十四行碎損
重	15	道聖則亦 住乃无願	2	52	462	第二之三 分巧便品六十八	首六行碎損
陽	64	此善行情 有情佛土	1	28	464	第二 分親近品七十一	後面有字
辰	57	善現法皆 色想倒修	4	112	465	第二之二 分徧學品七十二	
						第二之一 分漸次品七十三	
號	1	來不獨覺 尊如種相	1	37	465	第二之二 分徧學品七十二	首六行碎損
始	8	法智續非 是修若波	1	28	465	第二之二 分徧學品七十二	尾三行碎損

始 3	羅蜜多時 邊著槃云	1	28	465	第二分偏學品七十二之二	尾行碎損
秋 4	慳悋香花 功德十六	17	457	466	第二分漸次品七十三之二	首十一行碎損
					第二分无相品七十四之一	
辰 22	大般第二 无上上正	1	26	466	第二分漸次品七十三之二	
桼 32	菩提布施 諦亦諸菩	5	140	466	第二分漸次品七十三之二	首廿七行碎損
推 54	薩地能圓 法无云何	1	28	466	第二分漸次品七十三之二	
闕 88	大般第二 證得摩訶	1	26	467	第二分无相品七十四之二	首四行碎損
官 99	大般第二 證得摩訶	1	26	467	第二分无相品七十四之二	
位 70	不可是觀 有情導讚	1	28	467	第二分无相品七十四之二	首七行碎損
剱 79	不可薩安 十七張涓	9	260	467	第二分无相品七十四之二	首二行碎損

						第二分无雜品七十五之一	
服	92	是空如來 舌身所三	1	26	468	第二分衆德相品七十六之一	首行碎損此係服九二號之一
推	6	大般切自 第二无所	2	54	469	第二分衆德相品七十六之二	首二十三行碎損
辰	21	大般形方 第二如來	1	26	470	第二分衆德相品七十六之三	
裳	10	大般現云 第二如寔	1	26	472	第二分善達品七十七之二	首七行碎損
裳	40	蕉杜眼界 名菩爲菩	2	50	472	第二分善達品七十七之二	首五行碎損
乃	39	大般八聖 第二勸他	1	26	473	第二分善達品七十七之三	首十二行碎損
帝	51	一切曾或 利子尊但	1	28	475	第二分无闕品七十九之二	
冬	94	无所菩提 都无等菩	1	28	476	第二分道士品八十	
暑	65	爾時奉行 无性十八	19	517	478	第二分无事品八十三 第二分實說品八十四	首十四行碎損

第二分空性品八十五

閏 35 大般 第二 奉行 十八 19 520 478

第二分无事品八十三

第二分實說品八十四

首十二行碎損

第二分空性品八十五

推 67 大般 第二 是法 是法 1 26 478

第二分无事品八十三

首十五行碎損

水 19 諸預 平等 无上 別諸 1 26 478

第二分實說品八十四

首尾碎損各一行此係水十九號之二

龍 100 蜜多 國趣 爲法 言法 1 26 478

第二分實說品八十四

爲 15 大般 第三 頭頂 間毫 2 54 479

第三分緣起品一

崑 79 或阿 菩提 多如 行般 1 25 479

第三分舍利子品二之一

文 52 大般 第三 得所 不生 1 26 480

第三分舍利子品二之二

尾二行碎損

號	起	止	紙數	行數	經卷	品	附記
張7	有情諸菩	蜜多生此	1	23	481	第三分舍利子品二之三	首行碎損此係張七號之一
張10	沒如如燎	通能諸宿	2	46	482	第三分舍利子品二之四	
珠78	識不處不	究竟十三	18	491	483	第三分善現品三之二	全卷上端碎損
張8	第四第三	者即法處	2	54	483	第三分善現品三之二	首三十九行碎損
裳70	色等涅槃	行般所見	1	29	483	第三分善現品三之二	首四行碎損
張3	大般第三	切法幢相	2	54	484	第三分善現品三之三	首二十行碎損
重88	依无散空	乃至異无	3	62	484	第三分善現品三之三	首四行尾五行碎損
寒63	如是世尊	不得敎誡	1	25	484	第三分善現品三之三	
張7	性亦蜜多	等持等持	1	30	485	第三分善現品三之四	首二行碎損此係張七號之二
乃1	薩及而於	菩薩蜜多	1	30	485	第三分善現品三之四	

芥	31	義亦嘗如	滅句薩摩	2	49	486	第三分善現品三之五	首行碎損
巨	34	深般无所	德鎧十六	12	327	486	第三分善現品三之五	首二行碎損
潛	78	戒不脩靜	焰變修種	1	28	487	第三分善現品三之六	首九行尾二行碎損
列	100	功德差別	摩訶情皆	1	38	487	第三分善現品三之六	
光	65	无滅子過	无淨无脫	1	27	488	第三分善現品三之七	首行碎損
寒	8	樂三三摩	平等地謂	2	56	488	第三分善現品三之七	
官	75	若住樂相	故名三摩	1	28	488	第三分善現品三之七	全卷脆碎
闕	93	住此爲嚴	者謂无所	8	213	489	第三分善現品三之八	
張	5	寶堅法僧	三摩相差	2	51	489	第三分善現品三之八	首十六行碎損
張	9	復次无碍	言音得諦	3	80	490	第三分善現品三之九	首二十九行碎損

霜	18	復次執取	佛不九十	16	443	490	第三分善現品三之九	首八行碎損
衣	80	悟一者應	迫性憿八	4	90	490	第三分善現品三之九	首六行尾二行碎損
崑	72	於二訶薩	十法常知	2	58	490	第三分善現品三之九	首二行碎損
皇	17	當知訶薩	十法當知	1	28	490	第三分善現品三之九	
崑	48	若菩摩訶	勝法出家	1	28	490	第三分善現品三之九	
劍	24	業善習波	諠雜二地	2	56	490	第三分善現品三之九	首尾碎損各一行
劍	69	時於常不	菩薩沒世	2	57	490	第三分善現品三之九	尾行碎損
岡	33	著是念聲	尊云所以	2	56	490	第三分善現品三之九	首行碎損
崑	54	者何執取	聞心九十	1	30	490	第三分善現品三之九	
往	48	常應相世	薩常現若	1	39	491	第三分善現品三之十	首四行碎損

羽	68	不共煩惱 者則尋香	3	91	491	第三分善現品三之十	全卷碎損十五行
服	36	流向得非 乃至色乃	1	25	491	第三分善現品三之十	
翔	35	大般三分 勝功復次	1	26	493	第三分善現品三之十二	全卷碎損十行
寒	50	普超者如 是遍切无	2	56	493	第三分善現品三之十二	首十四行碎損
羽	81	大般第三 意觸无所	1	26	494	第三分善現品三之十三	首六行碎損
往	28	我乃展轉 有由无量	1	28	494	第三分善現品三之十三	
日	35	亦无展轉 可見十四	8	230	494	第三分善現品三之十三	
潛	60	无來无來 現有本性	1	25	494	第三分善現品三之十三	
呂	80	大般第三 何況自性	1	26	495	第三分善現品三之十四	首四行碎損
寒	37	來現所以 未來以者	2	60	495	第三分善現品三之十四	首二十六行碎損

鱗	99	菩薩智无	自性利子	4	99	496	第三分善現品三之十五 首三行尾五行碎損
淡	24	摩訶界空	訶薩十六	13	364	496	第三分善現品三之十五 首五行碎損
師	27	生諸不可	緣增得舍	1	25	496	第三分善現品三之十五
霜	86	若一摩訶	所以中无	4	92	497	第三分善現品三之十六 首十七行碎損
呂	19	非名蘊等	名中以眞	3	95	497	第三分善現品三之十六 首十二行碎損
來	14	如等若名	中无設何	1	28	497	第三分善現品三之十六
位	8	大般第三	竟淨生畢	1	26	498	第三分善現品三之十七
寒	44	所以善現	妾乞王位	2	56	498	第三分善現品三之十七 首六行碎損
字	88	蜜多摩訶	摩訶摩訶	1	28	498	第三分善現品三之十七 尾行碎損
成	52	大般第三	所集心亦	1	26	499	第三分天帝品四之二 全卷碎損

盈	36	亦不不應	无二般若	1	28	499	第三分天帝品四之二	
暑	63	亦不不應	法恆一切	2	56	499	第三分天帝品四之二	首十一行碎損
始	29	薩所憍尸	即一可得	1	21	500	第三分天帝品四之三	首二行碎損
署	64	大般第三	慮波是菩	1	26	501	第三分現窣堵波品五之二	
師	62	大般第三	迦若至心	2	54	501	第三分現窣堵波品五之二	首十四行碎損
皇	39	薩摩住不	名曰是妙	1	36	501	第三分現窣堵波品五之二	首六行尾一行碎損
翺	67	般若得布	誦如有情	1	27	501	第三分現窣堵波品五之二	首五行尾一行碎損
霜	65	菩提非人	皆應散等	1	19	501	第三分現窣堵波品五之二	首行尾二行碎損
宙	31	力威等來	之法百三	17	487	503	第三分稱揚功德品六之二	首一行碎損有武后新字

第三分福聚品八之一

師	63	寳各復於	般若誦精	1	28	503	第三分稱揚功德品六之二	首十四行碎損
水	97	非非一切	不斷有預	2	56	504	第三分福聚品八之二	首十行碎損
龍	21	如彼善現	所得方便	1	29	504	第三分隨喜廻向品九之一	
衣	10	舍利如是	若波是畢	1	28	506	第三分歎淨品十一之一	
調	46	遠離非有	法非等起	7	200	507	第三分歎淨品十一之二　第三分讚德品十二	首九行尾二十三行碎損
寒	2	由此法寳	相故百七	4	139	507	第三分讚德品十二	
字	100	般若得无	一切一切	2	70	510	第三分現世間品十五	此係字一百號之一
師	5	无相等一	若波无所	1	27	510	第三分現世間品十五	
調	95	相佛而生	想故一十	2	85	510	第三分現世間品十五	
羽	13	智道深般	佛世空相	1	28	510	第三分現世間品十五	

始	96	謂示想故 切相一十	1	28	510	第三分現世間品十五
帝	21	大般等等 第三一切	2	54	511	第三分不思議等品十六
翔	90	正等善現 趣可復白	1	25	512	第三分善友品十八
裳	25	揚離見有 乃至上緣	1	27	514	第三分不退相品二十之一
玉	30	故名及一 不退十五	17	442	515	第三分不退相品二十之二 首十行碎損
						第三分空相品二十一之一
光	88	持以及一 菩薩十五	14	398	515	第三分不退相品廿之二 第三分空相品廿一之一 首七十五行碎損
推	94	空等滅所 夜不謂信	3	107	515	第三分不退相品二十之二 首二行碎損
果	56	爲无受種 出世世界	1	38	515	第三分不退相品二十之二 全卷碎損
洪	45	大般何是 第三甚多	1	26	516	第三分空相品二十一之二

帝 46	大般 第三	何是 言甚	1	26	516	第三分 之二 空相品二十一	
皇 52	般若 多如	作或 說永	1	28	516	第三分 之二 空相品二十一	
始 11	滅或 實義	智亦 得罪	1	27	516	第三分 之二 空相品二十一	
師 50	大般 第三	菩薩 常行	1	26	518	第三分 之二 巧便品二十三	
金 41	大般 第三	有染 離法	1	24	519	第三分 之三 巧便品二十三	
推 31	大般 第三	性自 不行	2	54	519	第三分 之三 巧便品二十三	首三行碎損
生 78	死中 等發	天子 情空	12	336	521	第三分 五之一 見不動品二十	首五行碎損
荒 54	一切 離天	廣說 智亦	1	29	521	第三分 五之一 見不動品二十	此係荒五四號之二
羽 94	設有 深經	愛樂 覺所	1	24	522	第三分 五之二 見不動品二十	
出 1	喻會 僧皆	亦不 執著	1	26	522	第三分 五之二 見不動品二十	

乃	呂	推	列	宙	宇	秋	位	巨	昃
66	57	42	69	62	37	99	62	59	99
若乃	尊若	第大	第大	化有	復行	第大	羅由	第大	支慧
空至	爲波	三般	三般	導情	次利	三般	蜜異	三般	謂力
无求	若引	波薩	乃意	漸學	廿隨	廿有	中如	波分	諸八
上二	波發	羅常	至界	次六	八好	九情	爲光	羅法	佛諸
1	4	2	1	6	9	16	1	1	5
29	112	54	25	146	272	459	24	26	142
523	524	525	528	528	528	529	529	531	531
第三分方便善巧品二十六之一	第三分方便善巧品二十六之二	第三分方便善巧品二十六之三	第三分妙相品廿八之一	第三分妙相品廿八之一	第三分妙相品廿八之一	第三分妙相品廿八之二	第三分妙相品廿八之二	第三分妙相品廿八之四	第三分妙相品廿八之四
				首二行碎損					首二行尾三行碎損

第五帙

巨	53	七十解是	空當无色	4	110	531	第三分妙相品廿八之四	尾八行碎損
服	16	不思名菩	佛說若无	1	26	532	第三分施等品廿九之一	
闕	47	无差正等	薩殊乃能	3	79	534	第三分施等品廿九之三	首廿三行碎損
巨	48	證得諸善	八十不和	4	112	534	第三分施等品廿九之三	
翔	88	能染摩訶	八十不和	4	100	534	第三分施等品廿九之三	首行碎損
出	27	合无住捨	他得卅四	9	255	534	第三分施等品廿九之三	
夜	26	合无住捨	事而至此	3	84	534	第三分施等品廿九之三	
珠	12	是如告舍	所得淨戒	2	56	534	第三分施等品廿九之三	
巨	35	安忍出生	他得卅四	4	117	534	第三分施等品廿九之三	
律	11	大般第三	脫生波羅	1	26	535	第三分施等品廿九之四	

爲	54	妙法現當	實相卅六	14	407	536	第三分佛國品三十之二 第三分宣化品卅一之一	首六行碎損
龍	83	類是起三	住定皆住	1	22	536	第三分佛國品三十之二 第三分宣化品卅一之一	
鱗	76	如是性佛	奉行卅七	14	403	537	第三分宣化品卅一之二	首十行碎損
黃	54	神之所念	饒益卅八	15	441	538	第四分妙行品一之一	首二行碎損
律	46	諸菩竟世	等菩心非	1	28	538	第四分妙行品一之一	首行碎損
呂	40	生者是則	所謂菩薩	1	38	539	第四分妙行品一之二	
號	47	大般第四	若離慶喜	16	446	540	第四分供養窣堵波品三之二	
餘	27	深般脩學	不天迦有	2	56	540	第四分供養窣堵波品三之二	
劍	53	般若尸迦	淨心提至	4	121	541	第四分供養窣堵波品三之三	首十九行尾二行碎損
閏	4	大般第四	情衆卌二	17	468	542	第四分福門品五之二	

月	62	大般 第四	若能 一切	8	232	542	第四分福門品五之二	首十一行碎損
雨	77	證得 若波	受持 妙文	9	251	542	第四分福門品五之二	首行碎損
地	75	已於 菩薩	女人 世尊	1	29	542	第四分福門品五之二	此係地七五號 之三
翔	60	沒云 云何	子功 作諸	1	25	543	第四分隨喜廻向品六 之一	卷中碎損七行
裳	61	爲妙 善現	量无 薩乘	1	25	543	第四分隨喜廻向品六 之一	
日	67	五百 事品	解脫 卌七	17	470	547	第四分魔事品十一之二 第四分不思議等品十三	首二行碎損
鳥	12	利樂 持坏	病謂 三雜	2	51	548	第四分譬喩品十四	全卷碎損
昃	79	行識 退轉	菩薩 提必	8	214	549	第四分眞如品十六之二 第四分不退相品十七	首二行碎損
閏	45	與虛 名能	无邊 卌九	9	233	549	第四分不退相品十七 第四分空相品十八之一	首九行碎損
海	89	成就 退轉	甚深 識亦	1	28	549	第四分不退相品十七 第四分空相品十八之一	

千字文號	卷	首行 / 末行	冊	頁	編號	品名	附註
巨	50	有情是處 現非五十	17	471	550	第四分空相品十八之二 第四分覺魔事品二十一之一	
衣	26	上等合義 波羅集云	1	27	550	第四分空相品十八之二 第四分深功德品十九	
推	43	際復由斯 或當先成	1	28	550	第四分覺魔事品廿一之一	
荒	33	分法覺位 作无若我	1	58	551	第四分覺魔事品廿一之二	紙背續寫廿七行
劍	57	大般薩夢 第四城邑	2	54	551	第四分覺魔事品廿一之二	
夜	68	大般夢境 第四薩相	2	48	551	第四分覺魔事品廿一之二	尾四行碎損
河	13	尊爲涅槃 有法十二	17	476	552	第四分善友品廿二之二 第四分迅速品廿五之一	首十二行碎損
呂	43	處出留難 般若十三	17	480	553	第四分迅速品廿五之二 第四分堅固品廿七之一	首廿三行碎損
推	55	中雖得爲 寂靜疾證	1	28	554	第四分堅固品廿七之二	首七行碎損

衣	56	故說 爾時	故引 法般	1	24	554	第四分散花品廿八	
鳥	19	如來 智是	梵行 十四	1	26	554	第四分散花品廿八	
崑	97	无處 羅蜜	緣所 觸爲	3	70	555	第四分隨順品廿九	首二行碎損
劍	29	緣所 染无	所生 觀耳	2	57	555	第四分隨順品廿九	首尾碎損各一行
崑	43	鼻若 般若	妙高 水火	2	57	555	第四分隨順品廿九	尾行碎損
號	46	高山 風空	際色 邊際	2	66	555	第四分隨順品廿九	首行尾二行碎損
號	10	處如 眼界	身意 如是	3	88	555	第四分隨順品廿九	首尾各碎損一行
罔	79	邊際 无邊	名色 空法	3	58	555	第四分隨順品廿九	
劍	26	性无 行生	奉行 十五	2	75	555	第四分隨順品廿九	首行碎損
雨	26	苦行 情作	邊故 十六	9	246	556	第五分善現品一 第五分天帝品二	

寒	90	能信受者	若不有可	1	24	556	第五分天帝品二	
稱	46	一切奇世	勝利十七	16	440	557	第五分窣堵波品三 第五分神咒品四	首四行碎損
玉	25	无量應正	勝利十七	1	27	557	第五分神咒品四	
衣	48	大般第五	五波淨眼	1	26	559	第五分地獄品八	全卷碎損
辰	70	者導城憍	波羅說般	1	28	559	第五分地獄品八	首九行尾二行碎損
人	38	著无薩著	若離迦若	1	28	559	第五分清淨品九	第一行複寫一行
收	56	爾時羅蜜	信解六十	12	335	560	第五分不思議品十之二 第五分眞如品十二	首九行碎損
服	92	一切皆空	皆无巧不	1	27	562	第五分貪行品十七之一	此係服九二號之二
來	93	白言想亦	魔事十三	15	419	563	第五分貪行品十七之二 第五分夢行品十九	首十一行碎損
字	20	而得蜜多	希有染有	1	34	564	第五分勝意樂品二十	

始30	頭足千界	身分正法	3	64	564	第五分修學品廿一 第五分根栽品廿二之一	首尾碎損各二行
推56	蜜多深般	種波覺相	1	28	565	第五分付囑品廿三	尾九行碎損
宙24	聞圓或麻	若波或一	18	441	568 570	第六分法界品四之二 第六分現相品八	卷中少第六分法性品六首五行碎損
雨65	尊敬等覺	素洛十八	12	329	568	第六分法界品四之二 第六分念住品五	首九行碎損 比丘恆願
李54	大般端坐	第六爲降	1	26	568	第六分法界品四之二	全卷碎損
致91	第六落法	爾時天王	1	25	569	第六分法性品六	首行碎損
水12	價如有故	體極十九	16	466	569	第六分法性品六	首二行碎損
重72	平等二故	性寂七十	16	444	570	第六分平等品七 第六分現相品八	首三行碎損
往61	若諸法達	如實何以	15	414	570	第六分平等品七 第六分現相品八	首十二行尾二行碎損

黃	100	即從白佛	法達何以	11	308	570	第六分平等品七 第六分現相品八	
菜	93	大般第六	遠三猶豫	5	138	570	第六分平等品七	首二行碎損
夜	29	大般第六	等名不生	1	26	570	第六分平等品七	尾二行碎損
辰	14	曰我得何	蜜多十一	16	466	571	第六分无所得品九 第六分證勸品十	首九行碎損
帝	74	般若空一	蜜多十一	1	25	571	第六分證勸品十	
帝	1	大般第六	甚深等菩	1	24	573	第六分勸誡品十四之二	
宇	59	大般第七	佛告殊室	1	31	574	第七曼殊室利分一	字佳碎損 首三行
麗	15	俱皆訶薩	是事十四	8	227	574	第七曼殊室利分一	此卷細楷首十行碎損
乃	21	於此彼類	動勿甚深	4	112	575	第七曼殊室利分二	首二十行碎損
菜	33	滌除可思	无際等言	14	379	578	第十般若理趣分	首二行碎損

珍64	倄行即眞行一切有	2	56	578	第十般若理趣分	首尾碎損各一行
日88	提願與有若時施攝	1	29	579	第十一布施波羅蜜多分之一	
人8	智智薩令時滿極難	1	25	580	第十一布施波羅蜜多分之二	
薑50	若智若不无所不能	1	26	580	第十一布施波羅蜜多分之二	
辰91	薩行智智若諸十一	16	448	581	第十一布施波羅蜜多分之三	首五行碎損
洪75	大般住戒第十以足	2	54	582	第十一布施波羅蜜多分之四	首十二行尾一行碎損
龍55	大般伽沙第十等世	1	25	582	第十一布施波羅蜜多分之四	尾行碎損
日90	味觸遠離我相不可	1	29	582	第十一布施波羅蜜多分之四	
衣63	量无應正舍利希有	1	25	582	第十一布施波羅蜜多分之四	
洪72	大般以所第十諸菩	2	54	583	第十一布施波羅蜜多分之五	首十三行碎損

荒	54	菩薩聲聞	虛汝他說	1	28	583	第十一分之五	布施波羅蜜多	此係荒五四號之三
皇	66	利子故謂	菩薩提是	1	24	583	第十一分之五	布施波羅蜜多	
洪	76	大般第十	末尼意若	2	54	584	第十二分之一	淨戒波羅蜜多	首十五行碎損
翔	10	聖諦聖諦	波羅无分	1	24	584	第十二分之一	淨戒波羅蜜多	
日	22	大般第十	皆不實了	2	54	585	第十二分之二	淨戒波羅蜜多	
號	3	羅蜜第十	爲具若打	1	26	585	第十二分之二	淨戒波羅蜜多	首行碎損
律	62	諸菩皆不	不可若无	1	25	585	第十二分之二	淨戒波羅蜜多	
海	90	求一聞異	德佛无作	1	26	586	第十二分之三	淨戒波羅蜜多	紙尾多寫佛名兩行
盈	30	大般第十	非餘有毀	2	54	587	第十二分之四	淨戒波羅蜜多	首九行碎損
潛	91	又滿有菩	善巧求大	1	19	587	第十二分之四	淨戒波羅蜜多	

月52	大般 薩摩	第十 作不	2	54	589	第十三安忍波羅蜜多分	
服19	給孤 性空	時世 息或	3	79	589	第十三安忍波羅蜜多分	首六行碎損
師92	滅識 菩薩	故觸 作大	1	21	590	第十四精進波羅蜜多分	後數行錯寫
始81	大般 薩衆	第十 止謂	1	26	591	第十五靜慮波羅蜜多分之一	
岡97	應入 勤修	此菩 修學	2	63	591	第十五靜慮波羅蜜多分之一	全卷碎損
重46	慮爲 言如	訶薩 三界	12	340	591	第十五靜慮波羅蜜多分之一	首行碎損
日58	慮般 淨五	空空 畏四	1	28	591	第十五靜慮波羅蜜多分之一	此係日五十八號之二
帝48	非三 薩摩	訶薩 展轉	1	25	591	第十五靜慮波羅蜜多分之一	
生94	手弓 獨覺	已至 地心	1	38	592	第十五靜慮波羅蜜多分之二	首行碎損
服56	菩提 非諸	名摩 行所	3	75	594	第十六般若波羅蜜多分之二	首十八行尾七行碎損

調	96	非即色蘊 處亦性本	1	24	594	第十六分之二	般若波羅蜜多	後行誤寫
師	31	大般第十 意界色界	1	26	595	第十六分之三	般若波羅蜜多	
羽	77	大般第十 足根斷神	1	26	596	第十六分之四	般若波羅蜜多	
海	36	若波除遣 菩薩薩圓	1	28	597	第十六分之五	般若波羅蜜多	
冬	100	童作者使 顛倒不依	8	225	598	第十六分之六	般若波羅蜜多	首行碎損
閏	79	心起般若 十學八	9	242	598	第十六分之六	般若波羅蜜多	
號	90	復次若常 智法十九	18	505	599	第十六分之七	般若波羅蜜多	首四行碎損
張	34	終不及魔 過去法過	15	408	599	第十六分之七	般若波羅蜜多	首三十六行碎損
宇	81	不能菩薩 合若若離	6	179	599	第十六分之七	般若波羅蜜多	首十一行碎損
鹹	90	楊文大般 奉行六百	15	421	600	第十六分之八	般若波羅蜜多	卷首署名楊文玉

羽 23 羅蜜川中 心心薩摩 1 26 館舊目註是大般若經姑附於此背面末行寫辛已年四月廿八日清信弟子難受寫畢

推 64 波羅已作 菩薩應猶 1 28 館舊目註是大般若經

字 90 利如方便 已方寶乃 3 112 館舊目註是大般若經前九行殘缺

鱗 47 善業語離 所度諸佛 6 176 此卷係節抄大般若經卷四十六卷一六五卷三六一卷三六二卷三六三首十二行殘缺

大般若經釋

原號	起	止	紙	行	附記
潛69	百九 一箪	阿羅 飲光	1	19	
潛74	爾時 變礙	千倍 作九	1	28	
帝83	須善 跡鏡	從心 二分	3	58	首八行殘缺 全卷下邊碎損

敦煌劫餘錄

新會 陳垣 校錄

第六帙

放光般若經 西晉無羅叉譯 二十卷

原號	起	止	紙	行	品次	附記
柰75	摩訶聞如	相應第一	15	413	放光品一 假號品三	卷尾有放光經卷第一六字
生66	三事答不	空像有者	6	148	歎深品五十五 阿惟越致品五十六	尾十七行碎損

光讚般若經　西晉竺法護譯　十卷

原號	起	止	紙	行	品次	附記
麗 16	者何空悉	法界竭欲	1	26	所因出衍品十九	

摩訶般若波羅蜜經　後秦鳩摩羅什譯　二十七卷

原號	起	止	紙	行	品次	附記
列 78	常不行如	等品字品	19	592	往生品四三假品七	首八行碎損品名每與通行本不同如歎度品此本作无等品三假品此作本作名字品

柰　20　作解无間　如行出入　2　56　往生品四

重　97　薩一以是　眼名亦不　5　130　三假品七　集散品九　首一行尾四行碎損卷中碎損十九行

黃　61　白佛檀波　空故第三　20　536　勸學品八　相行品十　首三行碎損尾有木軸相行品此本作无方便品

號　32　如是訶薩　法何是名　4　73　句義品十二　尾行碎損

出　50　次舍受聲　无傳莊嚴　13　350　辯才品十五　莊嚴品十七　首八行碎損乘乘品此本作乘大乘品莊嚴品作无縛无脫品

翔　15　命舍薩乘　誓莊誓莊　2　45　乘乘品十六　莊嚴品十七　首八行尾四行碎損乘乘品此本作縛解品

夜
4
相如名菩薩內訶衍
10
606
廣乘品十九
首八行碎損

芥
94
意分訶衍意分第八
6
170
廣乘品十九
首八行碎損

河
14
言世婆若佛言第九
13
362
發趣品二十出到品廿一
首八行碎損出到品第廿一此本作第二十

地
56
如說空故法亦十一
12
339
十無品廿五无生品廿六
首七行碎損

出
80
名為空故般若十一
18
409
十無品廿五无生品廿六
首四行碎損尾三行有朱筆句讀无生品廿六此本作廿五品

雨
70
諸法聽故蜜遠十三
16
447
无生品廿六問住品廿七
首三行碎損問住品此本作不住品

岡
50
摩訶不共爾時至一
1
26
散花品廿九
散花品第廿九此本作廿八

列 89 摩訶 佛告 其所 養若 4 99 法施品三十八
全卷碎損法施品此本作十善品

李 65 莊嚴 衆生 蜜不 可知 6 169 照明品四十
首六行碎損

辰 40 若波 諸佛 法生 十六 21 483 照明品四十 歎淨品四十二
首三行碎損信毀品四十一此本作泥犁品四十歎淨品四十二此本作四十一卷尾署高弼爲亡妻无聖咸所寫經

羽 92 相故 尚无 菩提 知不 2 56 佛母品四十八
首行碎損全卷朱筆句讀

藏 98 得何 識如 解脫 相舍 2 61 大如品五十四
首二十行尾三行碎損

閏 50 戒定 門相 男子 辱精 1 18 大如品五十四
首四行碎損此卷緊接藏九十八號後

閏
47
得阿 識識
故菩 利弗
2
22
大如品五十四

此卷緊接閏五十號後第一字爲得字與通行本異

鱗
57
乃至 衆生
法不 廿五
16
408
堅固品五十六
深奧品五十七

首三行碎損堅固品此本作燈炷品

露
81
摩訶 如是
提桓 卅一
18
510
愁魔品六十二
度空品六十五

首六行碎損全卷完整淨願品此本作釋願品度空品此本作无眞實品

日
69
道須 如是
三藐 廿八
13
297
等學品六十三
度空品六十五

淨願品六十四此本作隨喜品六十三度空品六十五此本作稱揚品六十四

重
9
薩功 如是
薩功 廿八
10
266
淨願品六十四
度空品六十五

淨願品此本作稱揚品

金 6 摩訶羅蜜 爾時廿九 16 442 累教品六十六 攝五品六十八
累教品六十六此本作見阿閦佛品六十五无盡品六十七此本作不可盡品六十六攝五品六十八此本作六度相攝品六十七 卷中碎損十五行

闕 33 遠離羅蜜 智遠提是 1 25 方便品六十九
首損一行尾二行碎

水 2 摩訶對若 須菩波羅 10 275 三慧品七十
一百六十五行後脫去數行紙背雜寫經疏及懺文二百五十五行三慧品七十此本作六十九

昃 51 耨多將无 是色故示 3 67 三慧品七十
首十一行尾四行碎損卷中有朱筆

校勘

翔 5 識是種智 有漏佛說 2 29 三慧品七十

首四行尾三行碎 損此卷緊接㞊五

十一號後

制 31 菩提求阿 是念告須 2 35 三慧品七十

首五行尾十六行 碎損

日 91 切衆意善 衆生所不 1 29 道樹品七十一

劍 97 識斷天梵 无明廣天 12 318 三次品七十五 一念品七十六

首二行碎損无煩 天之煩此本作廣

三次品此本作无 漏行六度品

月 55 所有誰何 離惡多羅 12 280 三次品七十五 一念品七十六

首十四行碎損三 次品此本作一心

具万行品

皇 67 摩訶訶薩 爾時緣故 1 66 三次品七十五

三次品七十五此 本作次第行品七

十四

收	86	漏心受所	國土染汚	12	285	一念品七十六 六喻品七十七	首二行碎損此卷前後紙色迥異經文則一貫字體亦相同一一念品此本作夢化六度品
菜	64	一切蘋三	種種薩成	1	33	一念品七十六 六喻品七十七	首三行尾七行碎損一一念品此本作夢化六度品
果	32	持戒著布	著若提是	8	224	一念品七十六	首十八行碎損
昆	75	无熱識處	羅蜜卅三	2	53	一念品七十六	此卷緊接劍九十七號
辰	6	可得不可	發也廿七	20	473	四攝品七十八 實際品八十	首二行碎損末句此本作終不懸發也與通行本異

調 97 至八三解 薩方波羅 1 28 善達品七十九實際品八十 首三行碎損實際品八十此本作七十九

陽 82 精進故莫 如是卅八 17 464 實際品八十具足品八十一 首三行碎損具足品此本作成就衆生品

盈 98 知者无受 如是卅七 14 353 實際品八十具足品八十一 首行碎損實際品此本作照明品

列 45 恒斯菩薩 藐三提今 8 212 具足品八十一 首尾碎損各二行卷尾有經解二行餘

日 100 是夢妄法 同事平等 5 128 平等品八十六如化品八十七

辰 65 摩訶須善 多羅是畜 4 103 平等品八十六 全卷碎損二十八行

服 17 僧說止不 慧能切法 4 107 序品一往生品四 首行碎損此卷摘鈔序品一奉鉢品

鹹55　夷耆所說諸三歡喜　29　787　序品一囑累品九十

二往生品四卷首尚有敘言二行述
宣揚是經意惜不全卷有朱筆句讀
首十二行碎損此卷摘鈔序品一奉
鉢品二往生品四句義品二十二乘品乘
品十六（此本作乘品）勝出品廿
二（此本作廿一）无生品廿六（
此本作廿五）无作品四十三（此
本作面各千佛品四十二）佛母品
四十八（此本作示世間品第四十
七）法尚品八十九（此本作曇无

竭品八十八）囑累品九十（此本

作八十九）全卷朱筆句讀乘乘勝

出佛母法尙囑累五品均完整无刪

節

閏 29 切種不可 告舍心非 5 140 序品一 勸學品八

此卷摘鈔序品一奉鉢品二往生品

四勸學品八

閏 37 心不常空 諸法外不 14 392 勸學品八 无生品廿六

此卷緊接閏二十九號似即從是卷

分出摘抄勸學品八句義品十二乘品

乘品十六（此本作乘品）廣乘品

十九（此卷作四念處品十八）勝

出品廿二（此本作廿一）等空品廿三（此本作含受品廿二）无生品廿六（此本作廿五）

宇

26

法无陁合薩句量心

16

421

句義品十二照明品四十

此卷摘抄句義品十二乘乘品十六（本卷作乘品）廣乘品十九（此本作四念處品二十八）勝出品廿（此本作廿一）等空品廿三（此本作含受品廿二）无生品廿六（此本作廿五）勸持品三十四（此本作三十六）法稱品三十七（此

昃56天兜阿迦佛如以法7 196句義品十二佛母品四十八

本作校舍利品三十一）隨喜品三十九（此本作隨喜迴向品三十八）照明品四十（此本作大度品三十九）

此卷摘抄句義品十二无生品廿六（此本作廿五）无作品四十三（此本作面各千佛品四十二）佛母品四十八（此本作示世間品四十八）全卷有朱筆句讀

小品摩訶般若波羅蜜經 十卷 後秦鳩摩羅什譯

原號	起	止	紙	行	品次	附記
烏34	誦般憍尸	恒因不壞	2	50	塔品三	
鹹24	薩亦反於	菩提第五	17	421	魔事品十一 船喻品十四	首十七行碎損
裳42	樂衆有諸	阿耨本行	2	44	薩陁波崙品二十七	首十二行尾三行碎損
金7	歡喜句莊	薩陁樂作	3	47	薩陁波崙品二十七	首四行尾二行碎損
麗11	而无試是	見佛第九	6	152	薩陁波崙品二十七	首六行碎損

佛說仁王般若波羅蜜經

後秦鳩摩羅什譯
二卷

原號	起	止	紙	行	品次	附記
淡 61	衆僉釋迦	劍鉾如是	18	366	序品一 二諦品四	首三行碎損
張 44	如空菩薩	如是卷上	3	72	菩薩教化品三 二諦品四	
榮 76	五分地阿	華六十千	5	97	受持品七	首三行尾四行碎損

勝天王般若波羅蜜經 七卷 陳月婆首那譯

原號		起	止	紙	行	品次	附記
夜	75	重誓龍惟	不逼如是	14	348	通達品一 顯相品二	首廿三行碎損
盈	91	摩訶思惟	羅蜜第一	17	461	通達品一 顯相品二	首七十行碎損
宇	36	夢幻薩摩	若見則安	9	228	通達品一 顯相品二	首行碎損
鹹	34	落況有隱	慧況動如	23	685	法界品三 現相品七	全卷小楷碎損二百八十六行
昃	60	衣爲諸天	色不終不	11	290	法界品三 念處品四	尾三行碎損 下接歲第三號
歲	3	恥弊中息	心不第二	8	214	念處品四	首十行碎損 前接昃六十號
往	18	故菩立如	蜜爲世過	2	56	平等品六	下接來六十九號
來	69	无量後得	詣道如此	3	84	平等品六 現相品七	前接往十八號

文殊師利所說摩訶般若波羅蜜經 二卷 梁曼陀羅仙譯

原號		起	止	紙	行	附記
冬	68	如是 訶薩	奉行 經卷	20	541	首二行碎損 全卷有朱筆校勘
調	59	過心 舍利	奉行 蜜經	8	267	首五行碎損 全卷小楷有武后時新字

文殊師利所說般若波羅蜜經 一卷 梁僧伽婆羅譯

原號		起	止	紙	行	附記
果	74	文殊 般若	頂受 先會	1	27	本卷爲序偈釋
張	16	持戒 度未	射皮 已復	18	489	首二十行碎損
字	19	作是 可思	穢不 八欲	3	84	前接張十六號

出 29 得无佛佛人欲隨命 5 141 尾行碎損前接宇十九號

文 15 有各佛佛拜親无非 1 28 以張十六號校之自如來放光分第三起訖文殊實見分第六止

律 10 若波菩薩波羅諸佛 3 83 首二行碎損以張十六號校之可分三段第一段自元修无學分第十二起訖一切法空分第十四止第二段自如幻他人分第十八起訖衆問信成分第二十止第三段則通行本僧伽婆羅譯本文此段首贅一界字

金剛般若波羅蜜經

後秦鳩摩羅什譯 一卷

原號		起	止	紙	行	附記
柰	96	金剛如是	一七重罪	11	312	首尾有餘前冠佛像末附咒文
餘	12	金剛如是	奉行蜜經	12	319	紙背有蕃文中多碎裂不若閏六十五號之完美
露	61	唵誐啓請	眞言娑訶	16	373	卷首有金剛陀羅尼啓請八金剛四菩薩云何蕃發願文卷尾有大身眞言隨心眞言心中心眞言經文分三十二分與今本无異紙背有押衙康全子賓六字
鹹	58	金剛法會	一萬千遍	14	328	卷尾有甲子年五月十五日數字又有大身眞言一則末書誦此經一遍勝誦本經功德一万九千遍全卷分品
冬	53	金剛如是	奉持蜜經	11	314	首尾完具
閏	65	金剛如是	奉行蜜經	11	307	首尾完具

水	42	如是與大	奉行蜜經	11	307	首尾完具
河	69	金剛如是	聞佛奉行	11	306	首尾完具
淡	28	金剛如是	奉行蜜經	12	294	首尾完具
黃	35	凡人功德	命布偈等	5	122	尾一紙上端爛去經首冠有小引言凡人欲轉念金剛般若經先至心請八金剛名功德无量其名如是下列八金剛名爲他卷所無
黃	39	金剛如是	以无差別	2	52	
宙	25	金剛如是	三菩解佛	2	49	首尾皆破
洪	98	羅蜜如是	以故生見	6	164	前有餘紙五寸許紙背題妙法蓮華經卷第二殆錯簡
張	37	金剛如是	微塵微塵	10	287	尾九行破碎
宿	79	金剛如是	尊須不不	1	27	

寒 4	奉請災殃	大身十一	5	122	卷首寫奉請八金剛較黃三十五號尤詳備於八金剛名號下詳載能除何種災眚次寫持經蕃音經文中照原譯本分三十二分惜僅存十分前寫後秦羅什法師翻譯本字樣
調 11	金剛如是	我相提菩	5	139	
暑 11	佛說如是	如來法如	7	194	
暑 31	金剛如是	佛所者須	1	39	卷首有餘紙五寸許
秋 23	金剛若有	世尊天眼	9	228	卷首前列金剛經啓請小引淨口業眞言虛空藏菩薩供養眞言奉請八金剛云何蕃音十佛名號發願文十九行卷尾餘紙四尺背寫金光明經第四卷十地菩薩咒百廿七行
藏 21	金剛如是	不與尼以	7	195	首破
閏 40	如是大比	菩提見如	4	110	內多粘補
律 18	金剛如是	菩提來不	4	111	首尾碎損各八行

律	63	金剛如是	我說非法	2	52	
呂	63	金剛如是	法應布施	1	25	尾四行碎損本與同號之又一卷同卷因紙色不符字跡亦異經文又相錯互遂分爲二
李	97	金剛如是	菩提也世	4	113	
菜	58	金剛如是	相八非相	4	128	尾六行碎損
結	56	金剛如是	尊如等恒	5	158	
金	11	金剛如是	三菩所說	3	51	
金	70	金剛如是	土不嚴是	3	83	
水	85	金剛如是	不說无所	3	78	
出	93	金剛如是	衆生是諸	3	42	全卷粘補首十三行只存下半截
岡	59	金剛如是	若取非法	3	44	尾五行破損三十四行後字體與前異第一行經名下有如理實見分第五七字係訛文

闕 80	金剛 如是	我得 尊佛	3	73	尾行碎損
果 28	金剛 如是	蜜須 提白	4	109	尾行碎損紙背雜寫妙法蓮華經序品第一二十八行
鹹 61	金剛 如是	若臥 從來	10	285	
羽 17	金剛 如是	以身 身相	1	31	尾四行碎損
淡 65	佛說 觀自	菩提 誑語	7	162	尾行碎損卷首有佛說般若波羅蜜多心經一卷
龍 3	金剛 如是	想若 涅槃	1	18	
光 68	如是 與大	用布 甚多	2	53	首破
帝 56	金剛 如是	須菩 不也	1	27	
文 66	金剛 如是	界化 須菩	2	55	首碎損
字 2	金剛 如是	尊須 不不	1	27	首殘破

字	36	金剛如是	无衆我相	1	20	
服	5	金剛如是	一切差列	2	52	
位	71	金剛如是	諸衆相无	1	42	破碎
鹹	65	金剛如是	世尊量不	2	27	經文分兩段均不全其前段另標
雨	1	舍衛與大	奉行蜜經	12	305	首行碎損
鹹	98	時着第乞	界七不須	2	52	破爛
金	3	時着第乞	須菩那行	3	76	首紙破爛
露	68	金剛如是	奉行蜜經	8	308	首二十行碎損
荒	43	即從敬而	般若須菩	6	96	首紙破爛
調	85	金剛如是	須菩爾所	5	138	首五行碎損

藏	61	座而 偏袒	何善 作福	10	273	
鹹	29	座而 偏袒	奉行 若經	11	300	紙背雜寫有字
雲	75	比丘 鉢入	伊帝 薄訶	10	274	首二十四行碎損卷尾附金剛經陁羅尼功德及陀羅尼
人	34	經既 就少	亦復 敎仕	1	6	背前十數行似係淨宗經論後數行係雜寫金剛經
爲	36	金剛 如是	奉持 蜜經	11	313	首十四行碎損
珠	25	偏袒 有世	奉持 蜜經	10	300	
薑	19	持鉢 本處	奉行 蜜經	11	308	首四行碎損
秋	13	至本 長老	奉行 蜜經	10	301	首三行碎損
霜	11	如是 與大	奉行 蜜經	11	312	首六行碎損
夜	91	座而 偏袒	奉行 蜜經	11	302	首三行碎損

巨	99	付囑 女人	者須 无量	1	28	破爛
陽	16	囑諸 三藐	經乃 分不	9	243	首紙破
皇	8	如是 與大	尊須 不不	1	26	
藏	46	金剛 如是	大不 是名	3	88	首九行碎損
淡	54	善男 心應	无所 那行	3	71	首破
龍	10	善男 心應	而實 阿羅	2	58	首破
陽	32	鉢洗 起偏	奉行 蜜經	11	265	首十一行尾二十八行碎損
號	36	佛在 二百	其福 聞說	4	116	首尾破爛
騰	45	菩提 偏袒	奉行 蜜經	10	295	首四行碎損
暑	90	樹給 爾時	奉行 蜜經	11	310	首九行碎損

鱗	7	善付耨多	婆呵心經	11	322	首二行碎損末附心經一卷
生	71	飯食菩提	在然何菩	3	78	首紙殘破
菜	7	起偏希有	須菩施若	10	266	首紙殘破
制	6	哉須付屬	功德男子	5	142	全卷殘破
柰	86	座而偏袒	於法佛土	3	79	首破
黃	10	有世世尊	奉行蜜經	10	301	首紙破碎
往	82	偏袒有世	奉行蜜經	10	299	首七行碎損
成	37	提如菩薩	所說者何	1	43	
致	78	在大合掌	奉行蜜經	11	301	首七行碎損
寒	16	至本時長	奉行蜜經	13	310	首十行碎損

文	12	金剛如是	菩提也世	4	110	
河	37	金剛如是	奉行蜜經	12	313	首十一行碎損
地	42	住如佛告	如來提若	9	268	
夜	65	希有薩世	羅聞奉行	11	299	首紙破爛
來	46	須菩陁洹	嚴佛莊嚴	1	22	破
地	34	坐時右肩	者則凡夫	9	255	首紙破爛
文	71	護念善女	尊須不不	1	20	
致	83	人發住如	奉行蜜經	10	293	首八行碎損
始	82	女人如是	應如淸淨	2	72	
閏	53	如是與大	奉行蜜經	11	306	首十二行碎損

水	51	大城 飯食	奉持 一部	11	307	首十行碎損
衣	94	偏袒 有世	菩提 性是	2	50	首紙破爛
罔	16	金剛 如是	所於 於法	3	82	首十四行碎損
來	90	聽當 羅三	聞佛 奉持	11	297	
夜	22	耨多 其心	奉行 蜜經	11	289	首行碎損中有品名前四品已佚五曰如來非有爲相六曰我空法空七曰具足功德校量八曰眞如九曰利益十曰斷疑十一曰不住道十二曰流通與巨廿五號元魏譯本同
律	22	心唯 諸菩	爲多 如來	3	94	
昃	62	金剛 如是	奉行 蜜經	12	285	首紙破爛民國十年二月提存歷史博物館
調	64	汝今 羅三	婆訶 一卷	6	269	首紙破附心經一卷
餘	10	偏袒 有世	奉行 蜜經	10	304	首九行碎損

河	97	時着次第	无法取相	2	40	殘破
黃	82	有世世尊	奉行蜜經	12	298	首紙破碎
日	64	金剛如是	奉行蜜經	11	306	首十五行碎損
出	56	女人如是	奉持蜜經	11	301	首三行碎損
夜	12	心所生若	界七須菩	2	40	
李	96	提應哉須	其處誦所	5	159	
生	86	薩世提心	壽者耨多	4	131	首紙霉爛
露	60	化生有想	而去陁經	14	412	前後兩色後附金剛經陀羅尼神咒較通行本多若有人誦此咒一遍勝誦金剛經一萬九千遍等語末又附阿彌陀經
藏	57	佛告心所	奉行蜜經	10	290	首二行碎損

辰	78	心所 若化	聞佛 奉行	10	292	
裳	57	生若 非有	典所 弟子	3	87	殘破
盈	96	卵生 化生	奉行 蜜經	10	292	首二行破碎
麗	30	非有 度之	奉持 蜜經	10	288	
霜	49	哉須 付囑	奉行 蜜經	11	299	首十四行碎損
稱	85	想我 度之	奉行 蜜經	10	286	首行碎損
字	5	度之 衆生	三菩 說法	2	33	紙破爛
珠	62	如是 佛告	奉行 蜜經	10	294	首六行碎損
成	64	无餘 之而	奉行 蜜經	10	296	首二行碎損第五紙後紙色字體與前大異經文仍貫通
翔	75	心所 若化	法實 土不	2	67	

昃	65	有一化生	聞佛奉行	10	291	首紙破爛
皇	37	度者生相	是名如是	2	63	全卷破爛
日	32	心所生若	天眼云何	7	200	
呂	63	得滅相衆	奉行多經	10	290	此卷本與同號之又一卷同卷因紙色字體不同經文亦錯互遂分爲二
芥	44	所有生若	奉持蜜經	11	299	首四行碎損第一紙字體潦草與後不同似非一人所寫
日	26	人相復次	佛土莊嚴	2	62	
爲	25	人相復次	奉行蜜經	13	305	
地	79	度之生得	奉行蜜經	10	291	首九行碎損
露	14	提心哉須	奉行蜜經	10	296	首十二行碎損
鱗	78	之如得滅	奉行蜜經	9	276	首二行碎損

鳥	17	相壽无所	奉行蜜經	12	283	
鱗	6	无餘无量	奉行蜜經	10	284	首三行碎損
洪	68	心所生若	合相可說	9	275	
結	11	相若如是	如是何以	6	180	首紙稍破
闕	8	男子住如	我今若當	4	112	首破爛末接闕六十六號經文紙色亦正相同蓋本一卷裂爲兩卷
致	47	滅度入相	者何差別	1	34	首紙破
陽	37	心唯菩提	奉行蜜經	11	294	首三十四行碎損
露	62	相衆復次	奉行蜜經	12	292	首七行碎損
李	90	須菩囑諸	奉行蜜經	10	295	首十三行碎損
宿	27	菩提菩薩	奉行蜜經	12	284	末二紙下端碎去

陽	87	色布菩提	奉行蜜經	8	284	首行碎損
珍	89	復次所謂	奉行蜜經	11	286	首二行碎損
菜	81	菩提菩薩	得功疑不	5	158	首尾有餘
藏	44	何以者相	說莊若菩	7	194	首尾破爛
雲	43	故若須菩	奉行蜜經	12	294	
罔	4	行於住色	奉行蜜經	10	285	首三行碎損
地	45	菩薩於意	奉行蜜經	11	284	第十紙起紙色與前不同但文義貫串字體亦无歧異
洪	9	菩薩於意	見是阿耨	11	275	
金	58	菩提菩薩	其沙女人	2	70	首尾有空白背有字
巨	82	意云提南	人相相人	2	102	

稱	22	復次 色布	奉行 蜜經	10	259	首破
地	70	降伏 如來	奉行 蜜經	12	298	首紙破爛全卷有朱筆句讀
露	15	度之 生得	奉持 蜜經	11	305	首十四行碎損
海	34	於意 菩提	若復 人甚	4	104	首尾破爛
皇	41	所謂 菩提	佛土 莊嚴	2	61	
果	1	於意 菩提	切法 如來	8	184	首破
歲	29	於意 菩提	阿耨 須菩	9	253	首紙稍破
歲	37	菩提 也世	生相 法相	10	272	全卷破爛
稱	34	須菩 不也	三千 言甚	3	83	首紙粘補
生	74	菩提 也世	須菩 如來	7	195	首紙破

號	起	止	紙數	行數	附記
文 70	菩提 也世	者何 差別	1	27	
岡 58	菩提 世尊	究竟 生說	10	284	經尾有云何蕃發願文
雲 28	菩提 也世	奉行 蜜經	10	283	
珠 56	空可 菩提	奉行 蜜經	10	281	首行僅五字
鱗 45	舍衛 五十	奉持 蜜經	11	305	首二十五行碎損
夜 6	菩提 也世	奉行 一卷	10	281	首行碎損
稱 1	提於 須菩	奉行 蜜經	10	281	首二行碎損
生 50	菩提 也世	菩提 則於	5	140	首紙稍破
暑 9	也世 如是	生心 故佛	4	112	
字 57	也是 如是	差別 界七	1	27	破

乃	41	如是／須菩	菩提／也世	3	83	首紙破爛
推	5	也世／如是	德性／中受	1	30	
巨	64	也世／如是	奉行／蜜經	11	282	
呂	69	如是／是寧	奉行／蜜經	8	224	第五紙後失去一紙
陽	12	衆生／復次	奉持／蜜經	10	293	首七行碎損
生	76	也世／如是	奉行／蜜經	10	281	
夜	7	尊須／不可	奉行／蜜經	11	285	第二紙後紙色字體與前不同且重出十四字似係兩卷紙合成
冬	77	空可／須菩	奉行／蜜經	10	279	首十四行碎損
張	99	也世／量不	奉行／蜜經	10	281	首七行破損
律	1	提菩／量次	奉行／若經	10	273	首紙破爛

鱗	12	若菩 復次	奉行 蜜經	9	268	首七行碎損
生	100	空可 相布	奉行 蜜經	12	287	首二十九行碎損全卷有朱筆句讀
霜	2	若菲 度之	奉行 蜜經	10	285	首十一行碎損
日	66	如是 須菩	是諸 若取	1	15	尾有空白
列	29	如是 須菩	奉持 蜜經	10	285	
黃	6	東方 南西	故須 羅蜜	4	105	
調	6	如是 須菩	菩提 也世	3	83	破爛太甚
鳥	20	如是 須菩	也世 如來	3	84	
鱗	86	菩提 是不	奉行 蜜經	10	287	首九行碎損
荒	89	亦復 敎住	身如 提言	2	60	首破

金	65	提於世尊	菩提者見	2	56	
潛	51	須菩尊不	汝勿若人	6	148	背係答問淨土散義均釋相宗之理
水	76	三菩善哉	奉行蜜經	11	299	首二十行碎損
珠	24	住聲布施	於法佛土	2	60	首殘破
號	55	於意世尊	奉行蜜經	10	278	首行碎損
秋	64	所謂菩提	界七須菩	1	33	
出	59	世尊說身	奉行蜜經	9	270	
藏	68	也世如是	奉持蜜經	10	286	首四行碎損
劍	16	菩提也世	奉持蜜經	11	288	首五行碎損
成	31	須菩世尊	奉行若經	10	279	首紙破爛背有字

藏	29	即非妄若	佛土莊嚴	2	52	
歲	2	即非妄語	了達得知	12	274	首七行碎損末有一偈曰金剛一卷重須彌所以我皇偏受持八萬法門皆了達惠眼他心預得知
盈	78	尊須是不	者然號釋	6	168	
宙	41	世尊說身	言甚是名	3	80	首破
荒	94	說身是處	界七不須	1	24	
服	63	是處須菩	人發何降	5	150	尾破之類　卷內兩旁間寫小字似係節錄註疏
出	57	須菩說章	微塵所說	11	253	尾破
律	67	布施不住	奉行蜜經	10	292	首十八行碎損
律	96	也世如是	奉行蜜經	10	280	首五行碎損

致	90	菩提也世	奉行蜜經	10	279	首七行碎損
雨	79	意云菩提	奉行蜜經	11	282	首十四行碎損
寒	64	須菩可思	奉行蜜經	10	278	首十六行碎損
來	32	見如來何	奉行蜜經	10	294	首四行碎損
生	1	如來告須	奉行蜜經	10	283	首四行碎損
地	95	菩薩於意	奉行蜜經	10	284	首一紙餘破爛
珍	84	不也亦復	奉行蜜經	7	281	首六行碎損尾有跋朱書曰未年正月社人張庭休寫一心供養卷中有朱筆校改
騰	66	須菩說章	用布告須	3	60	首稍破
結	51	須菩說章	彌山以此	8	222	首破
結	8	也是如是	辱仙无壽	4	112	首破

千字文號	起	止	紙數	行數	附記
金72	也是 如是	典所 弟子	3	73	前半紙破
潛81	量不 虛空	所說 者何	1	26	破甚
宙90	云何 身相	菩提 也世	3	82	首破
文55	須菩 說章	人甚 羅蜜	2	96	
巨85	來滅 能生	提白 菩薩	9	242	後四紙殘缺
餘90	章句 二佛	故須 壽者	5	130	首紙破爛
李18	來滅 能生	故如 如來	9	244	
寒48	是虛 須菩	是念 何以	2	37	首破
洪15	來滅 能生	聞佛 奉行	9	270	首七行碎裂
珠22	能生 佛三	觀如 言世	9	227	首紙破爛

致	8	告須有持	恒河布施	5	121	首紙破
河	19	須菩說章	故如色身	8	207	首紙甚破
來	12	何以思量	奉持蜜經	12	281	首十三行碎損
人	18	身相諸相	來說提若	3	80	首紙破爛
餘	9	能生佛三	奉持蜜經	9	269	
秋	25	有相如來	奉行蜜經	9	252	首六行碎損
玉	31	也世如是	奉行蜜經	10	274	首九行碎損
鱗	14	上下住相	奉持蜜經	10	287	首十一行碎損
淡	72	佛三種諸	典所弟子	3	63	首破
淡	18	佛三種諸	奉行蜜經	10	274	

皇	15	說章/來滅	界七/須菩	1	21	首紙殘破
巨	58	囑諸/善女	奉行/蜜經	10	293	首二十六行碎損
金	66	三四/諸善	菩薩/提心	4	102	
宙	6	是人/无量	奉行/蜜經	10	262	首三行碎損
冬	28	所種/者須	提言/塵是	3	71	首破
鹹	83	相布/菩提	奉行/蜜經	10	279	首十一行碎損
往	70	諸善/須菩	爲荷/須菩	5	129	首破
露	26	說身/皆是	蜜多/野八	10	280	首破末附本經咒文
往	83	菩提/福德	是身/說非	2	49	
月	16	當知/五佛	奉行/蜜經	9	272	首三行破碎

帝	55	如是須菩	我得佛說	2	46	首殘
龍	34	菩提量福	嚴佛莊佛	2	44	
列	72	福德壽者	奉行蜜經	10	265	卷末附有蕃字
辰	1	能生三四	莊嚴則非	9	269	首九行碎損
河	16	能生三四	莊嚴則非	2	47	首紙甚破
地	49	章句來滅	奉行蜜經	9	269	首紙破爛
辰	63	說身是虛	處常常經	12	362	尾四紙殘破頗甚附无常三稽經首末具完背有乾符六年二月二日平定女十一字
珍	78	三四諸菩	是名菩提	2	74	
海	94	生相諸衆	奉行蜜經	9	272	首行碎損
雨	80	无法生若	奉行蜜經	9	267	首二行碎損

師 84	世尊說身	意云三十	3	80	首尾殘破
致 45	取相即著	菩薩日光	4	107	首尾殘破
荒 65	生若法相	應以偈言	5	222	內多破爛
律 14	見諸須菩	奉行蜜經	10	274	首三十行碎損
陽 81	如是須菩	奉行蜜經	10	278	首十五行碎損
結 80	我人相即	是沙云何	7	180	首破
薑 40	善根聞是	奉行蜜經	11	244	首六行碎損
柰 48	取非說法	无我菩提	4	94	首破
潛 7	菩薩於意	界七須菩	2	31	殘破
芥 9	法相相即	婆夷歡喜	7	252	首尾破爛

字號	號	首	尾	卷	行	備註
柰	6	應取 我說	子善 此經	3	69	破爛
致	97	提於 世尊	聞佛 奉行	10	277	首紙破
昃	49	衆生 法相	是名 菩提	2	66	首尾破爛
岡	28	相即 取非	奉行 蜜經	9	264	首行碎損
霜	53	取非 說法	衆實 生相	5	145	
露	19	說法 於意	提於 斯陀	1	20	尾殘
歲	8	說法 須菩	奉持 蜜經	11	260	
柰	58	座而 偏袒	恭敬 其處	6	163	首紙殘破
芥	42	取非 法如	多世 若干	7	178	首破爛
宙	87	何況 須菩	奉持 蜜經	11	260	首紙破碎

珍	40	相壽衆生	无人多羅	7	202	全卷破爛
調	55	說法須菩	優婆奉行	9	269	首紙破爛
陽	19	是虛須菩	者如有人	8	269	首紙破爛
律	64	說法須菩	須菩阿修	5	120	
騰	7	諸善提如	聞佛奉行	10	266	首破
推	9	須菩三菩	阿那念我	1	24	
宙	36	捨何須菩	奉行蜜經	9	262	首六行破碎
果	93	須菩菩提	奉行蜜經	9	260	首十一行碎損
玉	3	我說須菩	塵是須菩	2	65	
辰	29	實當而種	奉行蜜經	11	277	全卷多破碎惟紙質似霧縠別饒風味

光	11	萬佛淨信	奉行蜜經	9	267	首十一行碎損八十八行後又碎十四行
爲	95	提南不不	得須須陁	1	37	破爛
文	87	提亦法皆	言甚是名	2	59	
岡	98	相即取非	菩提三十	9	220	首尾甚破
收	65	後後能生	奉行蜜經	9	271	全卷多碎孔
劍	9	說法須菩	奉行蜜經	9	258	首十七行碎損
稱	48	法皆一切	菩提生心	3	89	與珠二十七號經文相屬
宇	93	提亦法皆	當知如佛	2	49	
珠	2	提亦法皆	奉行蜜經	10	263	
麗	46	法皆一切	疑不亦不	5	128	

生	62	相則法相	奉行蜜經	9	266	首九行碎損
列	44	須菩菩提	須菩如來	5	171	首破
岡	99	皆不切賢	不須況其	2	40	
官	86	須菩寶以	又念我相	3	85	
巨	7	須菩寶以	无壽菩提	7	196	
柰	71	須菩寶以	无壽有我	3	84	
文	48	須菩寶以	佛塔知是	2	46	
歲	10	解佛三菩	莊嚴則非	1	34	首破
成	33	何若寶以	於法佛土	1	28	
位	9	寶以提言	佛土莊嚴	1	29	

李	87	提亦法皆	若臥從悉	10	234	
皇	29	寶以提言	是名菩提	2	56	破爛
夜	17	寶用提言	於法佛土	1	28	首破
水	22	取非說法	相當相者	2	77	首破
月	78	提言是故	无壽阿耨	3	83	首破
劍	45	寶以提言	於法所得	1	28	
鹹	73	寶以提言	奉行蜜經	9	253	
暑	78	以用言甚	奉行蜜經	8	185	此卷內分三分中有散佚
來	51	提言是故	羅蜜羅蜜	3	78	
宙	99	菩提性是	提須善法	7	196	首紙破裂卷中原有晉譯大方廣佛華嚴經一卷已提歸原類

昃	77	寶以 提言	奉持 蜜經	9	251	首行破碎
張	66	云何 寶以	奉行 蜜經	9	254	首二行破碎
秋	54	提言 是故	奉行 蜜經	9	252	
露	64	提言 是故	奉行 蜜經	9	252	
重	76	提言 是故	是名 菩提	2	56	
辰	99	提言 是故	菩提 也是	2	56	
列	12	提言 是故	須菩 如來	6	168	
歲	72	提言 是故	菩提 也世	2	56	
稱	87	提言 是故	須菩 者見	4	109	
字	98	須菩 菩提	莊嚴 應如	1	36	首破

岡	劍	闕	往	閏	麗	衣	盈	辰	菜
31	54	58	3	22	24	38	77	59	55
是言 故甚	持是 乃故	故持 須乃	受是 持故	耶須 如菩	持是 乃故	故持 須乃	是提 故言	故爲 須他	者蘋 即三
也所 世得	不誦 及爲	我壽 相者	是者 不須	蜜所 經說	相相 者當	身爲 是大	金奉 剛行	蜜奉 經行	作供 禮養
1	7	3	3	8	1	1	9	10	4
28	196	79	154	239	62	32	251	248	108
		首破	首破	首破			首十三行及尾行碎	全卷破碎	

鱗	69	一切須菩	聞佛奉行	9	252	首尾破爛
出	69	何以法皆	意云非身	1	24	
律	92	他人故須	他人乃至	8	196	首紙破爛
陽	85	提言是故	奉持蜜經	9	250	首十四行尾二十六行碎損
收	8	甚多是故	奉持蜜經	9	258	首五行碎損
爲	44	三菩即非	奉行蜜經	6	251	首行碎損
師	4	相壽衆生	受持德復	1	56	
寒	93	四句故須	是故提言	6	148	首紙破
暑	52	是故持乃	奉行蜜經	8	256	首四行碎損
推	52	是故持乃	滿无男子	9	241	破碎

辰	51	須菩陁洹	佛所受奉	9	244	首紙破爛
寒	31	人所提言	奉行蜜經	9	249	首十二行碎損
巨	89	須菩須菩	奉行蜜經	8	213	
來	63	須菩陁洹	嚴佛莊嚴	1	22	破
呂	20	故須三菩	布施布施	4	85	
陽	68	提言是故	四句何爲	9	251	首紙破
鹹	32	說法須菩	佛所奉行	9	261	
帝	65	洹名是故	相人一切	2	63	首殘
藏	69	也世如是	是故提菩	4	112	首破
雲	63	福德有人	奉行蜜經	9	256	首二十八行碎損

薑	86	洹名名須	又念无我	3	76	
霜	62	洹名是名	奉行蜜經	7	252	
菜	26	陁洹洹名	奉行蜜經	8	237	首行碎損
淡	92	意云不須	奉行蜜經	9	252	首二行及中間多碎損
李	37	須菩須菩	奉行蜜經	8	248	首四行碎損全卷有朱筆句讀
菜	94	佛法念我	以三即是	2	51	霉爛
露	34	念我以故	信受一卷	12	291	首尾均有餘紙
麗	43	是念何以	諸佛須菩	3	64	殘破
出	20	念我尊何	奉行蜜經	10	246	前十行碎損
黃	38	於意須陁	奉行蜜經	8	245	首五行碎不全分兩段

生	60	須菩 寶以	奉行 蜜經	10	252	首十二行碎損
闕	84	是名 是念	奉行 蜜經	9	242	首五十八行碎損
律	45	我得 故阿	聞佛 奉行	9	238	首紙破爛
來	24	者即 須菩	聞佛 奉行	9	247	首紙破爛
冬	18	菩提 即非	奉行 蜜經	9	248	首七行碎損
生	33	何以 斯陁	阿耨 虛是	4	134	首尾破爛
鱗	20	須菩 實以	如來 故得	7	209	首紙殘
秋	5	故阿 含須	當知 如佛	2	30	
金	22	故斯 陁含	合相 貪著	10	222	
薑	35	須菩 洹果	號釋 三菩	5	138	

號		起	止			
號	12	也世如是	奉行蜜經	10	280	首四十二行碎損
字	17	三菩卽非	佛土莊嚴	1	24	
調	99	名須含我	衆生實无	5	129	首尾殘破
地	73	彼何佛阿	奉行蜜經	10	239	首紙破爛
帝	85	故阿含須	須菩蜜須	1	36	
結	76	衆生法相	說須天人	4	125	首破爛
果	46	是故持乃	佛土莊嚴	1	27	殘破
乃	100	行而佛告	亦无如來	10	208	首破
鳥	45	須菩阿羅	奉行蜜經	9	238	
生	83	故阿含須	阿耨應住	3	71	

霜	4	世尊 實无	是妙 有如	5	155	首三行碎損
龍	11	漢能 也世	悲泣 典我	2	47	
騰	80	是名 是念	爲荷 須菩	4	103	首破爛
李	22	欲阿 尊我	丘尼 聞佛	8	229	首尾破爛
呂	47	是念 不也	奉行 蜜經	11	245	首二行碎損
列	16	提如 福德	修行 女經	16	425	後附佛說長者女菴提遮師子吼了義經
冬	81	故如 持乃	河所 尊佛	6	168	首紙破
藏	6	者法 得阿	即諸 藐三	5	130	
芥	39	金剛 如是	奉行 蜜經	7	191	全卷小楷惜首四十三行碎損
薑	33	須陁 觸法	奉持 一卷	8	219	首十二行碎損

服 11	欲阿 尊我	來得 來得	4	119	首破
宿 8	尊我 須菩	羅三 切衆	4	112	尾破
柰 42	名一 於意	華德 三昧	9	274	首尾有餘紙間有破爛附本經咒文並跋云爲正比丘尼寫法華經一部寫金光明經一部金剛經一卷已上寫經功德廻施正比丘尼承此功德一願生西方見諸佛聞正法悟无生又願見在合家平安无諸災鄣未離苦者令離苦未得樂者願令得樂未發菩提心者願早發心未成佛者願早成佛已年六月二十三日寫訖等語末又綴他種殘經十餘行
文 24	念我 須菩	佛說 得慧	2	55	
鹹 64	若作 者以	多羅 佛所	3	78	首行碎損
致 26	寶以 提言	奉行 蜜經	9	254	首二十三行尾二行碎損
文 74	斯陁 我得	由他 復有	5	111	首二紙破碎

官	66	須菩行而	我等般若	1	27	
號	34	實无佛告	奉行蜜經	9	240	
罔	22	何以斯陁	奉行蜜經	9	240	首十二行碎損
稱	15	佛告所於	奉行若經	9	257	
乃	52	无有得阿	奉行蜜經	8	233	首殘
潛	32	於法何如	須菩須菩	1	27	
金	56	佛告於法	如來可稱	3	82	
歲	45	以須所行	奉行蜜經	8	230	首三行碎損
水	67	世尊須菩	奉行蜜經	8	230	首四行碎損
宙	75	昔在法有	奉行蜜經	9	228	首六行碎損

生	30	漢世 則不	奉行 蜜經	8	236	首六行碎損
崑	64	實无 須菩	衆生 不誑	2	65	
潛	75	實无 土不	三千 言甚	1	28	破爛
岡	76	須菩 尊何	提言 微塵	1	28	
潛	31	須菩 尊何	阿耨 須菩	7	196	
羽	95	須菩 尊何	三十 人以	1	33	破爛
呂	62	須菩 尊何	薩勝 受福	7	199	
呂	66	須菩 尊何	言甚 是名	1	28	
藏	17	實无 土不	奉行 蜜經	9	230	首行碎損尾有餘紙尺許
閏	69	寶以 提言	奉行 蜜經	9	252	首三行碎損

夜	18	不不/是名	聞佛/奉行	8	223	
巨	32	不不/是名	阿修/奉行	8	223	首尾破爛
巨	31	不不/是名	藐三/如來	4	112	
成	32	不不/是名	言甚/是名	1	28	
來	29	故莊/是名	爲利/諸相	2	62	
張	47	士者/是名	奉行/蜜經	8	225	首尾破碎
字	76	菩薩/住聲	塞復/喜信	8	185	
宇	92	莊嚴/應如	應貪/如來	7	196	
夜	82	我得/故阿	阿修/恭敬	3	99	首破
鱗	93	莊嚴/應如	偈言/如來	7	184	

榮	86	嚴是 應如	蜜須 若波	1	24	
盈	13	是名 是生	提心 心應	2	56	
金	73	佛告 於法	人阿 應恭	3	88	
霜	20	是名 是生	是名 菩提	1	28	
藏	1	是名 如是	奉行 蜜經	8	225	
呂	14	是名 是生	奉行 蜜經	8	222	
岡	92	阿羅 无有	須菩 莫作	7	168	首紙破爛
律	20	須菩 尊何	於阿 可得	6	168	首紙破
珍	2	是生 觸法	是名 菩提	1	27	
皇	10	是生 觸法	是名 菩提	1	26	

始	97	淨心 心應	是故 薩爲	2	56	全卷破碎
收	29	何以 故須	奉行 蜜經	9	230	首三行碎損
昃	34	名莊 生請	善法 三千	6	165	尾破
潛	13	觸法 有人	心有 布施	2	56	首破
收	25	法實 佛不	誓曳 婆訶	8	232	首十四行碎損末附金剛經陀羅尼咒一卷
昃	63	身是 須菩	奉行 蜜經	7	218	首行破碎
往	4	身是 須菩	菩提 生心	2	53	
出	65	是名 須菩	塵是 非微	1	18	
柰	26	菩提 於意	能及 念我	5	169	
律	8	云何 言如	奉行 蜜經	5	192	首三十行碎損全卷小楷

荒	6	沙數於意	奉行蜜經	7	215	首十九行碎損
雨	3	不應所住	奉行蜜經	8	129	首五行碎損
黃	78	須菩行而	奉持蜜經	7	231	全卷破爛字跡尙佳
文	11	甚多菩提	不誑法无	1	57	
洪	7	是故心不	奉持蜜經	8	222	首七行碎損
月	54	不不是名	奉行蜜經	8	225	首九行碎損
服	4	是名應如	菩提尊不	1	28	首殘
劍	32	人以用布	人皆功德	2	59	
霜	90	以七布施	百千信心	3	64	
霜	91	布施告須	典信爲人	3	64	

往	93	云何但諸	所得聞經	1	28	破爛
乃	83	七寶布施	其處此經	3	74	
歲	21	菩提四句	生心故佛	2	48	
帝	36	菩提四句	諸佛是經	1	34	
珠	64	身為故佛	奉行蜜經	8	226	首九行碎損
號	88	七寶布施	須菩三十	2	19	殘
李	59	施得菩提	不可言世	2	91	首尾有餘
鹹	44	其心身如	奉行蜜經	10	220	首十一行碎損
月	57	他人說是	聞佛奉持	8	207	
歲	61	是名是生	奉行蜜經	8	223	首十四行碎損

金	77	須菩 行而	禮圜 善男	3	90	首破
李	78	塔廟 知是	說須 人阿	3	69	
裳	9	人成 處則	卽是 名諸	2	28	破碎
往	72	塔廟 是人	念過 我相	2	41	
霜	94	塔廟 知是	不可 思議	4	84	
宇	64	塔廟 是人	偈言 如來	6	173	尾六行上端碎去
來	1	法寶 土不	奉行 蜜經	8	231	首二十行碎損
金	90	漢我 作是	奉行 一卷	8	232	首二十五行碎損
重	2	行而 佛告	奉持 蜜經	9	235	首二十三行碎損
海	58	爾時 云何	奉持 蜜經	7	210	

麗 82	爾時 云何	修羅 敬作	2	67	
官 78	何奉 蜜以	无我 人相	1	36	
張 55	淨心 心印	奉行 蜜經	8	221	首紙破碎
河 7	在之 爾時	有我 念過	1	35	首二行尾行碎損
雲 66	最上 則爲	功德 恒河	2	53	首破爛
官 94	云何 波羅	菩提 心應	1	38	首破
呂 68	廟何 人成	奉行 蜜經	7	206	首七行碎損
盈 68	經典 爾時	人見 解我	7	190	首破
菜 31	於意 不須	福德 若有	9	208	全卷霉爛
潛 36	提於 言世	量百 典信	2	53	

呂 70	佛堵　奉行	知是　蜜經	8	232	首十六行尾六行碎損
月 21	提於　奉行	不須　一卷	12	195	
日 7	於意　奉行	世尊　蜜經	8	202	中有朱筆添註經文一行
始 58	多世　須菩	名微　是菩	4	108	首紙破碎背有大順元年等字
律 49	知是　奉行	所在　蜜經	7	213	首二十一行碎損
收 58	提於　聞佛	言世　奉行	7	202	首紙破爛
河 43	說般　如來	意云　不如	4	117	
宿 77	須菩　奉行	何況　蜜經	9	213	首紙破碎尾有餘紙六寸許
寒 66	爾時　奉行	云何　蜜經	8	124	首十六行碎損
律 23	大千　奉行	多世　蜜經	7	300	

黃 53	言世大千	奉行一卷	7	208	首行碎全卷有朱筆句讀及校正處
崑 19	心不應无	億那復有	3	90	首紙破爛
乃 2	大千多世	身體壽者	1	27	
稱 45	多世微塵	奉行蜜經	7	198	
淡 43	菩提微塵	提心心應	1	33	
玉 94	是名提於	量不則爲	2	56	首紙殘破
人 83	名微於意	不可爲荷	2	56	
罔 2	微塵意云	阿耨須菩	6	168	
餘 82	微塵於意	菩提者見	2	56	
結 45	微塵於意	奉持蜜經	7	198	

號	起	止	紙數	行數	附記
水20	徽塵 於意	說是 沙有	5	109	
來55	徽塵 於意	菩薩 菩薩	4	105	
鹹72	爾時 云何	如來 世界	6	177	破爛
人61	於意 尊不	无我 菩提	1	28	破碎
珍79	於意 尊何	所應 作禮	2	56	
巨86	不可 三十	辱仙 壽者	1	27	
巨62	於意 不可	聞佛 奉行	7	195	
歲56	於意 尊不	爲荷 須菩	2	56	
河95	而此 乃至	奉行 蜜經	7	207	首十四行碎損
翔45	尊不 說三	者則 凡夫	4	150	全卷破碎

烏	32	尊不說三	又念无我	1	25	
岡	74	尊不十二	善法山王	6	139	
洪	20	尊不說三	奉行蜜經	7	196	首十行破碎
調	10	尊何十二	言如所說	6	168	全卷破碎其中不可以三十二相得見如來何以故句何字上有尊字爲通行本所無
芥	78	尊何二相	界如所國	4	112	
重	40	不可二相	人阿應恭	2	56	
薹	93	相得相是	天人喜信	7	195	尾紙破爛
果	76	說三須菩	菩提心生	1	28	
宙	98	此處塔廟	奉持蜜經	7	210	首紙碎破
律	78	三十須菩	奉持蜜經	7	194	

崑34	是人 在之	如來 故得	6	172	首尾破爛
水66	言世 大千	思議 說爲	3	53	首破
張82	提於 可以	我解 有法	3	84	
珠31	須菩 命布	奉持 蜜經	7	199	
鱗75	四句 復次	奉行 蜜經	7	217	首十九行碎損
暑89	甚多 名微	奉持 蜜經	7	203	首十四行碎損
羽84	菩提 而白	衆生 菩提	1	21	
果20	而白 從昔	善法 彌山	5	134	首破
服41	從昔 若復	不如 恒河	4	103	
冬60	從昔 若復	奉行 蜜經	7	182	

金 24	何如言世	心應佛說	1	37	全卷破爛
騰 97	尊不二相	見人見壽	6	179	首尾破爛
光 31	經世有人	奉行蜜經	6	194	首二行碎損
芥 38	知是則如	說義世尊	7	178	全卷破爛
暑 20	信心德世	及須讀誦	2	54	尾破
盈 62	是人衆生	奉行蜜經	7	183	
推 53	知是是非	修羅敬作	1	48	首破
芥 15	乃至菩提	奉行蜜經	7	191	首七行碎損
官 67	相者經典	成就功德	1	26	
致 7	故如聞如	於阿得是	5	126	首紙破

麗	96	聞則 如是	一切 法法	2	87	
闕	66	受來 持世	所尊 有如	4	100	
服	39	人後 則五	蘋說 三義	3	69	
劍	39	提波 佛羅	所若 從臥	7	182	首紙破爛
月	40	爲施 他若	奉聞 行佛	7	191	首殘
列	20	知若 是復	蜜奉 經行	6	187	
稱	56	諸相 相衆	足如 色故	3	113	
寒	35	諸相 相衆	蜜奉 經行	6	181	首三行碎損
岡	42	若從 復昔	蜜奉 經持	7	187	首九行碎損
調	17	諸相 相衆	奉聞 行佛	9	180	

帝	96	佛告功德	驚不沙等	2	27	殘破
鳥	44	佛告得功	不驚疑不	1	52	
陽	15	佛告奉行	不驚蜜經	6	179	
服	29	相當莊嚴	者則菩薩	4	92	
制	40	不驚奉行	須菩蜜經	7	177	
張	57	第一於意	如來須菩	5	127	首破
雲	56	人則阿降	衆生阿耨	3	59	首尾破爛
往	27	不驚故須	須菩壽者	1	36	殘闕
衣	90	非第德功	須菩萬億	1	46	此係衣九十號之前段
歲	99	如是奉行	後五蜜經	7	185	首十三行碎損

來	77	菩提 不驚	奉行 蜜經	7	177	首十一行碎損
昃	52	大身 恆河	言佛 如意	8	202	首四紙甚破爛
宇	32	須菩 何以	如來 法如	3	63	此卷分二段一段爲法華經
稱	67	須菩 命布	奉行 蜜經	7	196	首二十行碎損
露	18	何以 我於	奉行 蜜經	7	172	
帝	43	何以 我於	典信 爲人	1	26	
地	30	則是 聞如	大千 界實	7	165	首紙破殘
來	39	何以 我於	奉行 蜜經	6	174	首行碎損
宙	48	世无 須菩	奉行 蜜經	6	175	首紙破裂
列	25	無衆 節節	世界 多不	6	157	首破卷內分科

號	39	以故是如	奉行多經	6	180	首九行碎損
列	39	相人念過	奉行蜜經	7	175	
羽	27	一波說非	奉持蜜經	7	179	首五行碎損卷尾有□坐金維那五小字
結	31	泣而我從	以故具足	4	124	全卷破爛
來	42	相應又念	奉行蜜經	5	153	首二行碎損
河	2	相人去於	奉持蜜經	6	171	首行碎損
水	65	去於人相	須菩不如	3	88	尾甚殘破
生	81	人於相是	奉行蜜經	6	172	
闕	54	相無菩提	貪著如來	5	140	首破爛
李	10	相无菩薩	壽者須菩	1	28	

冬	38	相无 菩薩	奉行 蜜經	6	174	
師	65	者相 多羅	須菩 阿修	1	28	
致	9	者相 多羅	奉行 蜜經	6	168	
霜	21	相是 多羅	說須 人阿	1	28	
暑	68	薩應 不應	億那 復有	2	38	
人	35	菩薩 心不	見則 提在	1	28	
往	92	多羅 聲味	奉行 蜜經	6	167	
鱗	32	多羅 聲香	人阿 皆應	1	28	
洪	86	多羅 聲香	須菩 阿修	1	27	破爛
始	72	羅三 香味	恆河 世尊	3	84	

宿	47	切相 三菩	奉持 蜜經	7	173	首行碎
秋	17	菩薩 心不	受讀 經一	1	28	尾破
淡	66	不應 生无	奉行 蜜經	6	167	
乃	88	心不 應生	寧爲 實有	5	142	全卷破爛
金	1	聲香 則爲	如是 河中	3	80	
岡	41	若復 知是	聞佛 奉行	7	187	全卷水涇破爛
珠	27	應生 說菩	聞佛 奉行	6	167	
暑	94	應生 說菩	爾所 何以	3	85	首尾有餘
冬	13	應生 說菩	沙有 界如	3	84	全卷破爛
號	27	應生 菩薩	恭敬 其處	1	28	

皇	18	住則 布施	提何 衆生	1	23	首紙焦碎
金	30	不應 無所	如是 如是	3	84	
河	56	則爲 菩提	須菩 切世	1	26	
結	23	說菩 益一	藐三 如來	2	52	首紙破爛
龍	87	說菩 益一	是故 須菩	3	64	尾碎
字	26	應生 說菩	恭敬 其處	1	28	全卷破爛
歲	55	利益 即是	須菩 阿耨	2	53	尾碎
霜	77	如來 則非	奉行 蜜經	7	167	全卷有朱筆句讀卷尾經名亦係朱書
菜	46	衆生 不誑	何以 生見	1	20	
來	40	即是 如來	壽者 須菩	1	22	首紙碎

冬	36	藐三 觸法	奉行 蜜經	6	168	首六行碎損
光	67	心不 應生	奉行 蜜經	5	168	首五行碎損
辰	3	一切 是眞	奉行 蜜經	5	168	首五行破碎紙背雜寫佛名數行
調	49	如語 得法	奉持 蜜經	6	163	
位	58	來說 非衆	說須 人阿	2	24	破
閏	83	人於 者相	奉行 若經	7	171	首紙破殘內有朱筆小字
龍	44	若復 知是	故如 足須	4	120	首紙破爛
岡	51	非衆 者不	是見 如來	6	150	
成	15	益一 即是	奉行 蜜經	5	169	首四行碎損
號	23	實無 須菩	何降 其心	2	38	

烏	91	須菩闍則	敬作其處	1	23	
成	20	應如即是	爲荷菩提	1	23	首破
餘	65	爾何相衆	無有人无	3	78	首紙破爛
張	93	須菩闍則	切法如來	2	62	
麗	45	異語須菩	菩提菩提	2	57	全卷霉爛
金	47	菩薩一切	奉行蜜經	4	170	
重	1	如來則非	奉行蜜經	6	160	首六行碎損
宙	21	心有色布	奉行經卷	6	166	首紙破損
黃	99	須菩沙等	彌山以此	5	99	全卷粘補
出	64	須菩布施	嚴須菩薩	3	52	尾紙殘破

岡	96	須菩沙等	佛眼云何	2	68	
龍	42	受持是人	三藐三菩	2	51	
光	16	須菩沙等	奉行一卷	7	156	
昃	58	何以相衆	奉持剛經	7	172	首紙破爛
文	82	以恆河等	能及十五	10	150	內有分科此係小冊足證當時已有改卷爲冊者
餘	26	爲如成就	奉行蜜經	5	155	首三行碎損
光	19	後日千萬	來世即諸	1	45	首破
呂	95	後日千萬	奉行蜜經	6	152	
菜	87	无量典信	佛士通達	1	56	首尾又各附半紙
來	80	心不解說	切法如人	2	49	首紙破爛

河	42	心不 人解	奉持 蜜經	6	154	
玉	79	不逆 解說	多世 若干	2	70	首尾有餘
人	57	說須 稱量	奉行 一卷	6	150	
金	59	心不 解說	緣得 甚多	2	73	首尾有餘
人	29	以恆 身布	甚多 不說	6	122	
金	19	說如 不可	德多 不不	2	73	首尾有餘
芥	100	以要 邊功	奉行 蜜經	6	149	首二行碎損
致	23	最上 如來	奉行 蜜經	5	147	
重	14	是人 不可	奉行 蜜經	6	146	首行碎損
盈	2	要言 可稱	奉行 蜜經	5	151	首四行碎不全

李	88	而行住色	奉行蜜經	5	159	首十四行碎損
金	92	无有如來	即爲者無	3	81	
辰	4	成就思議	奉行蜜經	6	150	首二行破碎
號	48	荷擔菩提	三藐一切	3	87	
暑	92	提若見則	菩提作佛	1	33	
成	38	提若則於	至四云何	5	140	
騰	78	提若則於	奉持蜜經	5	146	
呂	48	則於在在	耨多實無	1	28	
結	97	見壽說須	奉行蜜經	6	145	
往	97	解說天人	身須不不	3	71	

李	46	見則 菩提	如來 眼不	2	56	尾四行碎損分二段一段爲妙法蓮華經
荒	80	則於 在在	奉持 蜜經	5	145	
月	53	菩提 修羅	奉行 一卷	6	140	尾有蕃文兩行
乃	15	後日 千萬	耨多 說義	1	37	首殘
柰	12	羅所 作禮	藐三 法如	1	27	首破
來	27	提在 羅所	奉行 蜜經	5	140	
閏	16	佛告 法有	奉行 蜜經	8	213	首十八行碎損全卷多碎
藏	80	須菩 阿修	奉行 蜜經	5	141	首行碎損
霜	19	修羅 敬作	奉持 經卷	5	144	
地	21	修羅 敬作	奉行 蜜經	5	140	首四行破爛

玉	57	敬修作羅	德多多以	2	65	
日	43	敬羅作所	沙說有是	2	56	首破
官	46	圍聽繞供	燈若佛有	1	28	
珍	85	當此知經	若故去說	4	111	
師	91	者耨著多	者世則界	4	121	首尾殘破
秋	12	復敬次作	沙說有是	2	56	
號	2	復敬次作	蜜奉經行	5	139	
盈	25	復作次禮	蜜奉經行	5	142	
夜	80	復作次禮	衆衆生生	1	20	
珍	76	復圍次繞	奉聞行佛	5	139	

號	起	止	紙數	行數	附記
鹹65	復次／若爲	奉行／一卷	5	138	此係鹹六十五號之前段
玉19	復次／若爲	以故／具足	2	70	
雲67	敬作／復次	乃至／勝彼	4	134	首紙破爛內有朱筆
雲69	供養／以諸	奉行／蜜經	5	140	首尾殘破
宇73	復次／經若	來若／何以	4	112	
柰74	作禮／復次	說是／沙有	2	54	首紙破
日53	復次／經若	奉行／蜜經	5	142	
號79	復次／若經	奉持／蜜經	5	143	
麗14	遶以／子善	奉行／蜜經	6	140	首行碎損
羽83	禮圍／復次	號釋／三菩	1	28	

闕	95	若爲　法平	世人　菩提	3	78	首紙破爛
宿	4	善女　奉行	爲人　一卷	5	139	首八行碎損紙尾有淸信佛弟子盧師道八字紙尾餘空白七寸許
暑	34	人於　無有	我所　人無	2	36	
暑	15	多羅　奉持	僧祇　蜜經	4	129	首三行碎損
列	96	僧祇　奉行	由他　蜜經	5	134	首二行碎損尾有惠海勘三字
昃	83	如是　奉行	三藐　蜜經	5	145	首十六行破碎
出	96	我所　丘尼	乃至　聞佛	5	130	尾紙破
暑	36	所應　无壽	禮園　嚴佛	1	46	紙首尾有餘然甚殘破
皇	36	分乃　恆河	子善　說是	1	46	殘破
藏	54	不可　以故	爲荷　是觀	5	145	首尾甚破

歲	41	德百乃至	奉行一卷	5	133	首行碎損
翔	21	知此諸華	耨多如是	1	27	破爛
薑	79	作禮復次	應貪如來	4	112	首紙破爛
鳥	79	譬喻後末	三藐有法	1	17	
崑	53	羅所作禮	聞佛奉持	2	147	首殘
暑	22	提當爾時	一切切法	1	24	
麗	58	善女須菩	何須來心	2	48	
夜	89	三藐僧祇	奉行蜜經	4	135	首二十行碎損
玉	21	可思爾時	奉行蜜經	5	126	
雨	89	世若則爲	奉行一卷	7	157	首紙破爛

金	75	爾時阿耨	無法得阿	3	61	
河	78	子善三藐	奉行蜜經	4	125	首二行碎損
重	83	當知爾時	奉持蜜經	5	128	首三行碎損
歲	84	其心多羅	奉行蜜經	4	127	
崑	69	佛告蘋三	天眼云何	1	34	
霜	32	多羅一切	聞佛奉持	4	121	
宇	76	伏其多羅	奉行蜜經	6	127	首三行碎損紙背雜寫佛說八陽神咒經十一行
洪	26	以恆布施	奉行蜜經	5	141	首二十八行碎裂不全
珠	87	度一生實	須菩是等	1	37	首破
成	80	心佛多寶	布施菩薩	3	91	

字	89	由他人於	來心三千	2	54	首尾霉爛
始	99	須菩阿耨	羅聞奉行	5	118	首紙破爛
宇	14	佛於菩提	奉行蜜經	6	115	首數行破碎
月	23	菩提得阿	奉持蜜經	4	115	
成	27	有法若有	如恆說是	1	28	
藏	19	有法若有	奉行蜜經	4	117	首三行破裂
巨	80	得阿來得	奉行一卷	4	116	
結	19	得阿來得	奉行蜜經	4	113	
宇	51	阿耨其心	奉行蜜經	4	124	首尾均有餘紙但首甚破爛
皇	94	相何人相	奉行蜜經	6	174	全卷破爛

芥	80	由他 入於	奉行 蜜經	4	135	首二十行碎損
柰	18	來得 如來	提須 善法	2	56	
羽	45	來得 與我	於意 如來	4	96	尾破
芥	49	與我 以實	若有 乃至	4	104	尾紙殘破
淡	5	則是 牟尼	奉持 若經	2	110	首紙破甚
盈	49	阿耨 提若	奉行 剛般	4	114	首二行尾十三行皆破碎末有數行記載物品字樣
黃	90	於然 提佛	奉行 蜜經	4	118	
芥	43	來得 我受	奉行 蜜經	4	112	首行碎損
帝	16	以實 菩提	如來 如來	1	47	
生	4	得作 羅三	奉行 蜜經	4	111	

潛	94	阿耨受記	是觀丘尼	4	107	破爛
菜	29	法如菩提	至四云何	4	104	
往	59	號釋提是	甚多多以	2	36	
地	24	迦牟言如	蜜經寫了	4	109	尾有景龍四年六月二十日寫了十一字
宙	88	然燈佛號	於意若是	2	86	尾十六行碎不全舊有添品妙法蓮華經一卷夾入
官	73	有人提實	有實來說	2	32	
字	30	燈佛號釋	須菩如來	1	21	
成	86	蘋三汝於	奉持蜜經	4	118	首五行碎損
光	71	法如菩提	奉行蜜經	2	110	
雨	4	若有菩提	偈等人演	4	101	尾紙破

洪	80	若有 提寶	婆訶 千遍	5	115	卷尾附有金剛經陁羅尼神咒
海	4	佛號 若有	奉行 蜜經	4	108	首行碎損
歲	90	得阿 來得	恆河 說是	1	27	
陽	6	我授 實无	奉行 蜜經	4	116	首五行碎損
闕	43	佛所 羅三	須菩 如來	1	112	霉爛頗甚
服	70	提寶 菩提	七寶 世尊	1	28	
芥	74	言如 无有	奉行 若經	4	110	首紙破爛
服	51	皆是 法是	界如 所國	1	22	
水	80	名一 世尊	不不 故如	1	36	
水	50	須菩 說人	奉行 蜜經	3	104	

號	起	止	紙數	行數	附記
宙 7	菩提我則	皆是夫者	2	60	首尾俱殘
崑 61	菩提須菩	皆是施若	3	74	霉爛
張 88	說人奉行	須菩蜜經	3	103	
果 14	說大奉行	須菩蜜經	5	104	
芥 71	然燈奉行	佛號蜜經	3	109	首九行碎損
服 93	身須佛不	无量可說	2	36	殘破
餘 62	故名奉行	須菩蜜經	3	105	首四行碎損
夜 30	薩是奉行	薩是一卷	3	87	連白紙
地 23	无我菩提	无衆故得	3	62	首行尾二行碎損此卷從同號大般若經中提出
寒 97	衆生於阿	嚴佛得是	1	36	

來	37	菩薩　奉行	嚴是　蜜經	2	95	
暑	97	莊嚴　寶布	法者　此菩	3	62	
河	98	者如　有所	須菩　法即	1	25	
成	47	嚴須　奉持	名眞　蜜經	3	99	首行碎損
衣	85	如來　奉行	不如　蜜經	3	92	首尾皆有餘紙
柰	65	不如　奉行	如來　蜜經	3	91	尾九行碎損
律	55	如來　藐三	提於　發阿	2	56	
宿	70	提於　以此	有法　人說	2	38	
羽	46	如是　奉行	提於　蜜經	3	96	首行碎損卷尾有一校竟三字又有毗柰那寺經生令狐世康十字
陽	42	法名　奉行	生无　蜜經	3	100	首十一行碎損

玉76	云何意云	奉持蜜經	3	70	
雲91	是世中所	聞佛奉行	3	85	
生82	法眼是世	奉行蜜經	3	90	首行碎損
劍60	恆河說是	三菩發阿	2	51	
師86	中所沙須	薩勝不受	2	56	霾
岡43	有法是世	奉持蜜經	3	90	首三行碎損
衣90	沙須如是	奉行蜜經	2	86	此係衣九十號之後段
菜65	沙須是等	聞佛奉行	3	84	
成9	沙須是等	菩提善法	1	28	
闕63	一恆如是	奉行蜜經	3	85	首行碎損

巨 51 如沙 是有 蜜奉 經行 3 85

秋 39 是如 寧是 三菩 菩提 2 49

柰 54 是如 寧是 以彼 故云 3 81

金 16 如如 是是 奉聞 行佛 3 83 尾破

歲 75 是如 寧是 若故 去說 2 56

潛 72 是如 寧是 壽耨 者多 1 28

生 90 有爲 衆多 蜜奉 經行 3 83

河 69 士是 中寧 奉聞 行佛 3 83

果 36 國是 士寧 奉羅 行聞 3 28

皇 97 士是 中寧 彌善 山法 1 26

潛	20	爲多中所	彌山此般	1	28	
來	20	土者莊嚴	菩提福德	2	69	首紙破爛
海	3	佛告種心	奉行蜜經	3	86	
果	38	國土故如	奉行蜜經	3	82	
雲	36	土中如來	奉持蜜經	3	82	尾有弟子優婆夷李六字
人	97	生中如來	彌山以此	1	28	
玉	49	種心心是	奉持蜜經	3	84	
師	40	如來提於	偈言如來	1	51	
寒	96	故如何須	故得念如	2	43	
成	24	意云有如	奉行若經	3	85	首四行碎損

寒	56	何如恆河	尊而偈言	2	45	首破
陽	54	須菩心不	奉持蜜經	3	81	首五行碎損
荒	84	何以爲非	奉行蜜經	3	82	首二行破碎
宿	2	心不大千	奉行蜜經	3	79	
龍	73	不如如來	是信說即	4	81	殘破
雨	64	若有用布	是故福德	2	52	首破
暑	95	須菩也世	奉行蜜經	2	76	
金	4	須菩也世	奉行一卷	2	74	紙背有妙法蓮華經普門品第二十五經文十九行
藏	87	也世足色	寶聚經乃	1	20	首破
乃	65	如一河沙	無壽提須	1	28	破碎

海	41	來不 得福	奉行 蜜經	2	78	首四行碎損
致	93	也世 來說	奉行 蜜經	4	75	
霜	99	也世 具足	奉行 蜜經	3	73	首行碎損
珠	68	身須 不不	奉行 蜜經	3	73	
餘	30	不不 故如	奉持 蜜經	3	72	
鹹	64	以具 名諸	奉行 蜜經	2	57	
來	84	也世 來說	奉行 若經	3	70	
生	34	來說 菩提	奉行 蜜經	3	69	
乃	27	菩提 作是	奉行 蜜經	3	68	
玉	16	不也 如來	奉行 蜜經	2	67	首二行碎損

張 61	具足須菩	奉行蜜經	2	72	首四行破碎
來 95	菩提作是	奉行若經	2	68	首尾皆有餘紙
師 96	有所言如	經乃人演	2	83	
罔 93	是念佛不	奉行蜜經	3	67	
水 30	法可須菩	奉持蜜經	2	66	
暑 23	爲謗所說	如來阿耨	1	25	
張 21	也世如是	奉行蜜經	10	283	首紙破碎
黃 20	於意如來	奉持蜜經	3	73	首紙破碎
翔 24	菩提耨多	是念三菩	1	28	霉爛　背面有字
金 2	須菩有少	波訶千遍	3	71	附金剛經陀羅尼神咒較通行本多若有人誦此咒一遍勝誦金剛經一萬九千遍等語

皇	31	來說菩提	奉行蜜經	2	69	首紙殘破
致	65	名阿无壽	菩提須菩	1	32	尾紙破爛
往	32	平等以无	說不福德	1	33	
辰	18	復次平等	奉行蜜經	2	63	首行碎
呂	42	平等以无	奉行蜜經	3	62	首四行碎損
翔	68	如來具足	奉行蜜經	3	73	首破爛末記開元十一年□□十日寫了爲七代先亡及所生父母一切法界衆生敬寫金剛經一卷等語
露	94	以无得阿	奉行蜜經	2	62	
鳥	9	者如須菩	奉行蜜經	2	59	首尾破爛
律	98	得阿者如	奉行蜜經	1	34	

出	45	所言善法	阿耨三菩	1	25	
黃	70	王如須菩	蜜經奉行	2	57	
來	8	及一至四	如來故如	1	28	
乃	44	壽者耨多	蜜經奉行	3	61	
官	63	王如須菩	蜜經奉行	2	57	
陽	44	須菩及一	不甚世界	1	28	
崑	49	須菩乃至	奉行聞佛	2	52	
服	83	如來阿耨	福德前菩	1	28	破爛
始	93	提如生如	蜜經奉行	2	49	全卷破爛
服	25	者如非有	一卷奉行	2	48	

服	100	三十 三十	奉行 蜜經	2	46	
宙	53	數譬 須菩	奉行 蜜經	2	56	首紙碎爛
衣	17	三十 三十	奉行 蜜經	2	46	
文	61	須菩 提言	奉行 蜜經	3	46	
閏	7	王則 所說	奉行 蜜經	2	44	眉端摘寫經文要鍵精緻堪贊文中有朱筆勾勒處
服	97	菩提 觀如	奉行 蜜經	2	43	
黃	95	須菩 菩提	聞佛 奉行	2	46	首尾殘破
往	12	須菩 耨多	法相 阿僧	2	32	尾殘
來	30	來不 須菩	奉行 一卷	1	39	
裳	22	多羅 提若	可說 佛說	1	19	

出	62	多羅菩提	奉持蜜經	1	36	
號	37	多羅菩提	奉行蜜經	2	35	首行碎損
律	2	耨多菩提	受持讀誦	1	39	卷尾署景龍二年九月二十日昭武校尉前行蘭州金城鎮副陰嗣瓌受持讀誦計三行
翔	81	提若復有	奉持蜜經	2	36	
巨	94	提若復有	有善至四	1	28	
制	2	故須須菩	哆嚫莎訶	2	36	末附發菩提心咒
薑	52	提若德須	等受演說	1	24	首破
藏	70	應貪著是	奉行蜜經	1	30	首行碎損
往	38	須菩卧是	奉行一卷	1	30	
號	20	須菩卧是	丘尼聞佛	1	28	

字號	號數	起	止		
鹹	99	以故……聞佛	須菩……奉行	1	26
文	83	若來……聞佛	以故……奉行	1	27
裳	52	若來……聞佛	以故……奉行	1	27
果	98	若坐……奉行	者无……蜜經	1	28
暑	24	是人……奉行	來亦……蜜經	1	28 尾有餘紙尺許
調	12	故如……聞佛	須菩……奉行	1	26
芥	64	來者……奉行	須菩……蜜經	1	28 首行碎損
乃	26	男子……聞佛	意云……奉行	1	25
騰	92	碎爲……奉行	甚多……蜜經	1	25
露	20	說是……奉行	微塵……剛經	1	24

龍	33	我見 何是	奉行 蜜經	1	17	
金	91	須菩 人不	奉行 蜜經	1	17	
雨	59	佛告 心所	奉行 蜜經	11	299	首三行碎損
昃	86	也世 如是	奉行 蜜經	10	278	
來	89	著我 人衆	奉行 蜜經	10	265	首三行碎損
潛	33	阿耨 來不	奉行 蜜經	2	40	
服	26	三藐 說義	滿三 是人	1	39	以下各卷多破爛
珠	61	般若 云何	相人 念過	1	24	
宙	35	聞是 知是	奉行 蜜經	8	193	首紙破碎
珠	60	爲第 念我	我得 般若	1	29	

秋	52	菩薩 心不	奉行 蜜經	6	168
位	19	亦不 爾時	以故 者何	1	47
推	21	如是 寧爲	云何 德不	2	55
字	21	生淸 法生	甚多 悲泣	1	33
成	19	故如 須菩	奉行 蜜經	1	28
麗	13	若波 聞一	若取 以故	1	44
果	33	甚多 菩提	奉行 蜜經	8	221
夜	76	金剛 如是	住色 菩提	1	24
水	52	菩提 性是	菩提 也世	2	56
光	79	住相 菩薩	知此 佛塔	2	70

人	33	平等以无	奉行蜜經	3	64	
露	44	忍心无非	眞言娑訶	15	420	前四紙又十五行下邊殘缺末附眞言並有木軸

金剛般若波羅蜜經 一卷

元魏菩提流支譯

原號		起	止	紙	行	附記
服	21	金剛如是	是世如是	10	281	尾破爛
成	65	禮佛菩提	菩提何三	5	133	首尾殘破
巨	25	頂禮須菩	奉行蜜經	16	382	首七行碎損全卷分品與號二十八號不同雖亦爲十二分而名則歧異前三分名缺

第四爲如實修行第五爲如來非有爲相第六與號卷同第七爲具足功德校量第八第九同第十爲斷疑第十一同第十二爲流通

號	28	爾時　說如……喜佛　奉行	13	375	首破此卷分品校今通行本不同原爲十二分其首三分經文已缺然列本二十五號本爲秦譯其分名亦與相同
淡	6	我空　須菩……十一　偈言	12	338	此卷亦有分名然與號二十八號微有異同並有硃筆添註圈點
律	58	有未　有持……奉持　蜜經	11	328	首八行碎損與號二十八號同惟无分名
昃	20	善女　復有……无餘　无一	6	155	首紙有蓄文
鹹	16	復次　偈等……奉行　一卷	10	255	首行碎損

金剛般若波羅蜜經 一卷 陳眞諦譯

原號 起 止 紙 行

暑 93 菩提有衆 緣生故須 6 157

號 16 言說奉行 所取蜜經 1 21

金剛般若論 一卷 隋達磨笈多譯

原號 起 止 紙 行

重 98 如是羣生 心等卷下 33 948

金剛般若波羅蜜經論 三卷 元魏菩提流支譯

原號		起	止	紙	行	附記
巨	46	非說有三	離我有樂	11	307	首尾三行碎損
芥	88	提言說相	如是世間	8	207	

金剛經註

原號		起	止	紙	行	附記
翔	37	約二念付	即是發心	1	34	此係卷首總釋中十義第三義之殘文
菜	15	究竟善趣	不空於此	22	476	此係卷首總釋之後半至別釋第一分第二分之殘文
鳥	68	題其爲趣	理即剛般	3	40	前多殘缺

金剛經疏

原號	起	止	紙行	附記
始 37	大度二約	乘八外道	4 105	此釋第十四分末至第十五分末之疏
閏 28	者此人輕	代故卷下	19 439	此釋第十六分至第三十二分末之疏
閏 21	今亦勸不	衆復去若	8 184	此釋第十七分至第十九分之疏
收 1	爲心過去	是度如許	1 37	兩面皆間有朱字

金剛經解

原號 起 止 紙 行 附記

閏 42 一切生之 1 30 兩面有朱字

達摩 滅度

般若波羅蜜多心經 一卷 唐玄奘譯

原號	起止	紙行	附記
皇 40	般若觀自 婆訶心經	2 36	全經二卷均首尾完好
始 79	般若觀自 婆訶心經	1 18	全卷碎損前爲心經後爲佛說無常經
宇 68	般若觀自 婆訶心經	1 18	首尾完好
重 7	般若觀自 婆訶心經	1 18	首尾完好
皇 68	般若觀自 婆訶心經	1 18	首四行碎損尾有木軸
龍 47	般若觀自 摩訶一卷	1 18	有墨筆句讀首尾完好
翔 41	般若觀世 摩訶一卷	1 15	首尾完好
皇 84	般若觀自 婆訶一卷	1 18	首尾完好

人	75	般若 觀自	婆訶 一卷	1	19	首尾完好紙背寫勸善文之類
乃	77	般若 觀自	婆訶 心經	1	18	首八行碎損
翔	28	般若 觀自	婆訶 一卷	1	17	首尾完好
裳	89	般若 觀自	婆訶 一卷	1	19	全經一卷孟懷暕寫
衣	21	般若 觀自	婆訶 一卷	1	18	首尾完好
衣	12	般若 觀自	婆訶 一卷	1	18	首尾完好
羽	62	般若 觀自	婆訶 經卷	2	26	行書大字首尾完好
文	28	不生 不淨	婆訶 一卷	2	32	全經二卷第一卷缺少四行第二卷首尾完 好附大乘四法經一卷卷末題慈音書記四字 又雜寫菩薩行願王經盡諸十方世界等
衣	44	竟涅 阿耨	婆訶 一卷	2	24	全經二卷第一卷缺少十一行第二卷首尾 完好

字	43	揭帝般若	娑訶心經	1	20	全經二卷前者僅存咒四句後卷首尾完具
鳥	62	辟支殊講	婆訶般若	2	43	首六行碎損前綴持經功德文二十六行後心經一卷首尾完具
洪	45	般若觀自	呪曰帝般	1	17	尾三行碎損
衣	78	般若觀自	故說呪曰	1	17	
位	1	見五異空	音菩音菩	1	24	尾附有法華普門品六行
致	92	五蘊異色	婆訶心經	1	16	首三行碎損
裳	28	菩薩度一	婆訶心經	1	18	首三行碎損末有曹興朝題名
餘	92	般若觀自	婆訶一卷	1	17	首七行碎損此卷自同號法華普門品及无常經中提出
字	34	般若觀自	聲訶寫施	1	25	卷尾署破落官前同河西節度副使銀青光祿大夫試鴻臚卿兼肅州刺史楊顒寫施全卷有心經一卷佛說尊勝陁羅尼神咒一卷心經已碎損尊勝陁羅尼神咒尚完好无缺

全卷恭楷

李 56	觀若觀自	莫呵一卷	1	24	首題般若波羅蜜多心經尾題佛說多心經一卷背面首題天請問經三藏法師玄奘奉詔譯
蘦 46	身云不生	海心心經	3	53	此卷尾題般若波羅蜜多心經實是經註
盈 96	般若觀自	不果心經	1	22	
調 68	般若觀自	摩訶一卷	1	18	
金 74	般若觀自	婆訶一卷	1	16	
生 32	般若觀自	婆訶一卷	1	19	
生 57	般若觀自	咒曰婆訶	1	17	
巨 38	佛說觀自	婆訶心經	1	18	首四行碎損

珠	26	觀般自若 心婆經訶	1	18	卷中碎損八行
重	46	觀般自若 一婆卷訶	1	18	
潛	33	觀般自若 心婆經訶	1	18	全卷碎損
龍	16	觀般自若 虛咒故能	2	33	全經二卷第二卷缺少三行

別譯般若波羅蜜多心經

原號		起	止	紙	行	附記
李	53	般若如是	奉行一卷	2	34	
始	55	般若如是	世間喜信	2	34	首尾完具多序分與流通分
海	77	爾時爾時	經卷一卷	2	32	首行碎損卷尾署金光明寺僧福惠舍多心經一卷背面寫有今夜歎孤愁哀恐復難休嗟娘有聖德下五字不明餘均雜寫

般若波羅蜜多心經疏

原	號	起	止	紙	行
爲	52	第三第五	意焉一卷	13	400
崑	12	无有自在	相理迷明	11	234
闕	9	譬如兩畔	是故垢淨	2	29